博雅语言学教材系列

现代语言学名著导读

萧国政　主编
冯志伟　校订

图书在版编目(CIP)数据

现代语言学名著导读/萧国政主编. —北京:北京大学出版社,2009.1
(博雅语言学教材系列)
ISBN 978-7-301-14424-4

Ⅰ.现… Ⅱ.萧… Ⅲ.语言学－著作－简介－世界－现代－高等学校－教材 Ⅳ.H0

中国版本图书馆 CIP 数据核字(2008)第 169194 号

书　　　名:	现代语言学名著导读
著作责任者:	萧国政　主编
责 任 编 辑:	白　雪
标 准 书 号:	ISBN 978-7-301-14424-4/H · 2105
出 版 发 行:	北京大学出版社
地　　　址:	北京市海淀区成府路 205 号　100871
网　　　址:	http://www.pup.cn
电 子 邮 箱:	zpup@pup.pku.edu.cn
电　　　话:	邮购部 62752015　发行部 62750672　编辑部 62753334
	出版部 62754962
印　刷　者:	北京虎彩文化传播有限公司
经　销　者:	新华书店
	650 毫米×980 毫米　16 开本　16 印张　238 千字
	2009 年 1 月第 1 版　2024 年 9 月第 4 次印刷
定　　　价:	26.00 元

未经许可,不得以任何方式复制或抄袭本书之部分或全部内容。
版权所有,侵权必究　　举报电话: 010－62752024
　　　　　　　　　　　　电子邮箱: fd@pup.pku.edu.cn

编　委（按音序排列）

赫　琳　柯　航　李成军
刘俊莉　刘　平　萧国政
萧　红　张延成

目 录

序　　　冯志伟 / 1
前言　　萧国政 / 1

第一章　索绪尔《普通语言学教程》/ 1
　　第一节　作者及有关学术背景 / 1
　　第二节　本书章节目录 / 7
　　第三节　各章内容提要 / 8
　　第四节　原著章节选读 / 17
　　第五节　选读主要参考文献 / 30
　　第六节　选读思考题 / 30

第二章　叶斯柏森《语法哲学》/ 32
　　第一节　作者及有关学术背景 / 32
　　第二节　本书章节目录 / 35
　　第三节　各章内容提要 / 36
　　第四节　原著章节选读 / 44
　　第五节　选读主要参考文献 / 54
　　第六节　选读思考题 / 54

第三章　布龙菲尔德《语言论》/ 55
　　第一节　作者及有关学术背景 / 55
　　第二节　本书章节目录 / 57

第三节　各章内容提要 / 58
　　第四节　原著章节选读 / 68
　　第五节　选读主要参考文献 / 84
　　第六节　选读思考题 / 85

第四章　乔姆斯基《最简方案》/ 86
　　第一节　作者及有关学术背景 / 86
　　第二节　本书章节目录 / 100
　　第三节　各节内容提要 / 103
　　第四节　原著章节选读 / 110
　　第五节　选读主要参考文献 / 127
　　第六节　选读思考题 / 127

第五章　韩礼德《功能语言学导论》/ 129
　　第一节　作者及有关学术背景 / 129
　　第二节　本书章节目录 / 136
　　第三节　各章内容提要 / 142
　　第四节　原著章节选读 / 153
　　第五节　选读主要参考文献 / 162
　　第六节　选读思考题 / 164

第六章　克罗夫特《语言类型学和普遍语法特征》/ 165
　　第一节　作者及有关学术背景 / 165
　　第二节　本书章节目录 / 166
　　第三节　各章内容提要 / 169
　　第四节　原著章节选读 / 180
　　第五节　选读主要参考文献 / 195
　　第六节　选读思考题 / 196

附录一　认知语言学概述 / 197
附录二　乔姆斯基《语言描写的三个模型》/ 215

序

《现代语言学名著导读》收录了索绪尔、叶斯柏森、布龙菲尔德、乔姆斯基、韩礼德、克罗夫特6位现代语言学家的著作。每一部分首先介绍作者生平、学术经历和学术贡献,接着列出有关章节目录和内容提要,使读者对名著有初步的了解,然后才给出名著的具体内容,有的给出汉语译文,有的直接给出原文,这样的安排,能够以点带面,使读者窥一斑而知全豹,最后,还给出思考题和主要参考文献,以便读者进一步研究自己感兴趣的内容。用这样的方式编写的导读真正起到了引导阅读的作用,是我国语言学教学中一个可贵的尝试。

本书所收录的6位语言学家的著作基本上代表了现代语言学的主要方面。索绪尔是现代语言学的奠基人,他提出的语言学理论,是语言学历史上哥白尼式的革命,对于现代语言学的发展有着深远的影响;叶斯柏森的著作是在当代被人们"最用心地去阅读、最注意地去引用"的语言学著作;布龙菲尔德是美国描写语言学的杰出代表;乔姆斯基提出的转换生成语法和最简方案,不但对于语言学有重大的影响,而且也是当代计算机科学重要的理论基石;韩礼德是功能语言学的重要代表人物;而克罗夫特在语言类型学和普遍语法方面的研究,也是卓有成效的。读了本书之后,可使读者能对现代语言学理论有一个鸟瞰式的认识。

在我国语言学专业的教学中,现代语言学的理论主要是通过语言学的教科书来学习的。这些教科书中所介绍的现代语言学理论都经过了教科书编者的消化和整理,有简明扼要的长处,学习起来轻松愉快。但是,为了进一步了解这些现代语言学理论,只读教科书就显得不足了,还有必要阅读原著。阅读原著有两条途径:一是阅读中文译本,二是阅读外文原文。在这本导读中,索绪尔、叶斯柏森和布龙菲尔德的著作都有优秀的中文译本,因此,编者用中文给出了有关章节的提要之后,都给出了汉语译文;韩礼德和克罗夫特的著作,如今还没有很好的汉语译文,乔姆斯基的《语言学理论的最简方案》也没有中文译文,编者先用中文给出了有关章节的简要介绍和提要,然后,再给出外文的原文(节选)。通过这样不同的途径,读者就可以直接接触到原著。读过中文译文的读者,如果有兴趣,最好还去读一读外文的原文,以便更加确切地了解这些语言学家的卓越思想。20世纪60年代我在北京大学读研究生时曾经向我的导师岑麒祥教授学习现代语言学的历史和理论,岑麒祥教授要求我阅读外文原著,他一再告诫我说:"治史须读原著,要认真读外文的原著。"在岑麒祥教授的严格要求下,为了阅读外文原著,除了原来我已经掌握的英语、日语和俄语之外,我又学习了法语和德语。我先后阅读了索绪尔《普通语言学教程》的法文原本、布龙菲尔德《语言论》的英文原本、特鲁别茨柯依《音位学原理》的德文原本等著作,通过阅读这些外文原著的实践,提高了我的外语水平,增加了我对于现代语言学的认识,使我受益匪浅。在20世纪60年代,这些著作还没有中文译文,外文原著也很难找到,现在我们的条件好得多,如果年轻的同学们认真地阅读这本导读,既阅读汉语译文,也阅读外文原文,一定会大有收获。

  这本导读讲的是现代语言学理论,我国语言学理论的研究历来比较薄弱,有的研究语言理论的学者忽视语言本体的研究,认为语言理论研究只需要研究抽象的理论,用不着研究语言的本体。这是一种错误的看法。在本书中介绍的6位理论语言学家对于语言本体都有精湛的研究。索绪尔在日内瓦大学开设普通语言学的课程之前,曾经讲授过多门语言课程:从1892年起每年开设梵语课程,1892年讲授希腊语与拉丁语语音学、印欧系语言的动词研究,1893年讲授希腊语与拉丁语词源学研究、希腊语动词研究,1894年讲授古希腊碑文选读、希腊语名词的性数格变化研究,1895年讲授波斯诸王碑文、希腊方言与古希腊碑文、荷马史诗的词源与语法研究,1896—1905年讲授希腊文学作品中的方言,1902—1903年同时还讲授欧洲地理语言学,1904—1905年讲授英语与德语的历史语法,1906年讲授日耳曼历史语言学、古英语、古高地德语。直到1906年才开始讲授普通语言学。他在开设普通语言学课程之前,已经把整个印欧系主要的语言(梵语、波斯语、希腊语、拉丁语、古日耳曼语、古高地德语、古英语)都讲授了一遍或者数遍,正是在深刻的语言本体研究的基础之上,他才有可能提出了现代语言学的新理论。① 布龙菲尔德懂得多门外语，他曾经写过《外语实地调查简明指南》(1942)、《荷兰语口语》(1944)、《荷兰语口语：基础教程》(1945)、《俄语口语：基础教程》(1945)等关于语言本体的专著，他对于马来波利尼西亚语(Malayo-Polynesian)、北美印第安语中的阿尔冈基亚语(Algonguian)等曾做过系统的描写和比较。布龙菲尔德的语言理论研究与他对于语言本体的丰富知识是分不开的。就是以理论的抽象性著称的生成语法大师乔姆斯基也在美国麻省理工学院MIT教过科技德语的实践课程，也是具有非常丰富的语言本体知识的。因此，我们在进行语言学理论研究的同时，一定不要忽视语言本体的研究，应当把语言理论的研究和语言本体的研究密切地结合起来。

　　语言理论的研究与语言应用的研究也有着紧密的联系。有的研究语言理论的学者把语言理论与语言应用割裂开来，忽视语言应用的研究。其实，尽管是非常抽象的语言理论，只要这样的理论是正确的，它一定与语言的实际应用有联系。本书在介绍乔姆斯基的《最简方案》的同时，还把乔姆斯基的《语言描写的三个模型》(中译本)作为附录向读者推荐。《语言描写的三个模型》是乔姆斯基的早期著作，于1956年发表在《信息论杂志》上，在这篇文章中，乔姆斯基在语言学的历史上首次采用马尔可夫模型(Markov Model)来描写自然语言，对于有限状态模型、短语结构模型和转换模型等三个模型，从语言学和数学的角度进行了理论上的分析，建立了形式语言理论，具有划时代意义，同时也反映了乔姆斯基对于"语言是有限手段的无限使用"这个最简单主义原则(minimalism)的执著追求。乔姆斯基的形式语言理论是非常抽象的理论，乍看起来，它似乎与语言应用没有关系，但是后来人们很快就发现，这种形式语言理论也可以用来描述计算机的程序语言，因此，这种理论成为计算机科学的重要基石，在形式语言理论基础上提出了各种计算机算法，在自然语言处理和计算机编译技术等实际应用中发挥了决定性的作用。因此，我们在学习语言学理论的同时，也不能忽视语言应用的研究，应当把语言理论的研究和语言应用的研究结合起来。乔姆斯基的《语言描写的三个模型》这篇重要著作在我国语言学界鲜为人知，也不容易找到，我们把它作为本书的附录，以便于读者阅读。

　　在工业革命时代，人类需要探索物质世界的奥秘，由于物质世界是由

---

① 冯志伟,现代语言学流派(修订本),西安:陕西人民出版社,1999年。

原子和各种基本粒子构成的,因此,研究原子和各种基本粒子的物理学成为非常重要的学科;在当今的信息网络时代,由于信息网络主要是由语言构成的,因此,我们可以预见,在不久的将来,研究语言结构的语言学必定也会成为像物理学一样非常重要的学科。物理学研究物质世界的规律,而语言学则研究信息网络世界的语言载体的规律。语言学的重要性完全可以与物理学媲美,它们将成为未来科学世界中举足轻重的双璧。这是我的一种直觉上的估计,我坚信这样的估计将会成为活生生的现实。

本书编者萧国政教授要我审校这本书,并为之作序。我仔细审读了全书,写出了以上的感想,算是我的一些不成熟的看法,供读者参考。

冯志伟
2007 年 2 月 20 日

前　言

　　上苍赐予人类两件重要的法宝，一是身体，二是语言。[①] 有了身体，人就有了认识世界、改造世界，并成其为人的生物基础或物质基础。有了语言，人就能结成群体、形成人类社会，并创造人类文明，即有了人之成为人的智能基础和社会基础。离开了这两件法宝，就无所谓真正意义上的人、人类和人类社会。由于人体构造和人类生存的特点，人类首先认识到的是人以外的东西，与认识外界相比，人类认识自身晚了许多许多年。早期的神话和有关出土文物所记载的内容，就是人类的这种认知过程和历时特点的化石和见证。

　　整个人类的认知过程（或曰系统认知发生），是从外界到自身。一个人的认知过程（或曰个体认知发生），其特点一般和系统发生相同。一个以哇哇哭声为初始语言来到世界的孩子，当他睁开眼睛、启动知觉和触觉时，首先感知到的是其存在的自然环境和社会环境，包括他人及其表现，而认识和观察自己一般是出生较长时间之后。很多人对自己与生俱来的身体，尤其是与生相伴的语言，在理性上有所认识，可能始于春心萌动、谈婚论嫁，或者更晚。并且这类认识不仅时间上相对较晚，而且内容和深度简直无法与他们获得的关于自身和语言以外的其他认识相比。

　　人类对于语言的理性认识或较成系统研究的原始动力，一般认为是始于对前人和对他人的了解、对前人智慧和成就的学习和继承，或者说主要是为了读懂古书。这种以继承为目标或意义上的语言探索或研究，西方一般称之为语言的语文学研究。在中国，这种性质的研究通常称之小

[①] 笔者并不是某个特定宗教的信徒，使用"上苍"一词纯属一种比喻的用法。

学(或小学研究),包括文字、音韵、训诂三大部分。

以解剖为特征的人体结构研究,标志着人类关于自身身体的认识进入到自我主动认知的历程,与之相关的医学也开始进入科学阶段。组织、器官、功能(官能)、系统、类型和原理,是其学说的基本支柱和支点。与人类身体自我认识的阶段相类或平行,人类对于语言的认识和研究,也进入到以语言本身为认知目标和研究对象的现代语言学阶段。这个阶段的语言研究,现代语言学的奠基人德·索绪尔表述为:为语言和就语言而进行的语言研究。这种性质的研究,我们通常称之语言本体研究,它标志着语言学从经学的附庸和哲学的枝叶,发展为具有独特研究对象和理论方法的独立学科。这个阶段的语言学进入到科学的现代语言学阶段。这个阶段的语言研究,从其成果特点看,多以结构、范畴、功能、系统、类型和规律为其学术的基本范畴和内容,同生物学的时代性研究特点,多有异曲同工之妙。①

20世纪中后期,语言学在西方发展成为一门领先学科,其理论和方法影响着多门学科的研究和思维,推动着其他学科的发展。因而,不论是了解现代人类对于语言的主流认识,还是研究作为领先学科和具有方法论意义的语言学,阅读具有代表性的现代语言学流派的代表性原著,都是一种值得选择的途径和方式。可能是基于同样的理解和认识,也可能兼有其他需要,不少综合大学和学术条件比较好的师范院校,相继开设了现代语言学名著选读的课程,供语言文学专业的学生及其他专业(对人类语言研究和语言研究方法感兴趣)的本专科生和研究生选修。进入21世纪,伴随着世界汉语学习的升温,人们越来越认识到语言是国家可持续发展的重要战略资源和软实力,其对语言学的需求和兴趣,呈现出比以往任何时候都迫切和浓烈的态势。21世纪的中国语言热、东方语言热、世界语言热,是人类在关注语言、重视语言、回归语言。这种世界性的社会潮流,不仅给语言学发展以大好时机,而且是人类认知热点在向人自身和近身的回归和转移。

为适应时代发展的进程和满足人类发展的社会需要,不同的语言著作和教材相继问世,本书只是其中之一。本书定位为高等学校语言选修课教材,是具有本专科水平的读者的自学读本。但是不论是作为教材还

---

① 解剖学和结构语言学的建立和发展,是人类自我认识史上的重要历史篇章,其意义怎么表述应都不为过。并且在这个意义上,对语言学及其方法的感知和研究,是对人类自我认知的反思和研究。

是作为自学读物,本书的一个重要宗旨是提倡读点原著。跟大学基础课和其他选修课教材如语言学概论、语言学史或语言学流派一类课本不同,本书不是某种理论和某本专著的转述或介绍——让学生或读者去嚼人家嚼过的馒头,而是让大家自己去多角度感知、消化、吸收某种理论和学说的原汁原味,去感知同一对象的不同研究角度和结论。教育,特别是大学教育或人的自我教育,不能永远停留在被动的接受状态。正是基于这样的编写思想和教育理念,我们选择了本书现在的结构形式和内容构成。本书十分注重所列作品的原著性和真实性,所选著作的代表性和可读性,教材内容结构的科学性和合理性。

本书十分注重所选内容的原著性,认为就像文学作品的评介离不开和代替不了文学作品的阅读一样,语言学概念或流派的介绍,不能代替也代替不了显示某种理论和方法的原著阅读。要想真正了解梨子的滋味,必须亲口尝一尝,哪怕是一口半口。要想真切地感知大海,就不能止于关于大海的文字介绍和图片影像等二手资料,应有一次或数次与大海和海水零距离接触。语言理论的学习,不能止于概论、流派介绍和语言学通论之类,应该读一点原著,哪怕是一本、一篇、一节,甚至一部书的目录、前言或后记,尤其是想了解语言研究的理论、方法和打算从事语言研究和教学的人。我们提倡所有的大学本科生和研究生都读一点本学科乃至相关学科的原著,只有真正接触和钻研过大家著作的人,才有更多可能成为大家。只有真正读过原创研究的人,才有更多机会成为原创性的学者、专家和管理者。本书的结构和内容都是围绕这一理念组织的。总的原则是尽量让读者感知某部著作的原著、原创、原汁、原味,感知其继承、发展、创造的精神。为了尽量减少读者的阅读难度,原著的选择主要以中文译本为主。但同时也为便于有较好英语基础的同学和老师教学真正的原版原著,提高专业外语水平,第四、五、六三章的原著节选了英文原文,但提要仍为中文,外文节选也尽量考虑了内容和文字难度的适中性。总之,本书的一切安排都是为了帮助和方便读者阅读原著和不同程度的理解原著。对原著有更多要求的使用者,可根据全书的目录和有关内容提要,去进一步选读其他章节、全书乃至相关著作。本教材特别注重突出素质培养,即尽量不把他人和编者的结论和观点灌输给读者,只给读者一定的资料(包括得出某些结论的材料),而让读者自己去独立思考,作出自己的评价和结论。并认为这是素质型教材或读物与知识性教材或读物的根本区别。

本书书名"现代语言学名著导读",应可解释为一种带有一些引导资料和提示把读者导向原著阅读的课本。在编排结构上,本书的每一章都由作者及有关学术背景、所选著作的章节目录、各章内容提要、原著章节节选、选读的主要参考文献和思考题等6部分组成。重心在原著阅读,其他几部分都是为读原著服务的。其中作者及有关学术背景介绍,是为了让读者了解所选原著所属的学派或流派、该学派的学术追求、作者的学术地位以及原著代表的学术阶段及其成就。导读全面展示全书的章节目录的原貌,是为了让读者进一步了解全书的基本内容构成,以及进一步了解所选章节在全书中的具体位置。其各章内容提要,目的有二:一是进一步让读者在较短的时间内把握全书的具体内容,以及了解所选章节与其他章节的内在联系;二是让没有时间阅读节选或全书的读者,在较短时间内基本把握全书的内容要点。因此本书的提要基本是摘录性的,并且是尽量选用原著的语言及其用例。列出一部分参考文献,是为研究生或对所选章节感兴趣的同学和老师,进一步正确评价该书、作者、流派或本书所选章节提供便利。思考题是教学的重要环节和步骤,旨在引导学生进一步掌握所选章节的事实、理论和方法,推进自己的思考和研究。当然,教师也可根据教学实际情况自拟思考题。

本书立章,是以不同流派某一代表人物的某一代表性名著为纲。每章所选名著,一部分是现有语言学概论(导论)、语言学流派教材中涉及的,另一部分是所未涉及的(其中有些内容,可能今后出版的同类教材会涉及)。不管所选原著属于其哪一种类型,每章所选一般都考虑了这样两点:(1)学术代表性,(2)相对完整性。所谓学术代表性是指每章选读的原著内容节选,尽量选取原著中最集中突出该书理论、方法、风格和追求的章节和问题。所谓相对完整性,即是指原著某些章节的篇幅原本长短不一,甚至悬殊很大。考虑到教材章节的大致匀称,原著节选时,不论是将某章删节成本书所要求的篇幅,还是把几章剪辑成本书所要求的篇幅,编者都考虑了所选内容观点、理论或系统的相对完整性,学派特色和学生已有知识的连接。不过,即使是这样,我们仍无法改变不同著作结构繁简不一的问题。比如从所列原著的目录看,有的著作章节内容非常之少,第二章叶斯柏森的《语法哲学》原书的目录且只有章没有节。但原书的目录本来就如此,我们没有改变它。

了解现代语言学的重要流派、研究成就及其发展,根据不同的需要,还可以增加其他学者及其著作的选读,但是本书所选的这些作者的研究及其代表的流派,一般来说是不能不了解的。并且先后相继的学者及其著作,代表了先后不同时期现代语言学的研究及其追求,但是这并不意味着后一个时期的学者及其著作,就完全涵盖了前一时期的学者及其研究。

从我们提供的著作篇目就可看到,这些大家所关注的问题很多都是不同的,即使是相同的问题,其材料、观点、方法、结论也是不尽相同甚至很不相同的。一个时期一个流派有什么样的著作及其追求,是和他们所处的时代、环境及目标等背景息息相关的。而当你读了本教材的有关内容后,你就会深深感到,我们不能说读了其中哪个就可不读其他了,我们只能说读了哪位大家的著作,对其代表的现代语言学某个阶段的某个方面研究及其方法,就有所感受了。而你要了解和感知语言的不同层级、侧面和研究方法,你就得去读不同学者的有关专著。①

现代社会的一个重要特点是大家都很忙,整段的时间越来越少。为了满足对内容要求深浅不同、多寡不同、时间条件不同的使用者的需要,本教材采取了多层级渐进式编排和一书多用的编写方法。如使用本书,可以一次读完一章或一节,也可分别连读每章的第一部分,或第二、第三部分。如果把本书每章的第一部分连起来,那么我们就得到一个现代语言学流派简介的读本,如把某章的第二、三部分连起来就是一部该书的简缩读本。而相对于这些部分,那么本书的其他部分就是你所选部分的参考资料。如此这般按不同方式拆装本书章节,重新组合,不仅能充分发挥本教材一书多用的价值,而且能为不同的教师按不同的需求来选用本书提供帮助。在这个意义上讲,这种组合方式和自行编排的理念模式,不仅可一书在手多种用途,而且相当于花一本书的代价买几本书。我真心希望,在构建节约型社会的人类新的征程中,用有限篇幅、分层编排和自由拆装的教材"编写—使用"法,为社会节约尽可能多的物质资源,为不同的读者和教师使用本书,提供尽可能多的便利和帮助。②

现代语言学的成果可谓汗牛充栋,并且这个"现代"的时间段只有起点,未有终点。因此,不仅任何选读都有可能挂一漏万,而且选取的流派代表和内容也无法穷尽。然而,读一些大多数学者认为必读的专著,应该说,不论从哪个角度讲都是有益的,而且我们始终不能忘记,我们的目标

---

① 大家都知道盲人摸象的故事。其实很多学科的研究对象都是一头头巨大无比的大象,它和研究者的关系,不同程度地类似于大象和盲人。不能简单地认为,发现大象像柱子的盲人及结论就一定比发现大象像扇子的盲人及结论高明,或是相反。语言特别像大象,特别要包容和了解同一时代和不同时代的不同学派、代表学者及其研究。任何"废黜百家、独尊儒术"的思路都于事无补,并有碍自己和学科发展。

② 另外,本书每章都是独立自足的,能分别单独使用,能供有的学校一门选修课包括多个学科内容的老师作为教材选择,能为多位老师、多个院系、多所学校合开一门选修课,提供相当大的选择空间。

是研究语言和人类的认知历程与途径,而不能止于某部专著所代表的研究成果本身。为了尽可能给读者和教学提供较新的知识和学术视野,根据出版社的建议和要求,在教材成稿之后,又更换了乔姆斯基著作选读的内容,补写了认知语言学概述。著名语言学家冯志伟先生,不仅审校了全书,为书作序,而且还亲自更换了第 4 章原著的选读内容,改写了该章其他相关部分,建议我们把乔姆斯基的《语言描写的三个模型》作为附录向读者推荐。① 郭婷婷博士通读了全书,提出了不少有益的意见和建议。出版社的编辑沈浦娜、杜若明、白雪等为本书的出版编辑付出了很多心血。借此,请允许我代表所有编者和读者,向冯志伟先生,向所有为本书作出贡献的各位先生和女士,谨致最诚挚的谢意。

  本书由于编者较多,编写、统稿、校订时间比较仓促,不妥或不详之处在所难免,诚望广大读者和本教材的使用者不吝赐教,以便本书再版重印时予以更正。

萧国政
2007 年 2 月 18 日于武汉大学

---

① 关于把《语言描写的三个模型》作为附录的理由,冯先生在给本书所写的《序》中已做了很好的说明,此处不再赘述。这里要说的是,乔姆斯基及其学派,其研究和追求在语言学和学术领域,不仅是独树一帜,而且是耸立起一组山峰。乔姆斯基学派的语言学追求和做学问的方式,打破了人们研究结论"永恒正确万世不变"的习惯追求定势,昭示了真理、科学和正确的目标相对性、时空相对性和视角相对性,体现了一个伟大学者的不懈追求。写到这里,笔者不禁联想到马克思主义的创始人卡尔·马克思青年时代的座右铭:站在自己的今天无情地嘲笑自己的昨天,似觉得他们在真理追求的品格上有十分相似的地方。

第一章

索绪尔《普通语言学教程》

外文书名：*Cours de Linguistique Générale*
作者外文名：Ferdinand de Saussure
翻　　译：高名凯
出版社：北京：商务印书馆
出版时间、版次：1980年，第1版
摘选及撰稿：刘平

第一节　作者及有关学术背景

费尔迪南·德·索绪尔（Ferdinand de Saussure）于1857年生于瑞士日内瓦，祖父和父亲都是自然科学家，整个家族有着自然科学研究的悠久传统。幼年和少年时期，他接受家里一位世交——语文学者阿道夫·皮克戴特（Adolph Pictet）的指引，学习掌握了法语、德语、英语、拉丁语等多种语言，后来又学习了梵语。中学时索绪尔就胸怀大志，对于语言研究有着浓厚的兴趣，他试图探索"语言的普遍系统"，写了一篇《语言论》（*Essai sur les Langues*），认为所有语言都起源于由两三个基本辅音构成的系统。索绪尔这种幼稚的极端简化论得到了皮克戴特热情的鼓励和及时的告诫。

1875年，索绪尔中学毕业后进入了日内瓦大学专修物理和化学。一年之后，由于对语言学的爱好，他决心改行把语言研究作为自己将来的事业，并申请参加了刚成立不久的巴黎语言学会。1876年10月，索绪尔转学到德国莱比锡大学学习语言学，在那里结识了青年语法学派的重要人物布鲁格曼(K. Brugmann)、奥斯托霍夫(Hermann Osthoff)等人,和他们共同从事印欧语的历史比较研究工作。布鲁格曼提出了"鼻音共振定律"(nasalis sonans),这与索绪尔几年前总结出但又自己否定掉的一个发现不谋而合。这件事大大地增加了年轻的索绪尔研究语言的信心,他的创造力很快重新爆发了出来。不久他转学到柏林大学。1878年12月,索绪尔发表了他的成名作《论印欧语言中元音的原始系统》("Les Mémoire sur le Système primitif des voyelles dans les langues indo-européennes")。在这篇文章中,他在理论上解决了印欧系语言元音原始系统中的一个疑难问题,对历史语言学的根本性问题提出了批评,强调了方法问题的重要性,这时,他才22岁,就显示出非凡的语言研究才华。1880年他再回到莱比锡大学攻读博士学位,完成了博士论文《论梵语绝对属格的用法》(*Del'imploi du genitif absolu en sanscrit*),获莱比锡大学博士学位。1881—1891年,索绪尔在法国巴黎高等研究学院讲授日耳曼语比较语法、拉丁语希腊语比较语法、立陶宛语等课程,培养了格拉蒙(M. Grammont)、梅耶(A. Meillet)、帕西(P. Passy)等语言学家,建立了法兰西学派。1891年冬他离开法国回到瑞士,此后一直在日内瓦大学担任教授,从1892年起每年开设梵语课程,1892年讲授希腊语与拉丁语语音学、印欧系语言的动词研究,1893年讲授希腊语与拉丁语词源学研究、希腊语动词研究,1894年讲授古希腊碑文选读、希腊语名词的性数格变化研究,1895年讲授波斯诸王碑文、希腊方言与古希腊碑文、荷马史诗的词源与语法研究,1896—1905年讲授希腊文学作品中的方言,1902—1903年同时还讲授欧洲地理语言学,1904—1905年讲授英语与德语的历史语法,1906年讲授日耳曼历史语言学、古英语、古高地德语。直到1906年才开始讲授普通语言学,索绪尔在开设普通语言学课程之前,已经把整个印欧系主要的语言(梵语、波斯语、希腊语、拉丁语、古日耳曼语、古高地德语、古英语)都讲授了一遍或者数遍,他深深地知道历史比较语言学的缺陷,所以,他才下定决心,走一条崭新的道路,提出了他的语言学新理论。1906—1911年间,索绪尔应学生要求先后三次讲授普通语言学课程。他的三次普通语言学课程,无论是在大纲还是具体内容上都是一次比一次更为丰富和深刻,可以说是凝聚了他一生的心血,但是索绪尔出于严谨的治学态度,生前并没有把他的研究成果写成专著出版。1913年索绪尔因喉癌去世。他死后,他的学生巴利(Ch. Bally)和薛施蔼(A. Sechehaye)合作,以第三期课程为基础,充分利用里德林格(A. Riedlinger)提供的第一、二期的授课笔记,对三期课程学生的课堂笔记加以综合分析,编辑整理成《普通语言学教程》(Cours de Linguistique Générale)一书。① 该书于1916年在法国洛桑出版时,并未产生多大反响。后来由于当代语言学家不断重新发现索绪尔,该书被译成多种语言,索绪尔的学说才得以传世。

索绪尔是20世纪最伟大的语言学家,现代语言学、结构主义语言学和符号学的奠基人。索绪尔提出的语言学理论,是语言学历史上哥白尼式的革命,对于现代语言学的发展有着深远的影响。此外,他的语言理论和方法论对其他人文社会科学,如哲学、人类学、精神分析学、心理学、社会学、逻辑学、历史学、文学、文化、文艺批评等,也有着重要的影响。

索绪尔的语言理论产生于风云际会的19世纪末20世纪初。它的产生并非偶然,与当时的社会科学思潮特别是与社会学、心理学、语言学的发展有密切的联系。当时社会科学正处于转型的关口,两大哲学流派——德国唯心主义哲学和经验实证主义都把社会看成一种结果,一个第二性的、派生的现象,而非第一性的、实质的东西。这就等于说,社会的研究无法成为科学。而德国著名社会学家德克海姆(Emile Durkheim)、奥地利心理学家弗洛伊德(Sigmund Freud)和索绪尔通过他们各自的研究却发现:对于个人来说,社会不仅是个人行为的总和,也不仅是精神的偶然表现,而是一个实体,并且是第一性的。因此,社会科学研究的不是社会事实本身,而是社会事实和社会意义的结合,要把社会事实放在整个社会框架中去探求它们的功能。他们的这一发现使社会科学向科学性迈出了关键的一步。

从语言学方面来看,当时的历史比较语言学兴旺发达。索绪尔在肯定其成绩的同时,认为它算不上一门真正的语言科学,因为比较虽然是历史还原的必要条件,但仅有比较是不够的。要还原历史,就必须弄清楚历史横断面(共时平面)的情况,所以共时研究比历时研究更重要。但是,共时研究所必需的理论、工具极其缺乏,为此索绪尔在给朋友的信中强烈抱

---

① 曾有人质疑由学生编辑整理而非索绪尔本人所写的《普通语言学教程》的忠实可靠性。经有关学者考证,该书尽管在结构的编排、术语的内涵、内容的表述上有不充分之处,基本上还是代表了索绪尔的语言学观点。当然要想了解原来的编排顺序,进一步澄清部分看来让人费解的论述,可参看《Saussure's Third Course of Lectures on General Linguistics 1910—1911》(Edited and translated by Eisuke, Komatsu & Roy. Harris. Oxford: Pergamon Press.),它是根据索绪尔第三次普通语言学讲座的最全面的学生笔记编辑而成的。中译本有两个版本:一是张绍杰翻译的《普通语言学教程:1910-1911 索绪尔第三度讲授》,湖南教育出版社,2001;另一本是屠友祥翻译的《索绪尔第三次普通语言学教程》,上海人民出版社,2002。

怨到:"现有的语言学术语极其不足,已有的术语尚需改进;而要改进术语,就必须先弄清楚语言到底是什么。"①但抱怨并不代表索绪尔对前人思想的全盘否定,相反,他很善于吸收前人的成果,如英国语言学家斯威特(H. Sweet)、丹麦语言学家叶斯柏森(O. Jespersen)等人的相当于现代音位(phonème)概念的思想,尤其是美国语言学家辉特尼(W. Whitney)有关语言的社会性、语言的任意性(arbitraire)、符号性的思想。索绪尔对前人的研究成果融会贯通,在继承、借鉴的基础上大胆地创新和突破,开创了语言学的新天地。

《普通语言学教程》(以下简称《教程》)是索绪尔唯一的著作,但它是现代语言学经典性的奠基之作。该书1916年在洛桑出第一版,1922年在巴黎出第二版,其后连续出版了第三、四、五版。1972年出了由莫罗(Tullio de Mauro)详细评注的新一版。世界上各种重要的语言差不多都有它的译本。在中国,方光焘先生最早选译了部分章节,收入他的《语法论稿》(江苏教育出版社,1990)。中译本有两个版本:一本由高名凯译,岑麒祥、叶蜚声校注,商务印书馆1980年出版;另一本由裴文译,江苏教育出版社2001年出版。我们这里节选和介绍的是高名凯的译本。②

《教程》内容丰富而又广泛。除绪论部分七章外,该书共分五编三十五章。绪论、第一编"一般原则"和第二编"共时语言学"是全书重点,对后世产生重大影响的新理论、新方法基本上都集中于此。

作为一部具有划时代意义的著作,《教程》的出版标志着现代语言学的开端,对现代语言学的发展具有极其重要的意义。它提出的语言学说为语言研究和语言学的发展奠定了科学的基础,被当代西方马克思主义的代表人物弗里德里克·杰姆逊称为"一场哥白尼式的革命"。20世纪语言学各个流派尤其是结构主义语言学派都受到了它的深刻影响。正是在这个意义上,我们说索绪尔是现代语言学和结构主义语言学的创始人,是当之无愧的现代语言学之父。具体可从两方面来说明:

首先,索绪尔在《教程》中提出的语言理论给现代语言学提出了总的方向,规定了语言学的任务。索绪尔认为,语言是一个由单位和关系构成的系统,语言学家的任务就是分析这个系统,语言学研究的任务就是去确定这些语言单位之间的关系以及连接这些单位的组合规律。自从《教程》

---

① 参见乔纳森·勒:《索绪尔》,宋珉译,北京:昆仑出版社,1999年出版,第4页。
② 这里选用高名凯的译本,主要考虑到它是一本通行本,书中的某些概念如"能指"(signifiant)/"所指"(signifié)以及有关语言理论的经典名言都已经被广大读者所熟悉和接受。

问世后,语言学研究几乎都在沿着他指出的方向探索、前进。不少语言学流派的基本理论虽然有种种不同,但在把语言看做一个完整的系统去研究这一点上几乎是一致的。

其次,索绪尔的语言理论奠定了现代语言学的理论基础,在不同程度上影响了20世纪语言学各个流派。索绪尔语言理论以语言(langue)和言语(parole)的区分为基础,认为语言学只能"就语言和为语言而研究语言",排除任何非语言因素的干扰;而就语言来说,必须区分共时(synchronie)和历时(diachronie),语言学只研究共时的语言系统,排除任何历时因素的干扰;而就共时的语言系统的研究来说,只研究在组合关系(rapports syntagmatiques)和聚合关系(rapports associatifs)中组织并运行的形式,不研究实质。索绪尔的这些语言学说为现代语言学发展奠定了坚实的基础,以梅耶(A. Meillet)为代表的社会心理学派和后来具有广泛影响的结构语言学、转换生成语言学、系统-功能语言学等学派的理论和方法都是在这一基础上发展起来的。比如,以梅耶为代表的社会心理学派主要接受了索绪尔关于语言是社会-心理现象的观点,主张对语言现象进行社会的、心理学的解释。而欧美结构主义学派包括它的三个主要派别布拉格学派、哥本哈根学派、美国结构主义学派受索绪尔的影响就更大。结构主义语言学最重要的成果之一是音位学理论。结构主义语言学的"音位(phonème)"概念,也源出于《教程》。索绪尔关于"系统(système)"的一个定义早就包含了现代音位理论的基本思想:"在词里,重要的不是声音本身,而是使这个词区别于其他一切词的声音上的差别,因为带有意义的正是这些差别"(《普通语言学教程》,高名凯译,商务印书馆,1980,第164页。以后再引用时只列页码)。欧洲布拉格学派的代表人物特鲁别茨科伊(Nikolai Trubetzkoy)正是受到索绪尔区分"语言(langue)和言语(parole)"、"差别(différence)和对立(opposition)"等思想的启发,在他的代表作《音位学原理》(*Grundzüge der Phonologie*)中提出了意义重大的音位学(phonologie)和语音学(phonétique)之区分,建立了音位学。其后乔姆斯基(Noam Chomsky)在此基础上进一步推进了区别特征理论,建立了生成音系学;而哥本哈根学派的领袖叶尔姆斯列夫(Louis Hjelmslev)更自称是索绪尔唯一的真正的继承人,索绪尔提出的"形式(substance)/实体(forme),语言(langue)/言语(parole),能指(signifiant)/所指(signifié),共时(synchronie)/历时(diachronie)"的区分以及"差别(différence)、对立(opposition)"等概念成为他语符学理论的基础;美国结构主义(美国描写语言学派)也是在承认语言结构的系统性基础上注重结构形式的描写的,其代表人物布龙菲尔德(Leonard Bloomfield)就公开承认受过索绪尔的影响。而哈里斯(Zellig Harris)强调研究语言的分布关系、成分间的相互关系也与索绪尔的思想非常相似。转换生成语言学派的代表乔姆斯基也受索绪尔区分语言和言语的启发,并采纳德国学者洪堡特(Wilhelm von Humboldt)有关语言生成过程基本能力的观点,提出了语言能力和语言运用的区分。伦敦语言学派代表人物弗斯、韩礼德则创造性地继承和发展了索绪尔的"系统(système)"思想,后者更进一步建立了系统功能语言学。

索绪尔也是符号学的先驱,他的符号学思想促使了符号学这一新兴学科的建立。《教程》中有关符号学的篇幅虽不多,但提出了一些重要的论断:例如建立"符号学"的设想(第38页)、符号学的主要对象是"以符号任意性为基础的全体系统"(第103页)、符号的主要特征是"在某种程度上总要逃避个人的或社会的意志"(第39页)、语言是"一种符号现象"(第115页)、"语言的问题主要是符号学的问题"(第39页)等,影响十分深远。

索绪尔语言理论的影响不只限于语言学和符号学,哲学、人类学、精神分析学、心理学、社会学、逻辑学、历史学、文学、文化、文艺批评等其他多个社会科学领域也都受到它的深刻影响。如哲学家蓬蒂(M. Ponty)最先把索绪尔的理论介绍到了哲学界;法国人类学家列维-斯特劳斯(Claude Lévi-Strass)受语言、言语区分理论和"区别、对立、能指、所指"等概念的启发,建立了结构人类学;拉康(Jacques Lacan)在精神分析领域提出"无意识活动具有地地道道的语言结构";文学批评领域,巴尔特(R. Barthes)认为"文学是一个符号系统"等等。由此形成了社会科学领域的结构主义思潮,代表着社会科学在方法论上向自然科学的靠拢。索绪尔产生的巨大影响使语言学又一次成为社会科学和人文科学中的领先学科。

但也有人对索绪尔的语言学说提出了不同看法:如对索绪尔过分重视共时语言学、内部语言学而忽视历时语言学、外部语言学以及对语言符号任意性原则的批判,我们认为这是对索绪尔语言学说的曲解。无论如何,索绪尔语言理论作出的巨大贡献以及一些合理的观点和论断,应该得到我们客观、公正、全面的肯定。

第二节 本书章节目录

绪　论
第一章　语言学史一瞥
第二章　语言学的材料和任务；它和毗邻科学的关系
第三章　语言学的对象
第四章　语言的语言学和言语的语言学
第五章　语言的内部要素和外部要素
第六章　文字表现语言
第七章　音位学
附　录：音位学原理（第一章音位的种类　第二章语链中的音位）

第一编　一般原则
第一章　语言符号的性质
第二章　符号的不变性和可变性
第三章　静态语言学和演化语言学

第二编　共时语言学
第一章　概述
第二章　语言的具体实体
第三章　同一性、现实性和价值
第四章　语言的价值
第五章　句段关系和联想关系
第六章　语言的机构
第七章　语法及其区分
第八章　语法中抽象实体的作用

第三编　历时语言学
第一章　概述
第二章　语音变化
第三章　语音演化在语法上的后果
第四章　类比
第五章　类比和演化
第六章　流俗词源
第七章　粘合
第八章　历时的单位，同一性和现实性

第三编和第四编附录(主观分析和客观分析,主观分析和次单位的确定,词源学)

第四编　地理语言学
第一章　关于语言的差异
第二章　地理差异的复杂性
第三章　地理差异的原因
第四章　语言波浪的传播

第五编　回顾语言学的问题　结论
第一章　历时语言学的两种展望
第二章　最古的语言和原始型
第三章　重建
第四章　人类学和史前史中的语言证据
第五章　语系和语言的类型

第三节　各章内容提要

"绪论"共七章。

第一章"语言学史一瞥"。本章简单地介绍了语言学在认识它的真正的、唯一的对象之前所经历的三个历史阶段——"语法"研究阶段、"语文学"研究阶段、"比较语文学"(或称"比较语法")研究阶段的有关情况,肯定了新语法学派所作的贡献,指出普通语言学的基本问题仍有待解决。

第二章"语言学的材料和任务;它和毗邻科学的关系"。本章首先阐述了语言学的材料来源;明确提出了语言学的三个任务:a)描写一切语言、整理其历史以重建每个语系的母语,b)概括出在一切语言中起作用的普遍规律,c)确定自己的界限和定义;接着简略论述了语言学和其他科学如民族学、人类学、生理学等之间的密切关系;最后谈到了语言学的用途。

第三章"语言学的对象"和第四章"语言的语言学和言语的语言学"。这两章索绪尔除了重点讨论语言学的对象问题以及由此引出的**语言**(langue)和**言语**(parole)的区分问题外,还简略谈到了他的符号学观点。

第三章索绪尔首先提出一个问题:语言学又完整又具体的对象是什么呢? 他认为,要回答这个问题,就必须在极其复杂的人类言语活动中区分语言、言语两个概念(因为言语活动=语言+言语),包含语言和言语的言语活动极其繁杂,难以作为语言学的研究对象;只有言语活动中与言语剥离开来的语言,才是语言学又完整又具体的对象。历来的语言研究尤其是历史比较语法,都忽视了语言这个唯一的对象。语言和言语的区分是索绪尔作出的一个重大贡献。索绪尔声称这是"第一条分叉路"(第42页),由此可推导出他的其他各项原则。

索绪尔认为,语言和言语是相互区别的:语言是言语活动中社会性的、系统的部分;言语是个人的和或然的部分。语言是心理的;言语是心理、物理的。语言是抽象的、稳定的;而言语是具体的、变化的。语言是存在于同一语言社团成员大脑中的一种约定俗成的抽象的符号系统,是集体心智的产物,它的存在不取决于具体言语;而言语是语言的具体运用,是个人的行为,不能脱离语言存在,个人的言语行为都要受语言系统制约。语言好比乐章,言语好比演奏,乐章的现实性跟演奏方法无关,演奏者所犯的错误也与这种现实性无关。因为,语言比言语更适合作为语言学的又完整又具体的对象。

语言和言语又是相互联系的,表现为二者互为前提,相互依存:言语要被人理解并产生它的一切效果,必须有语言;要建立语言,也必须有言语;语言的变化都是从个人的言语变化开始的,促使语言演变的是言语;只有通过言语才能观察和研究语言;语言既是言语的工具,又是言语的产物。

索绪尔在第三章最后一节里简单地阐述了他的**符号学**(semiology)思想。(后面的章节也略有提及)索绪尔认为,符号的主要特征是"在某种程度上总要逃避个人的或社会的意志"(第39页)。他说:"我们可以设想有一门研究社会生活中符号生命的科学……我们管它叫符号学……因为这门科学还不存在,我们说不出它将会使什么样子,但是它有存在的权利,它的地位是预先确定了的"(第38页),"它的主要对象仍然是以符号任意性为基础的全体系统"(第103页)。在索绪尔看来,"语言是一种表达观念的符号系统",可以跟文字、聋哑人的姊妹、象征仪式、礼节形式、军用信号等等相比,它在这些系统中是"最重要的"(第37页)。索绪尔认为,"语言学不过是符号学的一部分"(第38页),"语言学的问题主要是符号学的问题。"(第39页)索绪尔有关符号学的论述篇幅不多,但其符号学思想已见端倪。

第五章"语言的内部要素和外部要素"。为进一步说明语言的性质,索绪尔区分了对语言的外部研究和内部研究。他认为,语言的要素分为外部要素和内部要素两种,因此又有**内部语言学和外部语言学**之分。一切与语言的组织、系统无关的东西如语言学与民族学、文化史、种族史、政治史、各种制度、地理环境等的关系等都属于外部语言学,反之属于内部语言学。内部语言学和外部语言学其实是两种不同的研究语言的方法,前者按照语言自己固有的秩序研究语言,而后者是从语言学和其他领域的关系上去研究语言。索绪尔拿下棋打比方来说明两者的区别,他把语言比作下棋,象棋从哪里介绍到欧洲,棋子是用什么材料做的,这都属外部语言学的范畴;棋法则属于内部语言学,相当于象棋的"语法"。改变棋子的材料影响不到规则本身;但增减棋子的数量就会破坏规则。这个比喻生动地阐释了内部语言学和外部语言学的关系。

第六章"文字表现语言"。索绪尔首先阐述了文字的性质及语言和文字的关系,认为语言和文字是不同的符号系统,文字是表现语言的符号系统;语言能够脱离文字而独立存在,文字对语言演变也起着反作用。简言之,就是语言第一性、文字第二性。接着索绪尔把文字体系分为表意体系和表音体系加以了分析。最后他讨论了造成语音和文字不规则对应的原因及其后果。

第七章"音位学"。本章主要讨论了音位学的定义、音位文字和音位文字的考证问题。在这里,索绪尔提出应区分"语音学"和"音位学"两个概念,认为"语音学是一门历史科学,它分析事件、变化,是在时间中转动的";"音位学却是在时间之外的,因为发音的机构总是一样的"。语音学是"语言科学的一个主要部分";而音位学却只是"一种辅助的学科,只属于言语的范畴"[①](第60页)。

附录:"音位学原理"。第一章主要讨论音位的定义和根据口腔发音划分的音位的种类。第二章主要讨论语链中的音位。

第一编 "一般原则"共三章。

第一章"语言符号的性质"和第二章"符号的不变性和可变性"。这两章主要阐述了索绪尔的符号理论。在索绪尔看来,语言是一种表达观念的特殊符号系统。语言符号联系的不是事物和名称,而是"概念"和"音响形象"(第101页)。语言符号是概念和声音形象结合而成的"两面的心理实体"(第101页),索绪尔把前者称为"所指"(signifié),后者称为"能指"(signifiant)(也有人称为"符号受指"和"符号施指",如裴文的中译本)。所指和能指联系紧密,不可分割。能指对现实中跟它没有任何联系的所

[①] 注意这里索绪尔所说的"音位"是指通常说的"音素",它与后起的"音位"概念(即特定语言中具有区别词形功能的最小语音单位)名同实异。索绪尔所说的"音位学"也与当前的"音位学"概念不同,属于现在一般称为"语音学"的探讨范围。

指来说是任意的,它们之间的联系是不可论证的、约定俗成的。由此索绪尔提出了语言符号最重要的一个特征——任意性(arbitraire)。任意性是普遍存在的。但拟声词和感叹词是例外,拟声词数目很少,而且不是语言系统的有机组成部分;多数感叹词的所指和能指并没有固定联系。语言符号的另一个重要特征是能指的线条性。能指在言语中是一种声音,必须按照时间顺序一个个出现,构成一个线性链条。变成文字时这种顺序被字母的顺序和行距所代替,线性关系更为明显。沿时间维度展开的两个语言单位永远不可能同处于语流的某一点,总是有位置的先后。这是语言运转的基本特点之一。在索绪尔看来,能指的线性特征跟符号的任意性特征同样重要。

第二章"符号的不变性和可变性"。索绪尔认为,语言符号的"不变性"是指语言符号对于使用它的语言社团来说是不自由的,强制的。语言符号一经选定,就有很大的稳定性,个人和集体都不能随意改变。语言符号的不变性跟符号的任意性、符号的巨大数量、符号系统的复杂性以及集体惰性都有关系。而由于语言符号是任意的,所指和能指之间没有必然联系,语言符号的变化也是不可避免的。这就是符号的"可变性"。可变性与不变性是矛盾的辩证统一。"符号正因为是连续的,所以总是处在变化的状态中。在整个变化中,总是旧有材料的保持占优势;对过去不忠实只是相对的。所以,变化的原则建立在连续性原则的基础上的"。(第112页)

第三章"静态语言学和演化语言学"。本章主要讨论静态语言学和演化语言学(即共时语言学和历时语言学)的有关理论问题。索绪尔继区分语言、言语后在本章中进一步提出语言研究应区分**共时**(synchronie)研究和**历时**(diachronie)研究,并把这种区分称为"第二条分叉路"(第141页)。

索绪尔认为,语言具有双重性——历史过程和某时的状态,所以研究方法上应区分共时语言学(synchronic linguistics)和历时语言学(diachronic linguistics)。什么是共时语言学和历时语言学呢?共时语言学研究一种或多种语言在其历史发展过程中的某一阶段的情况(即语言的状态),而不考虑这种状态如何演化而来,又称静态语言学(static linguistics)。历时语言学研究语言在较长历史时期所经历的变化,又称演化语言学(evolution linguistics)。共时语言学和历时语言学的观察结果正如树干的横截面和纵剖面,其对立是绝对的而不容妥协,必须区分开来。共时语言学只研究一种语言中的全部共存现象(包括方言和次方言);历时语言学不一定只研究一种语言,还可以同时研究几种语言。共时语言学定律具有普遍性,但没有强制性;历时语言学定律具有一定的强制性,但没有足够的普遍性。在索绪尔看来,共时语言学比历时语言学更为重要。因为共时语言学研究的是语言系统本身,并且共时语言现象是语言使用者和语言学家所能接触到的唯一的现实;而历时语言学研究的却是与语言系统本身无关的曾经影响或修改过语言的一系列事实,可以放在语言之外进行研究。

索绪尔还批评了19世纪的历史语言学和比较语言学,认为它们属于历时语言学,跨着共时、历时两个领域,没有确定的研究对象,对语言的本质认识比较模糊。而19世纪的传统语法虽属于共时语言学,但也存在规定语言规则而不是忠实地记录语言事实的欠缺。

需要指出的是,索绪尔区分共时、历时是方法论上的二分法(即研究角度和研究方法的对立),并非认识论上的二分法(即两者互相排斥,是两大类不同的成分)。他为共时语言学正名的同时,并没有轻视历时语言学的意思。事实上,他的《论印欧语言中元音的原始系统》就是历时语言学的名作,而《教程》也有近三分之一的篇幅是历时语言学的内容。

第二编 "共时语言学"共八章。

第一章"概述"。索绪尔认为,共时研究比历时研究难得多,因为演化的事实比较具体,更容易设想,而老在价值和共存关系中兜圈子的共时研究却会遇到许多更大的困难,比如界定语言状态所处的时间与空间的困难,因此共时语言学中语言状态这一概念只能是一个近似的概念。

第二章"语言的具体实体"。语言的具体实体(即单位)是在语链中排除前后要素,作为某一概念的能指的一段音响。语言作为一种完全以具体单位的对立为基础的系统,跟其他任何符号制度相区别的一个特征是:它有着不易分离开来而又作用重大的语言单位。

第三章"同一性、现实性、价值"、第四章"语言的价值"、第五章"句段关系和联想关系"、第六章"语言的机构"。这四章主要讨论了索绪尔的**系统**(système)**理论**。索绪尔不满足于了解语言单位彼此之间有联系,还积极去探索联系产生的原因、描写其联系的方式,由此建立了他的系统理论。其系统理论的基本思想是:任何语言都是一个由相互关联、相互对立的词汇、语法、语音等语言单位以组合关系(rapports syntagmatiques)和聚合关系(rapports associatifs)为纲组织运行的系统。描写一个语言单位,就意味着确定它的价值,考虑到它与其他语言单位的一切可能的聚合关系和组合关系。

索绪尔在《教程》里没有明确地给"系统"下一个定义。整本书中"系统"一词出现了一百三十八次;"结构"一词出现了三次,但都不是"系统"的意思。要了解"系统"的含义,必须联系"差别、对立、价值、实质、形式、组合关系、聚合关系"等概念,特别是要理解索绪尔反复强调的"**价值(valeur)**"的概念。什么是价值呢?索绪尔认为,每个价值都有两个特征:一、它要能和另一系统中的价值相交换,二、该价值是它与同一系统中其他价值的相互关系决定的。以下棋为例,"下棋的状态与语言的状态相当。棋子的各自价值是由它们在棋盘上的位置决定的,同样,在语言里,每项要素都由于它同其他各项要素对立(opposition)才能有它的价值。"(第128页)就词汇单位而言,意义(signification)不等于价值,价值永远是和别的价值相对而言的。价值就是系统的功能,就是语言要素在语言系统中的意义。任何一个语言要素的价值并不决定于它的心理实体或声音实体(即概念或音响形象),而是由它在语言这一系统中与其他各项要素的相互关系决定的。在此基础上,索绪尔得出结论:语言是形式(substance)(即关系的总和)而不是实质(forme)。

索绪尔认为,在语言状态中,一切都以关系为基础。在语言机构中,"任何一个部分都可以而且应该从它们共时的连带关系去加以考虑",(第127页)而这种"共时的连带关系"就是"句段关系(rapports syntagmatiques)"和"联想关系(rapports associatifs)"(后人改称"组合关系"和"聚合关系")。句段关系和联想关系是语言关系的总纲。句段关系就是一个词或一个句子中各个成分先后实际出现的关系。联想关系就是存在于意识中的既彼此分别、又具有共同点的成分的类聚关系。类聚中的各成员,出现在句段中某个位置的资格是相同的,可以互相代替。句段关系和联想关系是两种不同的关系:句段关系是现实的,体现在现实中句段各要素的前后结合中;联想关系是潜在的,体现在各要素之间的共同点上,以及在语言成分的组合链条中某环节可互相替代的特点上。句段关系是有限的;而联想关系在原则上是无限的。

另外,在第六章"语言的机构"第三节中,索绪尔从语言的机构角度提出应区分语言符号的"绝对任意性"和"相对任意性"。他指出:"符号任意性的基本原则并不妨碍我们在每种语言中把根本任意的,即不可论证的,同相对任意的区别开来。只有一部分符号是绝对任意的;别的符号中却有一种现象可以使我们看到任意性虽不能取消,却有程度的差别:符号可能是相对地可以论证的"(第181页)。通过进一步分析,我们发现,索绪尔这里说的绝对任意性是就语言符号在音响形象与概念的关系方面来说的,而相对任意性是就语言符号间的组合关系、聚合关系来说的。任意性是普遍存在的,它是语言符号的根本,非任意性(即可论证性)则是语言符号的第二性。非任意性是建立在绝对任意性的基础上的。因此,我们不能过分强调前者来否定后者,也不能过分强调后者来否定前者。

第七章"语法及其区分"。索绪尔认为将形态学和句法纳入语法研究范畴而把词汇学排除在外的传统做法不符合自然的区别,也缺乏逻辑联系,是不合理的区分。他认为,只有从语言要素间的组合、聚合关系入手研究语法才是合理的做法。

第八章"抽象实体在语法中的作用"。本章从关联聚合和横向组合角度简略分析了语法中的抽象实体及其作用。

第三编　"历时语言学"也分为八章。

第一章"概述"。索绪尔指出,语音学是历时语言学的头一个研究对象。应注意避免把语音研究当成语法研究,因为语法的演化是复杂的,任何语法事实的演化只有部分跟语音有关。

第二章"语音变化"和第三章"语音演化在语法上的后果"。这两章叙述了语音演变的有关内容。第二章首先论述了语音变化的绝对规律性和语音变化的条件,指出自发的语音现象(由内在原因产生的语音变化)和结合的语音现象(由一个或几个别的音位引起的语音变化)的划分比绝对变化、相对变化的现象的划分更合理;接着讨论了如何区分这两种现象。本章最后就语音演变的原因问题,对学界的七种观点(发音器官决定论、土壤气候决定论、省力论、幼年所受语音教育决定论、政治历史决定论、新来的民族吞并论、风尚决定论或称模仿心理决定论)——进行了批驳。

第三章索绪尔首先讨论了语音演化导致的两种语法后果——语法联系的破裂和词的复合结构的消失;接着又指出虽然语音演化能把两项本有语法联系的要素彻底分开,但并不能说明存在语音上的同源对似词,语音演化只是加强了在它之前早已存在的差别;最后介绍了"交替"现象。交替是能在两系列共存的形式间有规则地互换的两个音或音组的对应,属于语法和共时范畴。交替能加强词与词的语法联系。

第四章"类比"和第五章"类比和演化"。这两章介绍了类比原则以及它在语言演化中的作用。类比是对一个模型的有规则的模仿,类比形式就是以一个或几个其他形式为模型,按照一定规则构成的形式。在索绪尔看来,类比是语言创造的原则,它在性质上完全是语法的和共时的。类比虽很少用一个形式代替另一个形式,本身不是演化的事实,但它却时刻反映着语言体制中发生的变化,用新的结合认可这些变化。因此,它是语言演化的一个有力的因素。索绪尔还认为,无论在几个要素组成形式的保存还是语言材料在新结构中的重新分布上,类比都具有巨大的积极作用。因此类比可以看做是使语言形式划一的一个原则。索绪尔这一看法跟新语法学派的观点是一致的。

第六章"流俗词源"。"流俗词源"是把难以索解的词同某种熟悉的东西加以联系,借以做出近似的解释。流俗词源和类比都要利用语言所提供的有意义的要素,但两者却有着本质的区别:前者分析的基础是记忆而后者是遗忘;前者只在一些特殊情况下起作用而后者却是普遍发生的语言事实;后者的构成是合理的,而前者却有点杂乱无章。

第七章"粘合"。粘合是指两个或几个原来分开的但常在句子内部的句段里相遇的要素互相熔合成为一个绝对的或者难于分析的单位的过程。粘合和类比是语言演化过程中构造新语言形式的两种不同方式,区别明显。一个可分析的形式是粘合还是类比的产物,必须结合历史材料去分析。

第八章"历时的单位,同一性和现实性"。索绪尔认为,单位这一概念在历时领域和共时领域不可能相同,研究时应注意区分历时的单位和共时的单位,区分历时同一性和共时同一性。

附录:主要讨论了主观分析和客观分析的概念、区别,主观分析和次单位的确定以及词源学的有关问题。

第四编 "**地理语言学**"分为四章,是索绪尔外部语言学的核心内容。

第一章"关于语言的差异"。索绪尔论述了语言在地理分布上的多样性问题,指出语系内亲属语言间的比较和语系外非亲属语言间的比较研究都有它的价值。

第二章"地理差异的复杂性"。地理差异的复杂性表现为:地理差异和语言差异并非总是一对一的关系,比如几种语言可在同一地点并存或一种文学语言(也可指共同语)与一种或多种方言可在同一地点并存。索绪尔认为,判断一个地区属于何种语言区时,应考虑最基本的现象而不应考虑任何外来语、文学语的因素。

第三章"地理差异的原因"。索绪尔指出:时间因素是使语言或方言在地理分布上呈现多样性的原因。不同语言或方言间没有明确的分界线。

第四章"语言波浪的传播"。索绪尔指出,"乡土根性"和"交际"是在语言的传播过程中不断朝相反方向起作用的两种力量。"乡土根性"是使语言内聚的力量;而"交际"可起到积极或消极的双重作用:有时使语言内聚,有时使语言产生扩张。索绪尔用语言波浪理论①阐明语言在地理分布上呈现多样性的原因,进一步论证了语言或方言的分化跟地理上的连接或隔离没有必然的联系。

第五编 "回顾语言学的问题 结论"共分五章。

第一章"历时语言学的两种展望"。本章讨论了历时语言学的两种研究方法:随时间进展的前瞻的方法(即一般所说的历史法)和往上追溯的回顾的方法(即历史比较法),前瞻法是一种简单叙述,必须以文献的考订为基础;回顾法是一种重建的方法,必须以比较为依据。在多数情况下,前者是不充分的或不适用的。

第二章"最古的语言和原始型"。索绪尔首先分析了"古老"一词的三种含义,并结合具体例证批判了一些印欧语历史比较语言学家把梵语当作印欧语系中最古老的代表的做法。索绪尔的这一看法与新语法学派是一致的。

第三章"重建"。主要讨论了重建的性质和目的,指出虽然有些通过重建(重新构拟)得出的形式不一定很准确,但只要构拟出的各形式在系统中具有相对确实性,能够彼此不相混淆,重建仍然有价值。

第四章"人类学和史前史中的语言证据"。索绪尔认为,语言与血统、种族、风俗习惯、制度、民族心理等之间没有必然的关系。历史比较法虽可以重新构拟某些民族在进入历史以前所用的语言,但通过证明语言之间的亲属关系来确定这些民族的种族、血缘关系、社会关系、风俗习惯、制度、民族心理特征等的做法是缺乏理由的。

第五章"语系和语言的类型"。索绪尔强调:语言是演变的,任何语系都不是理应而且永远属于某一语言类型的。本章最后一句话再次阐明了《教程》的基本思想——"语言学的唯一的、真正的对象是就语言和为语言而研究的语言。"②(第 323 页)

---

① 语言波浪理论(或称连续理论)是约翰·施密德(Johannes Schmidt)在《印度日耳曼人的亲属关系》(*Die Verwandtschaftsverhltnisse der Indogermanen*)一文中所提出,该理论认为语言波浪是指通过一个中心点的辐射表现语言变化的扩展。

② 这句话实为编者所加,但已成为一句经典名言。语言学界一般都认为它代表了贯穿于《普通语言学教程》的基本思想。

第四节 原著章节选读①

绪 论

第三章 语言学的对象

§1. 语言；它的定义

语言学的又完整又具体的对象是什么呢？这个问题特别难以回答，原因将在下面说明，这里只限于使大家了解这种困难。

别的科学都是对预先确定了的对象进行工作，接着就可以从不同的观点去加以考虑。在我们的领域里，情况却不是这样。有人发出法语 nu "赤裸裸的"这个词，一个肤浅的观察者在这里也许会看到一个具体的语言学对象；但是仔细考察一下，人们将会按照不同的看法连续找到三四个完全不同的事物，如把它看做一个声音，一种观念的表达，一个跟拉丁语 nūdum 相对应的词②等等。那远不是对象在观点之前，人们将会说，这是观点创造了对象，而且我们也没法预先知道，在这种种看法中，哪一种比其他的优越。

此外，不管我们采用哪一种看法，语言现象总有两个方面，这两个方面是互相对应的，而且其中的一个要有另外一个才能有它的价值。例如：

(1) 人们发出的音节是耳朵听得到的音响印象，但是声音没有发音器官就不能存在；例如一个 n 音只因有这两个方面的对应才能存在。所以我们不能把语言归结为声音，也不能使声音脱离口头上的发音；反过来说，撇开了音响印象也就无从确定发音器官的动作（参看译本第 67 页）。

(2) 就算声音是简单的东西，它是否就构成言语活动了呢？不，它只是思想的工具；它本身不能单独存在。在这里又出现了一种新的可怕的对应：声音是音响·发音的复合单位，它跟观念结合起来又构成了生理·心理的复合单位。事情还不只是这样：

(3) 言语活动有个人的一面，又有社会的一面；没有这一面就无从设想另一面。此外：

---

① 限于篇幅，我们这里只节选了《教程》与"语言和言语"、"语言符号的性质"理论相关的章节，论述"共时和历时"、"系统"和"价值"理论的章节没有选入。

② 法语的 nu 这个词和民间拉丁语的 nudo 相对应，到 11 世纪末才由民间拉丁语的 nudo 变成了现代法语的 nu。它跟古典拉丁语的 nūdum 没有直接联系。德·索绪尔在这里认为法语的 nu 和拉丁语的 nūdum 相对应，这是一种比较简单的说法。——中译本校注

（4）在任何时候，言语活动既包含一个已定的系统，又包含一种演变；在任何时候，它都是现行的制度和过去的产物。乍一看来，把这个系统和它的历史，把它的现状和过去的状态区别开来似乎很简单；实际上两者的关系非常密切，很难把它们截然分开。假如我们从起源方面去考虑语言现象，例如从研究儿童的言语活动开始，问题会不会变得简单些呢？不，因为就言语活动来说，认为起源的问题和恒常条件的问题有什么不同，那是非常错误的；所以我们还是跳不出圈子。

因此，我们无论从哪一方面去着手解决问题，任何地方都找不着语言学的完整的对象；处处都会碰到这样一种进退两难的窘境：要么只执著于每个问题的一个方面，冒着看不见上述二重性的危险；要么同时从几个方面研究言语活动，这样，语言学的对象就像是乱七八糟的一堆离奇古怪、彼此毫无联系的东西。两种做法都将为好几种科学——心理学、人类学、规范语法、语文学等等——同时敞开大门；这几种科学，我们要把它们跟语言学划分清楚，但是由于用上了错误的方法，它们都将会要求言语活动作为它们的一个对象。

在我们看来，要解决这一切困难只有一个办法：一开始就站在语言的阵地上，把它当做言语活动的其他一切表现的准则。事实上，在这许多二重性当中，看来只有语言可能有一个独立的定义，为人们的精神提供一个差强人意的支点。

但语言是什么呢？在我们看来，语言和言语活动不能混为一谈；它只是言语活动的一个确定的部分，而且当然是一个主要的部分。它既是言语机能的社会产物，又是社会集团为了使个人有可能行使这机能所采用的一整套必不可少的规约。整个来看，言语活动是多方面的、性质复杂的，同时跨着物理、生理和心理几个领域，它还属于个人的领域和社会的领域。我们没法把它归入任何一个人文事实的范畴，因为不知道怎样去理出它的统一体。

相反，语言本身就是一个整体、一个分类的原则。我们一旦在言语活动的事实中给以首要的地位，就在一个不容许作其他任何分类的整体中引入一种自然的秩序。

也许有人会反对这样一个分类的原则，认为言语活动的运用要以我们的天赋机能为基础，而语言却是某种后天获得的、约定俗成的东西，它应该从属于自然的本能，而不应该居于它之上。

我们可以这样回答：

首先，人们还没有证明，说话时所表现的言语活动的功能完全出于天赋，就是说，人体之有发音器官是为了说话，正如双腿是为了行走一样。语言学家关于这一点的意见很不一致。例如辉特尼就把语言看做一种社会制度，跟其他一切社会制度一样。在他看来，我们之所以使用发音器官作为语言的工具，只是出于偶然，只是为了方便起见：人类本来也可以选择手势，使用视觉形象，而不使用音响形象①。他的这番议论无疑太绝对了；语言并不是在任何一点上都跟其他社会制度相同的社会制度（参看第110页以下和第113页）。此外，辉特尼说我们之所以选择发音器官只是出于偶然，也未免走得太远；这选择在某种程度上其实是自然强加于我们的。但是在主要论点上，我们觉得这位美国语言学家是对的：语言是一种约定俗成的东西，人们同意使用什么符号，这符号的性质是无关轻重的。所以，关于发音器官的问题，在言语活动的问题上是次要的。

这种想法可以用人们对于所谓 Langage articulé（分节语）所下的定义来加以证实。拉丁语 ariculus 的意思是"肢体、部分，一连串事物的小区分"。就言语活动来说，ariculation（分节）可以指把语链分成音节，也可以指把意链分成意义单位；德语的 gegliederte Sprache 正是就这个意义来说的。根据这个定义，我们可以说，对人类天赋的不是口头的言语活动，而是构成语言——即一套和不同和观念相当的不同的符号——的机能。

卜洛卡（Broca）②发现说话的机能位于左大脑第三额回，人们也就根据这一点认为言语活动有天赋的性质。但是大家知道，这个定位已被证明是跟言语活动的一切，其中包括文字有关的。这些证明，加上人们对于因为这一部位的神经中枢受损害而引起的各种形式的失语症所作的观察，似乎可以表明：（1）口头言语活动的各种错乱跟书写言语活动有千丝万缕的联系；（2）在任何失语症或失书症的病例中，受影响的，与其说是发出某些声音或写出某些符号的机能，不如说是使用某种工具——不管是什么工具——来唤起正常的言语活动中的符号的机能。这一切使我们相信，在各种器官的运用上面有一种更一般的机能，指挥各种符号的机能，那可正好是语言机能。我们上述的结论就是从这里得出的。

为了使语言在言语活动的研究中占首要地位，我们最后还可以提出这样的论据：人们说话的机能——不管是天赋的或非天赋的——只有借

---

① 辉特尼的这些话，见于他所著的《语言和语言研究》第十四章。——中译本校注
② 卜洛卡（1824—1880），法国解剖学家兼外科医生。他研究人脑结构，曾发现人们的言语发动中枢位于左大脑第三额回，它跟语言音响中枢和书写中枢有紧密联系。这些神经中枢受到损害，就会引起失语症和失书症。——中译本校注

助于集体所创造和提供的工具才能运用;所以,说语言使言语活动成为统一体,那决不是什么空想。

§2. 语言在言语活动事实中的地位

要在整个言语活动中找出与语言相当的部分,必须仔细考察可以把言语循环重建出来的个人行为。这种行为至少要有两个人参加:这是使循环完整的最低限度的人数。所以,假设有甲乙两个人在交谈。

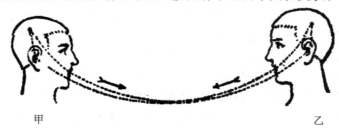

循环的出发点是在对话者之一例如甲的脑子里,在这里,被称为概念的意识事实是跟用来表达它们的语言符号的表象或音响形象联结在一起的。假设某一个概念在脑子里引起一个相应的音响形象,这完全是一个心理现象。接着是一个生理过程:脑子把一个与那音响形象有相互关系的冲动传递给发音器官,然后把声波从甲的口里播送到乙的耳朵:这是纯粹的物理过程。随后,循环在乙方以相反的程序继续着:从耳朵到脑子,这是音响形象在生理上的传递;在脑子里,是这形象和相应的概念在心理上的联结①。如果轮到乙方说话,这新的行为就继续下去——从他的脑子到甲方的脑子——进程跟前一个完全相同,连续经过同一些阶段,如下图所示。

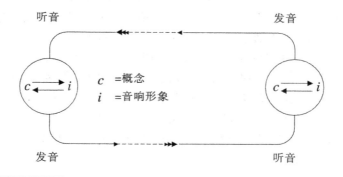

---

① 德·索绪尔对于心理现象的分析,一般采用了德国赫尔巴特(Herbart)联想心理学的术语和概念,这使他和新语法学派很接近。试参看德尔勃吕克的《语言学的基本问题》和保罗的《语言史原理》。——中译本校注

这分析当然不是很完备的;我们还可以区分出:纯粹的音响感觉,音响感觉和潜在的音响形象的合一,发音的肌动形象,等等。我们考虑的只是大家认为是主要的要素;但是上图已能使我们把物理部分(声波)同生理部分(发音和听音)和心理部分(词语形象和概念)一举区别开来。重要的是不要把词语形象和声音本身混为一谈,它和跟它联结在一起的概念都是心理现象。

上述循环还可以分为:

（a）外面部分(声音从口到耳的振动)和包括其余一切的里面部分;

（b）心理部分和非心理部分,后者既包括由发音器官发出的生理事实,也包括个人以外的物理事实;

（c）主动部分和被动部分:凡从说话者的联想中枢到听者的耳朵的一切都属主动部分,凡从听者的耳朵到他的联想中枢的一切都属被动部分;

最后,在脑子里的心理部分中,凡属主动的一切(c→i)都可以称为执行的部分,凡属被动的一切(i→c)都可以称为接受的部分。

此外,我们还要加上一个联合和配置的机能。只要不是孤立的符号,到处都可以看到这个机能;它在作为系统的语言的组织中起着最大的作用(参看以下第170页)。

但是要彻底了解这种作用,我们必须离开个人行为,走向社会事实,因为个人行为只是言语活动的胚胎。

在由言语活动联系起来的每个个人当中,会建立起一种平均数;每个人都在复制(当然不是很确切地,而只是近似地)与相同的概念结合在一起的相同的符号。

这种社会化是怎么来的呢?上述循环中的哪一部分可能是跟它有关的呢?因为很可能不是任何部分都同样在里面起作用的。

我们首先可以把物理部分撇开。当我们听到人家说一种我们不懂的语言的时候,我们的确听到一些声音,但是由于我们不了解,我们仍然是在社会事实之外。

心理部分也不是全部起作用的:执行的一方是没有关系的,因为执行永远不是由集体,而是由个人进行的。个人永远是它的主人;我们管它叫言语。

由于接受机能和配置机能的运用,在说话者当中形成了一些大家都觉得是相同的印迹。我们究竟应该怎样去设想这种社会产物,才能使语言看来是完全跟其他一切分立的呢？如果我们能够全部掌握储存在每个人脑子里的词语形象，也许会接触到构成语言的社会纽带。这是通过言语实践存放在某一社会集团全体成员中的宝库，一个潜存在每一个人的脑子里，或者说得更确切些，潜存在一群人的脑子里的语法体系；因为在任何人的脑子里，语言都是不完备的，它只有在集体中才能完全存在。

把语言和言语分开，我们一下子就把(1)什么是社会的，什么是个人的；(2)什么是主要的，什么是从属的和多少是偶然的分开来了。

语言不是说话者的一种功能，它是个人被动地记录下来的产物；它从来不需要什么深思熟虑，思考也只是为了分类的活动才插进手来，这将是我们在以下第170页所要讨论的问题。

相反，言语却是个人的意志和智能的行为，其中应该区别开：(1)说话者赖以运用语言规则表达他的个人思想的组合；(2)使他有可能把这些组合表露出来的心理·物理机构。

应该注意，我们是给事物下定义，而不是给词下定义，因此，我们所确立的区别不必因为各种语言有某些意义不尽相符的含糊的术语而觉得有什么可怕。例如，德语的Saprache是"语言"和"言语活动"的意思；Rede大致相当于"言语"，但要加上"谈话"的特殊意味。拉丁语的sermo毋宁说是指"言语活动"和"言语"，而lingua却是"语言"的意思，如此等等。没有一个词跟上面所确定的任何一个概念完全相当。因此，对词下任何定义都是徒劳的；从词出发给事物下定义是一个要不得的办法。

语言的特征可以概括如下：

(1) 它是言语活动事实的混杂的总体中一个十分确定的对象。我们可以把它定位在循环中听觉形象和概念相联结的那确定的部分。它是言语活动的社会部分，个人以外的东西；个人独自不能创造语言，也不能改变语言；它只凭社会的成员间通过的一种契约而存在。另一方面，个人必须经过一个见习期才能懂得它的运用；儿童只能一点一滴地掌握它。它是一种很明确的东西，一个人即使丧失了使用言语的能力，只要能理解所听到的声音符号，还算是保持着语言。

(2) 语言和言语不同，这是人们能够分出来加以研究的对象。我们虽已不再说死去的语言，但是完全能够掌握它们的语言机构。语言科学不仅可以没有言语活动的其他要素，而且正要没有这些要素掺杂在里面，才能够建立起来。

(3) 言语活动是异质的，而这样规定下来的语言却是同质的：这是一种符号系统；在这系统里，只有意义和音响形象的结合是主要的；在这系统里,符号的两个部分都是心理的。

(4)语言这个对象在具体性上比之言语毫无逊色,这对于研究特别有利。语言符号虽然主要是心理的,但并不是抽象的概念;由于集体的同意而得到认可,其全体即构成语言的那种种联结,都是实在的东西,它们的所在地就在我们脑子里。此外,语言的符号可以说都是可以捉摸的;文字把它们固定在约定俗成的形象里。但是要把言语行为的一切细节都摄成照片却是不可能的;一个词的发音,哪怕是一个很短的词的发音,都是无数肌肉运动的结果,是极难以认识和描绘的。相反,语言中只有音响形象,我们可以把它们译成固定的视觉形象。因为把言语中实现音响形象的许许多多动作撇开不谈,那么,我们将可以看到,每个音响形象也不过是若干为数有限的要素或音位的总和,我们还可以在文字中用相应数量的符号把它们唤起。正是这种把有关语言的事实固定下来的可能性使得一本词典和语法能够成为语言的忠实代表;语言既然是音响形象的堆栈,文字就是这些形象的可以捉摸的形式。

§3. 语言在人文事实中的地位:符号学

语言的这些特征可以使我们发现另外一个更重要的特征。在言语活动的全部事实中这样划定了界限的语言,可以归入人文事实一类,而言语活动却不可能。

我们刚才已经看到,语言是一种社会制度;但是有几个特点使它和政治、法律等其他制度不同。要了解它的特殊性质,我们必须援引另一类新的事实。

语言是一种表达观念的符号系统,因此,可以比之于文字、聋哑人的字母、象征仪式、礼节形式、军用信号等等。它只是这些系统中最重要的。

因此,我们可以设想有一门研究社会生活中符号生命的科学;它将构成社会心理学的一部分,因而也是普通心理学的一部分;我们管它叫符号学(sémiologie①,来自希腊语 sēmeîon"符号")。它将告诉我们符号是由什么构成,受什么规律支配。因为这门科学还不存在,我们说不出它将会是什么样子,但是它有存在的权利,它的地位是预先确定了的。语言学不过是这门一般科学的一部分,将来符号学发现的规律也可以应用于语言学。所以后者将属于全部人文事实中一个非常确定的领域。

---

① 仔细不要把符号学和语义学混为一谈。语义学是研究语义的变化的,德·索绪尔没有做过有系统的阐述;但是在第112页我们可以找到他所表述的基本原理。——原编者注

确定符号学的恰当地位，这是心理学家的事①，语言学家的任务是要确定究竟是什么使得语言在全部符号事实中成为一个特殊的系统。这个问题我们回头再谈，在这里只提出一点：如果我们能够在各门科学中第一次为语言学指定一个地位，那是因为我们已把它归属于符号学。

为什么大家还不承认符号学是一门独立的科学。像其他任何科学一样有它自己的研究对象呢？因为大家老是在一个圈子里打转：一方面，语言比任何东西都更适宜于使人了解符号学问题的性质，但是要把问题提得适当，又必须研究语言本身；可是直到现在，人们差不多总是把它当别的东西，从别的观点去进行研究。

首先是大众有一种很肤浅的理解，只把语言看做一种分类命名集（参看第100页），这样就取消了对它的真正性质作任何探讨。

其次是心理学家的观点，它要研究个人脑海中符号的机构：这方法是最容易的，但是跨不出个人执行的范围，和符号沾不上边，因为符号在本质上是社会的。

或者，就算看到了符号应该从社会方面去进行研究，大家也只注意到语言中那些使它归属于其他制度，即多少依靠人们的意志的制度的特征。这样就没有对准目标，把那些一般地只属于符号系统和特殊地属于语言的特征忽略了。因为符号在某种程度上总要逃避个人的或社会的意志，这就是它的主要的特征；但这正是乍看起来最不明显的。

正因为这个特征只在语言中显露得最清楚，而它却正是在人们研究得最少的地方表现出来，结果，人们就看不出一门符号科学有什么必要或特殊效用。相反，依我们看来，语言的问题主要是符号学的问题，我们的全部论证都从这一重要的事实获得意义。要发现语言的真正本质，首先必须知道它跟其他一切同类的符号系统有什么共同点。有些语言的因素乍一看来似乎很重要（例如发音器官的作用），但如果只能用来使语言区别于其他系统，那就只好放到次要的地位去考虑。这样做，不仅可以阐明语言的问题，而且我们认为，把仪礼、习惯等等看做符号，这些事实也将显得完全是另一种样子，到那时，人们将会感到有必要把它们划归符号学，并用这门科学的规律去进行解释。

---

① 参看纳维尔（Ad. Naville）的《科学的分类》第二版，第104页。——原编者注
按：关于符号学的范围，摩里斯（Charles Morris）在《符号、语言和行为》(1946)一书中有所论述。——中译本校注

第一编　一般原则

第一章　语言符号的性质

§1. 符号、所指、能指

在有些人看来,语言,归结到它的基本原则,不外是一种分类命名集,即一份跟同样多的事物相当的名词术语表。例如：

这种观念有好些方面要受到批评。它假定有现成的、先于词而存在的概念(关于这一点,参看原书第157页)。它没有告诉我们名称按本质来说是声音的还是心理的,因为arbor"树"可以从这一方面考虑,也可以从那一方面考虑。最后,它会使人想到名称和事物的联系是一种非常简单的作业,而事实上决不是这样。但是这种天真的看法却可以使我们接近真理,它向我们表明语言单位是一种由两项要素联合构成的双重的东西。

我们在第33页谈论言语循环时已经看到,语言符号所包含的两项要素都是心理的,而且由联想的纽带连接在我们的脑子里。我们要强调这一点。

语言符号连结的不是事物和名称,而是概念和音响形象①。后者不是物质的声音,纯粹物理的东西,而是这声音的心理印迹,我们的感觉给我们证明的声音表象。它是属于感觉的,我们有时把它叫做"物质的",那只是在这个意义上说的,而且是跟联想的另一个要素,一般更抽象的概念相对立而言的。

我们试观察一下自己的言语活动,就可以清楚地看到音响形象的心理性质:我们不动嘴唇,也不动舌头,就能自言自语,或在心里默念一首诗。那是因为语言中的词对我们来说都是一些音响形象,我们必须避免说到构成词的"音位"。"音位"这个术语含有声音动作的观念,只适用于口说的词,适用于内部形象在话语中的实现。我们说到一个词的声音和音节的时候,只要记住那是指的音响形象,就可以避免这种误会。

因此语言符号是一种两面的心理实体,我们可以用图表示如下:

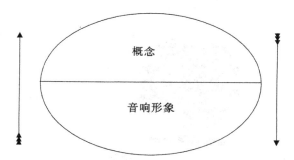

这两个要素是紧密相连而且彼此呼应的。很明显,我们无论是要找出拉丁语 arbor 这个词的意义,还是拉丁语用来表示"树"这个概念的词,都会觉得只有那语言所认定的连接才是符合实际的,并把我们所能想象的其他任何连接都抛在一边。

---

① 音响形象这术语看来也许过于狭隘,因为一个词除了它的声音表象以外,还有它的发音表象,发音行为的肌动形象。但是在德·索绪尔看来,语言主要是一个贮藏所,一种从外面接受过来的东西(参看第35页)。音响形象作为在一切言语实现之外的潜在的语言事实,就是词的最好不过的自然表象。所以动觉方面可以是不言而喻的,或者无论如何跟音响形象比较起来只占从属的地位。——原编者注

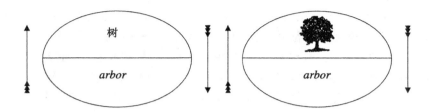

这个定义提出了一个有关术语的重要问题。我们把概念和音响形象的结合叫做符号,但是在日常使用上,这个术语一般只指音响形象,例如指词(arbor 等等)。人们容易忘记,arbor 之所以被称为符号,只是因为它带有"树"的概念,结果让感觉部分的观念包含了整体的观念。

如果我们用一些彼此呼应同时又互相对立的名称来表示这三个概念,那么歧义就可以消除。我们建议保留用符号这个词表示整体,用所指和能指分别代替概念和音响形象。后两个术语的好处是既能表明它们彼此间的对立,又能表明它们和它们所从属的整体间的对立。至于符号,如果我们认为可以满意,那是因为我们不知道该用什么去代替,日常用语没有提出任何别的术语。

这样确定的语言符号有两个头等重要的特征。我们在陈述这些特征的时候将同时提出整个这类研究的基本原则。

§2. 第一个原则:符号的任意性

能指和所指的联系是任意的,或者,因为我们所说的符号是指能指和所指相联结所产生的整体,我们可以更简单地说:语言符号是任意的。

例如"姊妹"的观念在法语里同用来做它的能指的 s-ö-r(sœur)①这串声音没有任何内在的关系;它也可以用任何别的声音来表示。语言间的差别和不同语言的存在就是证明:"牛"这个所指的能指在国界的一边是 b-ö-f(bœuf),另一边却是 o-k-s(Ochs)。②

符号的任意性原则没有人反对。但是发现真理往往比为这真理派定一个适当的地位来得容易。上面所说的这个原则支配着整个语言的语言学③,它的后果是不胜枚举的。诚然,这些后果不是一下子就能看得同样清楚;人们经过许多周折才发现它们,同时也发现了这个原则是头等重要的。

---

① 索绪尔这里用的是法国注音音标,相当于国际音标[sœr]。——选编者注
② 法语管"牛"叫 bœuf [bœf],德语管"牛"叫 Ochs[ɔks]。——中译本校注
③ 索绪尔这一提法是相对于研究言语的语言学说的。——选编者注

顺便指出：等到符号学将来建立起来的时候，它将会提出这样一个问题：那些以完全自然的符号为基础的表达方式——例如哑剧——是否属于它的管辖范围①。假定它接纳这些自然的符号，它的主要对象仍然是以符号任意性为基础的全体系统。事实上，一个社会所接受的任何表达手段，原则上都是以集体习惯，或者同样可以说，以约定俗成为基础的。例如那些往往带有某种自然表情的礼节符号（试想一想汉人从前用三跪九叩拜见他们的皇帝）也仍然是依照一种规矩给定下来的。强制使用礼节符号的正是这种规矩，而不是符号的内在价值。所以我们可以说，完全任意的符号比其他符号更能实现符号方式的理想；这就是为什么语言这种最复杂、最广泛的表达系统，同时也是最富有特点的表达系统。正是在这个意义上，语言学可以成为整个符号学中的典范，尽管语言也不过是一种特殊的系统。

曾有人用象征一词来指语言符号，或者更确切地说，来指我们叫做能指的东西②。我们不便接受这个词，恰恰就是由于我们的第一个原则。象征的特点是：它永远不是完全任意的；它不是空洞的；它在能指和所指之间有一点自然联系的根基。象征法律的天平就不能随便用什么东西，例如一辆车，来代替。

任意性这个词还要加上一个注解。它不应该使人想起能指完全取决于说话者的自由选择（我们在下面将可以看到，一个符号在语言集体中确立后，个人是不能对它有任何改变的）。我们的意思是说，它是不可论证的，即对现实中跟它没有任何自然联系的所指来说是任意的。

最后，我们想指出，对这第一个原则的建立可能有两种反对意见：

（1）人们可能以拟声词为依据认为能指的选择并不都是任意的。但拟声词从来不是语言系统的有机成分，而且它们的数量比人们所设想的少得多。有些词，例如法语的 fouet"鞭子"或 glas"丧钟"可能以一种富有暗示的音响刺激某些人的耳朵；但是如果我们追溯到它们的拉丁语形式

---

① 这里暗指冯德（Wundt）认为语言的声音表情动作出于自然的哑剧运动，参看他所著《民族心理学》第一编《语言》。——中译本校注

② 这里特别是指德国哲学家卡西勒尔（Cassirer）在《象征形式的哲学》中的观点。他把象征也看做一种符号，忽视了符号的特征。德·索绪尔认为象征和符号有明显的差别。——中译本校注

(fouet 来自 fāgus"山毛榉",glas 来自 classicum"一种喇叭的声音")①,就足以看出它们原来并没有这种特征。它们当前的声音性质,或者毋宁说,人们赋予它们的性质,其实是语音演变的一种偶然的结果。

至于真正的拟声词(像 glou—glou"火鸡的叫声或液体由瓶口流出的声音",tic—tac"嘀嗒"等等),不仅为数甚少,而且它们的选择在某种程度上已经就是任意的,因为它们只是某些声音的近似的、而且有一半已经是约定俗成的模仿(试比较法语的 ouaoua 和德语的 wauwau"汪汪"(狗犬声)。此外,它们一旦被引进语言,就或多或少要卷入其他的词所经受的语音演变,形态演变等等的漩涡(试比较 pigeon"鸽子",来自民间拉丁语的 pipiō,后者是由一个拟声词派生的):这显然可以证明,它们已经丧失了它们原有的某些特性,披上了一般语言符号的不可论证的特征。

(2) 感叹词很接近于拟声词,也会引起同样的反对意见,但是对于我们的论断并不更为危险。有人想把感叹词看做据说是出乎自然的对现实的自发表达。但是对其中的大多数来说,我们可以否认在所指和能指之间有必然的联系。在这一方面,我们试把两种语言比较一下,就足以看到这些表达是多么彼此不同(例如德语的 au!"唉!"和法语的 aïe! 相当)。此外,我们知道,有许多感叹词起初都是一些有确定意义的词(试比较法语的 diable!(鬼=)"见鬼!"mordieu!"天哪!"=mort Dieu"上帝的死",等等)。

总而言之,拟声词和感叹词都是次要的,认为它们源出于象征,有一部分是可以争论的。

§3. 第二个原则:能指的线条特征

能指属听觉性质,只在时间上展开,而且具有借自时间的特征:(a)它体现一个长度,(b)这长度只能在一个向度上测定:它是一条线。

这个原则是显而易见的,但似乎常为人所忽略,无疑是因为大家觉得太简单了。然而这是一个基本原则,它的后果是数之不尽的;它的重要性与第一条规律不相上下。语言的整个机构都取决于它(参看原书第170页)。它跟视觉的能指(航海信号等等)相反:视觉的能指可以在几个向度上同时并发,而听觉的能指却只有时间上的一条线;它的要素相继出现,构成一个链条。我们只要用文字把它们表示出来,用书写符号的空间线

---

① 现代法语的 fouet"鞭子"是古代法语 fou 的指小词,后者来自拉丁语的 fāgus"山毛榉";glas"丧钟"来自民间拉丁语的 classum,古典拉丁语的 classicum"一种喇叭的声音",c 在 l 之前变成了浊音。——中译本校注

条代替时间上的前后相继,这个特征就马上可以看到。

在某些情况下,这表现得不很清楚。例如我用重音发出一个音节,那似乎是把不止一个有意义的要素结集在同一点上。但这只是一种错觉。音节和它的重音只构成一个发音行为,在这行为内部并没有什么二重性,而只有和相邻要素的各种对立(关于这一点,参看原书第 181 页)。

第五节 选读主要参考文献

1. Ferdinand de Saussure. 1916. *Cours de Linguistique Générale*,(Bally, Charles et. al. eds.) Paris: Payot.
   〔瑞士〕费尔迪南·德·索绪尔,1980,《普通语言学教程》(中译本),高名凯译,岑麒祥、叶蜚声校注,北京:商务印书馆。
   〔瑞士〕费迪南·德·索绪尔,2001,《普通语言学教程》(中译本),裴文译,南京:江苏教育出版社。
2. 冯志伟,1999,《现代语言学流派》(修订本),西安:陕西人民出版社。
3. 胡明扬,1988,《西方语言学名著选读》,北京:中国人民大学出版社。
4. 林玉山,2000,《现代语言学的历史与现状》,郑州:河南人民出版社。
5. 刘润清等,1995,《西方语言学流派》,北京:外语教学与研究出版社。
6. 裴文,2003,《索绪尔:本真状态及其张力》,北京:商务印书馆。
7. 戚雨村,1995,索绪尔研究的新发现,《上海外国语大学学报》第 6 期。
8. 乔纳森·卡勒,1999,《索绪尔》,宋珉译,北京:昆仑出版社。
9. 索振羽,1995,索绪尔的语言符号任意性原则是正确的,《语言文字应用》第 2 期。
10. 赵蓉晖编,2005,《索绪尔研究在中国》,北京:商务印书馆。

第六节 选读思考题

1. 《普通语言学教程》最后一句话"语言学的唯一的、真正的对象是就语言和为语言而研究的语言"为编者所加,你是如何理解这句话的?
2. 谈谈索绪尔区分语言/言语、共时/历时、内部语言学/外部语言学的理论及其意义。
3. 为什么说"语言是一个符号系统"?语言这个系统是如何组织起来并运行的?
4. 汉语中有的词从现代汉语的结构看是单纯词,但在历史上却是合成性的。比如"匍匐",刘熙《释名》曰:"匍匐,小儿时也。匍,犹捕也,借索可执取之言也;匐,伏也,伏地行走也。"窈窕,扬雄《方言》曰:"美状为窕,美心为窈。"现代汉语看作联绵式单纯词,古代汉语中却析为合成词。又如,现代汉语中的 m 声母字,有不少是与"黑暗、蒙蔽"义有关,如"幕、暮、泯、瞑、盲、煤、昧、迷、瞒、蒙、懵、闷"等。这是否能够说明语言符号实质上都是可论证的、非任意性的,而不是任意性的?

5. 简单谈谈索绪尔的语言理论对现代语言学派的影响。
6. 为什么说索绪尔是符号学的先驱?
7. 结合具体实例谈谈索绪尔语言理论对汉语研究的影响。

第二章

叶斯柏森《语法哲学》

外文书名:*The Philosophy of Grammar*
作者外文名:Otto Jespersen
翻　译:何勇、夏宁生、司辉、张兆星
出版社:北京:语文出版社
出版时间、版次:1988年,第一版
摘选及撰稿:赫琳

第一节　作者及有关学术背景

　　奥托·叶斯柏森(Otto Jespersen,1860—1943)1860年7月16日出生于丹麦日德兰半岛的兰讷斯(Randers)。父亲是地区法官,母亲是牧师的女儿。1870年父亲去世,3年之后母亲也去世。他在童年时就对拉斯克(Rasmus Rask)的著作发生浓烈兴趣,开始学习冰岛语、意大利语和西班牙语,并读过缪勒(Max Müller)和辉特尼(W. D. Whitney)的著作。这两位都是梵文学家,也是较早的比较语言学的理论家。由于父母早逝,他的少年时代是靠在国会当速记员来维持生活的。1877年叶斯柏森进哥本哈根大学学习,他本来也想学法律,可是没能坚持下去。后来学过法国文学,研究过丹麦方言,致力于语音学的学习和研究,在读期间就发表过一些有影响的论文,并结识了当时最早呼吁改革语言教学的年轻的德国语言学家费朗克(Felix Franke)。1886年他获得哥本哈根大学文学硕士学位。其后叶斯柏森到伦敦见到了斯威特(Sweet),成为他最得意的学生和朋友。他还去了牛津、莱比锡和巴黎,见到了穆雷(Murray)、布鲁格曼

(Karl Brugmann)、雷斯琴(Leskien)和帕西(Passy)等著名语言学家。然后在德国潜心研究英语和中古英语。从 1893 年起在哥本哈根担任英文教授,一直到 1925 年退休。叶斯柏森著述极富。1894 年发表了《语言进化论、特别着重英语》(*Progress in Language with Special Reference to English*)。1901 年他写过一本《语言教学枙》(*How to Teach a Foreign Language*)。1905 年写出《英语的成长和结构》(*Growth and Structure of the English Lauguage*)。1913 年出版《语音学》(*Lehrbuch der Phonetik*)。1922 年专著《语言论:语言的本质、发展和起源》(*Language: Its Nature, Development and Origin*)问世。1924 年又发表《语法哲学》(*Philosophy of Grammar*)。1933 年出版了《英语语法纲要》(*Essentials of English Grammar*)。1937 年又出版了《分析句法》(*Analytic Syntax*)。自 1909 年,他竭尽后半生精力写成七卷本的巨著《现代英语语法:历史原则》(*A Modern English Grammar: On Historical Principles*)。

  叶斯柏森关于语言、语言学和一般语法问题的理论,包含着许多科学的真知灼见:(1)对语言起源的观点:语言最初是个人在孤立事件中发生的半音乐性、未经分析的词语,这种词是粗糙、不充分的思维工具,变化无常、复杂难懂。但语言的发展趋势变得更清晰、更规则、更易懂,虽然这种进化过程是缓慢和没有规律的。(2)关于语言进化的基本观点:语言是一种活动,主要是一种社会活动,是为了跟别人接触和交流思想、感情和意志。换言之,语言是人们互相了解的工具,语言形式和语法系统的简化只要不影响互相了解就应看做是一种进步。(3)提出"三品说",取代词类划分。例如:a cleverly worded remark(措词巧妙的话)里,remark(话)是一品,受二品 worded(用言词表达的)的限定,而二品又受三品 cleverly(巧妙的)限定。使语言理论成为概括语言事实的工具,而不是让语言事实去迁就语法的教条。(4)抛弃旧概念、创立新概念。他认为旧理论说句子是由 3 部分(主词、系词、述词)或 2 部分(主语、谓语)构成的,是从逻辑中抄来的,不是科学的定义。他说:"句子是人类的相对完整和独立的表达",建立了从交际功能着眼的新概念。他说:"词是语言的单位",反对把词看成语音单位和表意单位,这也是有意识地同从心理学和逻辑学出发的定义划清界限。(5)主张把历史语言学和描写语言学结合起来,注意二者的联系。(6)主张冲破传统逻辑的束缚,从语言本身及其交际功能来研究语法。(7)建立了"连接"(junction)和"系联"(nexus)相结合的语法描述体系。(8)研究语言的声音和意义的联系,探讨语音的"象征作用"(sound symbolism)。(9)研究自然语言的形式描写问题,提出了"分析句法"。(10)研究多语言交际问题,提出"语际语言学",创造人工语言诺维阿尔(Novial),1930年出版了诺维阿尔语的词典。

　　叶斯柏森的语言理论和他的著作在世界范围内都有巨大影响。他写下了一系列重要的著作,其中许多重要著作被译成欧洲的多种文字,近百年来一直被看做语言科学历史上经典性的文献。他是丹麦籍的英语语法的最高权威,被世人所公认。当代著名语言学家拉波夫(W. Labov)在评价20世纪最重要的3位语言学伟人时说:"索绪尔被认为是本世纪影响最大的语言学家,梅耶是历史语言学最杰出的语言学家之一,叶斯柏森是其著作在当代被最用心去阅读、最注意去引用的语言学家。"此外,叶斯柏森的国际影响还包括他和其他北欧学者和教师一起创建了语言教学改革北欧学会,他赞助过斯堪的纳维亚语言教育协会的工作。1905年因《英语的成长和结构》一书获英国皇家学院通讯院士荣誉头衔。1906年获得法国大学院伏尔尼(Volney)奖。1904年和1909年曾到美国讲学,纽约哥伦比亚大学和苏格兰圣·安德鲁斯大学曾授予他名誉博士学位。他是不列颠皇家学院院士和许多科学院、学会的成员。他是1936年在哥本哈根举行的第4届国际语言学家会议的主席。

　　1943年4月30日,叶斯柏森在丹麦的罗斯吉尔德(Roskilde)去世,享年83岁。

　　《语法哲学》一书是叶斯柏森论述自己的语法理论和语法体系的代表作,是一部有划时代意义的语法著作,对汉语语法乃至世界语法的研究和发展都有着深刻的影响。该书内容十分丰富。在这本书中,他在分析大量的多方面材料的基础上,探讨了普通语言学的一系列问题,特别是语法理论问题,讨论了逻辑范畴和语法范畴的相互关系问题,在许多方面提出了自己独特的见解。全书共分25章。第一至三章谈语言学的一般理论问题,第四至六章讨论词类,第七章讨论三品说,第八至十章阐述了组合式(junction)和连系式(nexus)的理论,第十一、十二章对主、谓、宾语进行了详细而深入的讨论,第十三至二十三章分别论述了格、数、人称、性、级、时、式等语法范畴,讨论了它们与概念范畴之间的关系;并且从功能着眼研究了句子,认为句子从表述上说是可以自足的。叶氏的"三品说"对中国的语言学家如王力、吕叔湘等颇有影响。他们都曾经用"三品说"解决汉语词类和句子成分之间关系的难题,不过问题并没有解决。词品和句子成分的关系较为单纯,但由于汉语的名、动、形、代四类词原则上可以是三品中的任何一品,所以词类和句子成分之间的关系并不明晰,反而更烦琐了。总起来说,"三品说"对解决汉语问题并没有提供多大的帮助。后来王力、吕叔湘都放弃了"三品说"。但即使如此,"三品说"的使用仍不失为试图解决汉语问题的一次有意义的探索。

第二节 本书章节目录

序言
第一章　活的语法
第二章　系统语法
第三章　系统语法(续完)
第四章　词类
第五章　名词和形容词
第六章　词类(续完)
第七章　三种词品
第八章　组合式和连系式
第九章　连系式的类别
第十章　连系式名词 关于连系式的结束语
第十一章　主语和谓语
第十二章　宾语、主动语态与被动语态
第十三章　格
第十四章　数
第十五章　数(续完)
第十六章　人称
第十七章　性别和属性
第十八章　比较的级
第十九章　时间和时态
第二十章　时间和时态(续完)
第二十一章　直接引语和间接引语
第二十二章　话语的分类
第二十三章　语气
第二十四章　否定
第二十五章　结束语

第三节　各章内容提要

第一章　活的语法

语言的本质乃是人类的活动,即一个人把他的思想传达给另一个人的活动,以及这另一个人理解前一个人思想的活动。叶氏将语言放在交际中来研究,因而他十分重视活的言语。这是他的基本出发点。叶氏认为,惯用语和自由用语之间存在着差异。惯用语全凭记忆或重复已学的内容,不能加以丝毫的改变。自由用语是根据一定句型,在一定情况下创造的语言单位的结合,这个句型是由说话人听到许多具有共同特点的句子而在他的潜意识里形成的。除了固定的惯用语,句子在说话人的意识中不是一下子出现的,而是在说话过程中逐步形成的。

第二章　系统语法

对语言现象,可以从两种不同的角度,即描写的和历史的角度来考察。历史语言学应当一直是建立在对我们可以直接了解到的语言发展的各个阶段所作的描写之上的。同索绪尔相似,叶氏也重视语言现象的共时性和历时性的区分。在建构共时语法体系时,他让历时性质的大量材料有效地为其服务。他提出语法研究和语法描写的新分类法,主张语法应分两步来叙述:头一步是从形式到意义,第二步是从意义到形式,前者称为"形态学"(morphology),后者称为"句法学"(syntax)。叶斯柏森认为,语音是可以同意义联系起来的。建立人类语音的普通理论的可能性,研究发音器官构成语音以及语音相互结合成音节和更高一级的单位的方式,正是产生于口语的本质属性。同时也存在着某一具体语言所特有的语音理论。吕叔湘先生的《中国文法要略》分为"词句论"和"表达论"两篇,明显地受其影响。

第三章　系统语法(续完)

关于范畴问题,他认为只应该承认那些在该语言中具有一定形式的范畴,应该从一门语言的语法中排除其他语言所具有但该语言中没有表现形式的差异或范畴,同时不能仅由于在一定的具体场合偶然没有外部的特征,就不承认该语言具有表现差异的形式。在逻辑与语法的关系问题上,他反对把语法归为逻辑范畴,不承认有"普遍语法",但承认有"意念范畴"的存在,并说"这些范畴和现存语言中或多或少偶然的事实无关;就它们能适用于所有语言而言,它们是带有普遍性的,虽然很少以明确无

误的方法表现出来"。① 语法学家的任务就是要弄清意念范畴和句法范畴之间的关系。据此,他提出了交际过程的模式:

```
           C   B   A      B   C
说话人:意念→功能→形式
听话人:              形式→ 功能→意念
```

第四章 词类

叶氏认为词标志的是从所有具有大量共同特征的事物中抽象出来的一般物(average),也即今天说的词具有概括性。给词分类应当兼顾全部的因素:形式、功能和意义。当形式和意义皆有其局限性时,就应当用功能(句法)标准来划分词类。叶氏将词分为五类:名词(包括专有名词)、形容词、代词(包括数词以及代词性副词)、动词、小品词(包括副词、介词、连词、感叹词)。叶氏认为,现实生活给我们提供的一切只是具体现象,语言却具有概括性。专有名词只能用来指某个个体事物的名称,不具有任何内涵意义。专有名词与普通名词之间只是量的区别。一个名词总是内涵着以它为名的那个人或物的特征。所表示的东西越是个别或越特定,它越接近或成为专有名词。

第五章 名词和形容词

名词和形容词在形式上区别的明显程度不尽相同,但毕竟有着区别这种差别的趋势。从语言上说,名词所表示的"物质"与形容词所表示的"特性"在语言上的区别价值不大。名词比形容词更为特定,它所适用的事物比形容词所适用的事物少。意义最特定的名词不能变为形容词。在同一词组内的形容词和名词可以相对自由地变换位置。名词和形容词必须根据具体情况,用各种语言中所不同的形式标准来加以确定。

第六章 词类(续完)

建立词类要考虑存在于实际语言中表达意义的方式,考虑形式因素。代词具有与其他词不同的特征。这些特征在各种语言中并不相同。代词有许多不规则的变化形式与功能。数词大都没有形态变化,然而在数词有形态变化的语言中,这些数词却常常表现出类似其他代词的不规则变化现象。动词是表示现象的词,大致可划分为表示行动的动词、表示过程的动词和表示状态或状况的动词。动词是一种赋予生命的成分,造句时作用极为重要。副词、介词、连词和感叹词之间有明显的共同点。就形式

---

① 《语法哲学》,第54页。

而言，它们都没有变化——某些能够同有关的形容词一样具有构成比较级和最高级能力的副词除外。

第七章 三种词品

本章提出了"三品说"。一个语句中的词可以按照它们的重要性而分成不同的品级。我们就根据词与词之间限定与被限定的相互关系确定词的"品级"（ranks）。在词组 extremely hot weather 中，最后一个词 weather 显然是主要的概念，可叫做首品（primary）；hot 限定 weather，可叫做次品（secondary）；extremely 限定 hot，可叫做三品（tertiary）。叶氏将三种品级运用于连系式。他使用不同的术语以区别两种不同的结构。组合式中的词品分别叫首品、修品（adjunct）、次修品（subjunct）、次次修品（sub-subjunct）；连系式中的词品分别叫首品、述品（adnex）、次述品（subnex）。如"the dog barks furiously"中 the dog 是首品，barks 是述品，furiously 是次述品。名词可以作首品、修品、次修品（次述品）。形容词可以作首品、修品、次修品。代词可以作首品、修品、次修品。动词的限定形式只能作述品，不定式可作首品、修品、次修品。副词可以作首品、修品、次修品。副词作首品、修品的情况少见。对词组和从句叶氏同样作了这样的分析。

第八章 组合式和连系式

最重要的修品是限定性或修饰性修品。它们的作用是限定首品。通过修品能使专用名词进一步具体化。限定性修品中的某些代词不具有描绘性，它们的作用是指示。由所有格或物主代词构成的修品总是起限制作用。组合式是一种限制或修饰的关系，它表示的是一个单一的概念，如：a furiously barking dog（狂吠的狗）。连系式是一种主谓关系，它连结两个互相独立的概念。独立的联结就是一个句子，如：The dog barks furiously（狗狂吠）。

第九章 连系式的类别

叶氏将连系式分为许多小类。含有限定动词的三种连系式为：普通的完整句子，如 the dog darks；上述相同的结构处于从句中即为句子的一部分，如：she is afraid when *the dog barks*；Arther *whom they say is kill'd* tonight 中的 whom is kill'd；连系式作宾语，如：Arther *whom they say is kill'd* tonight。含有不定式的连系式，如：I hear her sing。无动词连系式既不含有限定动词，也不含有不定式或动词性名词。贬义连系式两个成分之间的关系以互相对立的形式出现，意义是否定的。贬义连系式有两种形式：用不定式；主语和表语结合。

第十章 连系式名词 关于连系式的结束语

习惯上把名词分为两类：一类是具体名词，一类是抽象名词。由动词和形容词构成的名词是连系式名词，包括动词性连系式词（如 arrival）和表语性词（如 cleverness）。它们的用途在于能使我们避免许多累赘的说法，便于表达复杂的思想。从语言史上可以观察到不定式与动名词失去名词的某些特点而获得某些动词的特点。不定式是古老的动词性名词的固定化了的格的形式。它们在词法和句法上已接近限定动词。原先只有少数动词能以-ing 结尾的方式构成纯粹的名词，而现在任何动词都可以采用这种方式构成名词，并具有越来越多的限定动词的特点。在语言的具体表达上，连系式两个成分中的一个可能不出现。单独使用首品、单独使用次品等只含有一个成分的连系式均为独立句。

第十一章 主语和谓语

新信息并不总包含在谓语中，但总存在于连系式中。主语是所谈的东西，谓语是对主语的描述，这种定义会产生一些不好的后果，语法学家不能采用。subject 这个词的歧义造成了混乱，很多语言学家和逻辑学家曾著书论述所谓的心理的和逻辑的主语和谓语。而不同的作者用这些术语表示完全不同的概念。主语比较确定、专一，而谓语较不确定，可表示更多的事物。这是判断主语、谓语的原则。一般不把带不定冠词的词看做主语，除非这个通用的不定冠词实际上表示完全确定的种属概念。叶氏不满前人从逻辑角度给主语、谓语下的定义，一条一条加以检讨，最后，在分析大量材料的基础上提出了自己的见解，力图从语法的角度给以新的解释。他竭力摆脱逻辑的束缚，但时常又被逻辑所束缚，反映了他语法思想的矛盾。尽管如此，他的深入探讨今天看来仍不失其闪光之处。

第十二章 宾语、主动语态与被动语态

宾语最常见的定义是表示承受动词行为的人或物。但在许多情况下，宾语不表示任何意义，随动词本身意义变化而变化。结果宾语是一种独特而相当重要的宾语。同一个动词常常可以在不改变意义的情况下接两种不同的宾语。主语和宾语的关系不可能完全根据纯粹的逻辑或根据定义而一劳永逸地确定下来，必须根据所用动词的特性来确定。在很多方面，主语和谓语之间存在着某种亲缘关系。某些动词根据其意义，可以改变主语与宾语的关系。一个句子中可以有两个宾语。在区分宾格和与格的语言中，人一般用与格形式，事物用宾格形式；与格称做间接宾语，宾格称做直接宾语。除了动词以外，在某些语言中，某些形容词与副词也能够带宾语。区分句法范畴与意念范畴是至关重要的。使用主动语态或被

动语态形式，依据的是我们对句中所含首品态度的变化。一些由动词派生出或与动词有关的形容词也有意念主动和意念被动之分。施事名词表示主动。与此相应的动词的宾语在与这类名词连用时，采用属格形式或常接介词。连系式名词可以根据不同情况看做主动或被动。不定式的早期形式既非主动也非被动，但最终发展出一般被动形式或被动词组。

第十三章 格

现代英语中没有单独的属格或宾格。拉丁语中格的区分主要是以形式为基础的，而在英语体系中，格的区别从不表现在形式上。在各种语言里，每一种格都起着不同的作用；它们之间根本没有明确的界线。属格的功能只有用最模糊的方式才能予以表示，这就是：属于或共有、关于、有关、有联系。在某些语言中，呼格具有单独的形式，因此必须看做一种单独的格。然而在大多数语言中，呼格与主格相同，因此无需一个单独的称谓。分析式的格由介词及其宾语构成。

第十四章 数

逻辑上有可数和不可数之分，句法上便有单数复数之别，单复数的概念是大多数语言所共有的。复数概念以差别为前提。什么样的东西能放在一起计数一般是由语言的习惯表达来决定的。复数的最简单最容易的用法诸如 horses 可视为常规复数。在大多数语言中，语法和逻辑在这一点上差不多总是一致的。但在各个语言之间有时也有差异，其主要原因是形式上的独特性。近似复数的最鲜明的例子是 we（我们），其意义是"我"+一个或多个我以外的人。根据具体情况，第二人称复数可以是常规复数或近似复数。复数形式可以单独使用。复数的统一可以通过单数名词的不同构成法实现。"通数"形式是没有单复数之别的一种形式。缺少通数形式可以借助"a star or two"（一两颗星星），"one or more stars"（一颗或多颗星星）等方式补救。有许多词并不能使人想到有一定的形状或确定的界限的特定的东西，这种词叫"物质名词"。由于没有独立的语法"通数"，语言在处理物质名词时必须在现有的两种数的形式中作一选择：或是单数，或是复数。物质名词常常转而用作可数名词的名称。

第十五章 数（续完）

任何语言都有专指复数概念中个别成分的词，因而这些词以单数形式来表达全体概念。为了表示整个一类的概念，语言有时用单数，有时用复数；有时不用冠词，有时用定冠词，有时用不定冠词。英语中有 5 种组合法：单数不带冠词，单数带不定冠词，单数带定冠词，复数不带冠词，复数带定冠词。

第十六章 人称

三种人称之间的区别在于(1)说话人,(2)对话人,(3)既不是说话人也不是对话人。在大多数情况下,意念人称与语法人称是完全一致的,不一致的情况也存在。在间接引语中,人称往往需要变换。在第三人称之外没有第四人称。许多语言演变出了反身代词。通过反身代词可消除许多歧义。反身代词的作用在于表明与前面所说的同一性,通常表示跟主语是同一的,因此反身代词一般没有主格形式。与反身代词密切相关的是表示"相互"意义的相互代词。在所提到的作为主语的那些事物当中,每部分事物施动于(或涉及)所有其他事物,反过来又受动于所有其他事物。"相互"意义常常可由一个简单的反身代词来表达。

第十七章 性别和属性

属性是对词所做的语法上的类别划分。划分的依据是两种自然的性别,生物与非生物之间的区别,或者其他标准。一些语言把名词划分出属性不同的类别。雅利安语系在可追溯的最古老形式中区分了三种性,即阳性、阴性和中性。性,部分表现在形式上,主要是一种句法现象,不同的性要求形容词和代词用不同的形式。在大多数情况下,词的性是世代相传、一成不变的。语义相关的词的性相同。可以通过形式的变化使语法的属性和自然的性别相协调一致。在谈论生物的时候,可能使用不涉及性别,既可用于雄性又可用于雌性的词,即通性词。如果希望把通性的词限于某一性别,可以采取各种办法。生物和非生物的区别在语法上有着迥然不同的种种表现方式。意念中性是真正的,或概念性的或普遍性的中性。与明确的或具体的中性相对,并与任意性的中性相对。

第十八章 比较的级

一般来说有三种"比较等级"——原级、比较级和最高级。但从逻辑的角度来讲,"原级"不能算作一种比较等级。三种等级之间不一定是逐步递进的关系。在普通用法里,最高级表示的级别并不比比较级高,实际上表示的是同样的级别,不同的只是从另一个角度出发。如果不把最高级看做是一种真正的比较级,可建立下面这种比较级的体系:

1. (>)more dangerous(better)than——superiority
   比……更危险(更好)——高等

2. (=)as dangerous (good)as——equality
   和……一样危险(一样好)——平等

3. (<)less dangerous (good)than——inferiority

没有……那样危险(好)——低等

绝对最高级(或感情级)是用最高级表示一个非常高,但不是最高的程度,以示夸张。同样,比较级同样也可不意味着比较。这是弱化了的最高级和比较级。在某些语言表达里,比较的概念是潜在的。有一类词在形式上是比较级,但不能接 than,所以在意念上又不是比较级。在不平等级的比较中,常常表示出差异的程度。在绝大多数情况下,比较是在两个首品词之间进行。但有时两个次品或三品概念也可比较。

第十九章 时间和时态

时态是由动词形式所体现的各种时间标示。有些语言的动词不区分时态。时间的主要划分是(A)一般过去时间、(B)一般现在时间和(C)一般将来时间。时间的次要划分是(Aa)先于过去时间、(Ac)后于过去时间、(Ca)先于将来时间和(Cc)后于将来时间。语言在使用时态和其他方面经济的程度有很大不同。通常用于表示时间关系的语法符号有时可以用于其他意念目的。

第二十章 时间和时态(续完)

完成时不宜放入简单时态的体系中,它除了含有纯粹的时间因素外,还含有结果的因素。谈论某个既属于过去时间又属于现在时间的事情时,可以将两个时态结合使用。不定过去时和未完成时都表示过去时间。它们相当于 then 的两个意义:(1)然后,随后;(2)当时。不定过去时使叙述传递下去,它告诉我们随后又发生了什么事,而未完成时则徘徊于当时的情况上,多少有些琐细地叙述这些情况。一种时态给人以运动的感觉,另一种给人以停顿的感觉。扩展时态的意义不是表达时间延续本身,而是与另一行为占据的较短时间相比较的相对的时间延续。在一些偏僻的语言中,名词的时态区别得到了较好的表现。

第二十一章 直接引语和间接引语

直接引语是说出或者暗示某个说话人(或写作者)的原话。间接引语是根据引用时的情景改动原话。直接引语的句子可以冠以"他说"或"她问"之类的话。间接引语分为从属性引语和介绍性引语。间接引语的特点是善于同变化了的环境取得一致。直接引语的句子时态在间接引语中要作一定的转换。在现代英语和丹麦语的间接引语里,陈述语气不转换成其他语气,但是在其他与之有联系的语言中则要转换。转述疑问句时,通常用来表示疑问句的主要手段——疑问语调必然要失去或减弱,补救的办法是使用引导性(或插入性)套语,或是在没有疑问代词的地方使用疑问连接词。除了从属性间接引语所特有的形式以外,英语现在越来越多地使用介绍性引语中也能发现的形式,不用引导词 if 或 where,并且词序要颠倒。在介绍性引语间接疑问句中,唯一需要转换的是人称和时态。由疑问词引导的感叹句除了变换时态和人称外,其余部分保持不变。在直接引语中,用祈使句表示的请求(命令,等等)必须变换。在从属性引语中,或是用主句动词来表示请求的内容,或是主句动词不表示请求的内容,而必须在从句中另外表示该内容。直接引语和间接引语的区别并非总是泾渭分明。

第二十二章　话语的分类

根据说话人是否想直接通过他的话语对听话人的意念施加影响,话语可分为两类:一般陈述句、感叹句、愿望句和请求句、疑问句。疑问句也是一种请求句,即请求告诉问话人某事,向他提供他想知道的信息。疑问句可分为连系式问句和 X-疑问句。对连系式的回答可能是"是"或"不是";对 X-疑问句的回答在不同的情况下是除了"是"或"不是"以外的一切。连系式问句的句末用升调,X-疑问句用降调。表示疑问句的形式手段是语调、不同的疑问词和词序。句子是人所说(相对)完整和独立的话语;完整性和独立性表现在它具有单独存在或可以单独存在的能力上,即它可以单独说出来。句子是一个纯意念性的范畴;使一个词或一组词成为句子,并不需要有特定的语法形式。句子可分为不明显的句子、半明显的句子和明显的句子三类。在一切言语中,要区分三个概念:表意、会意和印象。表意是说话人说出的话,会意是原先该说而没有说出来的话,印象是听话人听得到的东西。

第二十三章　语气

陈述、虚拟、祈使语气表达了说话人对句子内容的某种态度。语气是一个句法范畴,不是一个意念范畴。祈使语气是意志语气,这种语气的重要功能是表达说话人的意志。陈述语气是一种在没有什么特殊理由反对的情况下而选择的语气,虚拟语气是一种在不同语言里互不相同的某些情况下所需要或允许的语气。虚拟语气开始时含糊地用于种种情况,对于这些情况不可能像对陈述语气的使用那样从逻辑上或概念上加以限定。虚拟语气当中意义的模糊性促进了虚拟语气的现在时向陈述语气的将来时过渡。陈述语气一般用于关系从句,以及有地点和时间连接词引导的从句。

第二十四章　否定

两个矛盾的概念加在一起包含了存在的全部事物,因为排除了中间的词语，而两个对立的概念却允许有一个或一个以上的中介的概念。一方面，语言通常用派生词，或含有副词 not（不）的复合结构来表示矛盾的概念。另一方面，语言却经常用不同的根词来表示最常用的对立的概念。介于两者之间的概念可用否定方式或一些特别的说法表达。这样，可以建立一种三分法的系统：肯定的、有疑问的和否定的。语言否定和数学否定是有区别的。否定概念在逻辑上既可以属于一个单一的概念（特殊否定），也可以属于连系式两部分的复合概念（连系式否定）。属于特殊否定的有：否定前缀；加在单词前面的副词 not；一些不含有任何否定前缀的单词。当连系式被否定的时候，否定副词通常被动词吸引。两个否定词指的是同一个概念或同一个词，结果是肯定的。如果两个或两个以上的否定词附在不同的词上，它们不再互相影响，结果有可能是否定的。意念的意义和语法表达之间存在不一致的情况。句子里没有否定词，但意义却可以是否定的。

第二十五章　结束语

生活中需要表达的现象和可以用来表达这些现象的语言手段是错综复杂的，由此产生的一个必然后果就是注定要在语言实践中出现各种各样的冲突。说话人必须在一些语言手段中作出选择。任何一门不是停滞不前而是不断前进的学科，必须经常地更新或修改其术语。寻找新术语不仅是为了新发现的事物，而且还是为了用新方法重新思考旧事物而产生新概念的需要。

第四节　原著章节选读

第二章　系统语法（Systematic Grammar）
语法和词典
(Grammar and Dictionary)

我们转而研究语言描写的最好方法时，马上就会遇到划分语法和词典（词汇学）之间界限这个重要问题。语法研究语言的普遍事实，而词汇学则研究特定的事实（参见斯威特，《论文集》,31）[①]。cat（猫）指一种特定的动物，这仅仅是关于这一个词的一个特定事实。然而借助加 -s 这个音，

[①] 我不明白舒哈特怎么会说出如下一段话来："只有语法可以称之为释义的科学，或者，更准确点说，解释词义的科学……词典不包括语法所不包括的东西。词典乃是语法的索引。"（《雨果·舒哈特-布雷维尔》127）

构成复数,乃是一个普遍事实,因为它牵涉到许多其他的词,例如,rats(耗子),hats(帽子),works(作品),books(书籍),caps(无边帽),chiefs(领袖)等等。

如果说,这就是语法和词典之间的真正区别的话,那么 ox(牛)的复数形式 oxen 就不该列为英语语法的内容,而只须在词典中提及就行了。这种观点有它的一定道理,因为所有的词典在有关的词条中都提到了这些不规则形式,而不再提及类似 cat 一类词的复数形式。规则动词与不规则动词的情况也是如此。不过,把这些不规则形式排除在语法之外却是不应该的,因为它们必不可少地表明了"普遍事实"或规则的适用范围:如果语法不提及 oxen,学生就会误以为 ox 的复数形式是 oxes。所以可以这样说,语法和词典在某些方面相互交叉,研究一些相同的事实。

由此可见,在语法中单纯地罗列数词是不恰当的。然而,从另一方面看,借助词尾-th 构成序数词,以及借助词尾-ty 构成 20、30 等基数词这类事实,无疑属于语法的范围。

至于介词,的确词典应该说明 at,for,in 等等的各种用法,就像注明动词 put 和 set 的各种意义一样。但是,从另一方面说,介词也要在语法中有其地位,因为介词是同一定的"普遍事实"联系着的。我可以列举一些事实:虽然介词可以带从属疑问句(They disagree *as to how* he works[关于他的工作情况,他们意见不一];That depends *on what* answer she will give[这取决于她如何回答]),但介词通常不能带以连词 that 引导的从句(这在丹麦语中却是可以的:Der er ingen tvivl om at han er dræbt,字面意思是,There is no doubt of *that* he has been killed[毫无疑问,他被杀害了])。例外情况主要是可以用 in that(They differ in *that* he is generous and she is miserly[他们的不同在于他慷慨大方,而她则吝啬成性])。因此在戈德史密斯的文章中,sure 一词有两种用法:Are you sure of all this,are you sure *that* nothing ill has befallen my boy?(您相信这一切吗?您相信我的孩子没出任何事吗?)此外,复合介词也属于普遍事实,譬如说 *from behind* the bush(从灌木丛的后边)(注意:不可用 to behind)。同时介词与副词的联用也属于普遍事实(试比较 climb *up* a tree[爬上树],he is *in*[他在屋里],试比较 *in* his study[在他的书房里];he steps *in*[他走进来];试比较 He steps *into* his study[他走进自己的书房])。语法也要研究在介词使用方面的另外一些事实:介词如何表达处于某一地点或运动(离去或到达)的方式,以及不同的两个介词表示时间意义与地点意义之间的关系;语法更应该研究某些丧失了地点和时间意义、变成了没有实际词义或色彩的(助词性)介词的用法,例如 the father of the boy(孩子的父亲)(试比较属格形式:the boy's father),all of them (他们之中的每一个人),the city of London(伦敦城),the scoundrel of a servant(这个恶棍般的仆人)等词组中的介词 of,同样也应研究动词不定式前的 to,以及 to 在许多语法书中被称做与格等量词(dative equivalent)的用法(I gave a shilling to the boy＝I gave the boy a shilling[我给了孩子一个先令])。然而,在某些情况下,语法和词典分工的范围是不明确的,并且在某种程度上是主观臆断的。

任何语言现象都可以或从表部或从内部来进行考察,即是说,都可以从它的外在形式,或者从它的内在意义上进行研究。在第一种情况下,我们首先从(一个词的,或者一个语言表述形式的其他某一部分)语音开始,接着研究同语音联系在一起的意义。在第二种情况下,我们从意义出发,给自己提出问题:这个意义在具体语言中的表现形式是什么。如果用字母 O 来表示外部形式,用 I 表示意义,那么便可以把这两种研究方式分别以相应的公式 O→I 和 I→O 来表示。

这样,在词典中,首先可以(O→I)取一个词,例如,英语单词 cat(猫),然后解释它的意义,或者像单语词典那样用英语描写和下定义,或者像双语词典那样译为法语的 chat。词典列出一个词的各种意义。这些词义在某些情况下可能随着时光流逝最终分化成两个或者更多的词:试比较英语单词 cheer:(1)面目,(2)酒菜,(3)好的情绪,(4)欢呼。运用 O→I 的方法,同音的词(同音异义词或同形异义词)就归放在一起了,例如,英语的 sound:(1)声音,(2)锤测,探测,(3)健康的,(4)海峡。①

如果从内在意义方面(I→O)开始考察,那么研究顺序就迥然有异。我们可以把所有用语言表示的事物和关系,根据一定的逻辑次序加以系统化排列。在某些情况下,这完全不难做到,譬如说在数词方面。如上面指出的那样,数词的位置不是在语法里,而是在词典里:one,two,three...但是应该根据何种逻辑次序去排列单词 image(映象),picture(画),photo(照片),portrait(肖像),painting(油画),drawing(素描),sketch(速写)呢?我们周围的世界是极其复杂的,用语言表达的事物和思想也同样是多种多样的,所以说,以逻辑为基础为所有的词寻找一个令人满意的排列是相当不容易的。众所周知,在这方面作过尝试的有罗瑞

---

① 在一般的词典里也把同形异音词放在一起,例如:bow (1) [bou]弓;(2) [bau]鞠躬、船头。

《英语词与短语分类词典》。巴利(《法语文体论》Vol.Ⅱ)又对罗瑞的排列分类作了改进,然而还很不完善。如果说运用 O→I 的方法处理,把同音异义词集合在一起的话,那么在运用 I→O 方法的情况下,则应把同义词集合在一起。譬如说,在 dog(狗)这条项目下就应该列举 hound(猎狗),pup(小狗),whelp(狗崽),cur(非良种狗),mastiff(一种吐舌垂耳的猛犬),spaniel(长耳犬),terrier(小巧,凶猛的狗)等等;在作"道路"解的 way 之下则应该列举 road(大路),path(小路),trail(羊肠小道),passage(过道);而在 way 的另一含义"方法"之下,则应列举 manner(方式),method(方法),mode(模式)。cheer 一词也是如此,它一方面应与 repast(正餐),food(食物),provision(粮食),meal(一顿饭)排列;另一方面应与 approval(赞成),sanction(核准),applause(鼓掌),acclamation(热烈欢呼)等排列在一起。自然,所有这些都是就"I→O"单语词典而论,而在双语词典中,只要列出外语单词,接着列出相应的本国语即可。

新的体系
(New System)

我们已在词汇学部分确立了从两个方面进行研究的原则,如果从这个原则出发,我们就可以建立一个严格的体系。研究语法同样也可以或从外部或从内部开始①。第一部分(O→I),我们可以从某一特定的形式出发,然后再去探索它的意义,或者说功能;第二部分(I→O),则恰恰相反。我们从意义,或者说从功能出发,然后再去探索它的表达形式。这两部分中的语法事实相同,只是研究的角度不同,两者互相补充,给予某一种语言的普遍事实以一个完整的、明晰的概述。

词　　法
(Morphology)

在第一部分里,我们是从形式到意义(O→I)。我认为把这个部分称之为词法(Morphology)比较好,虽然这样该词的含义要与其通常的含义稍稍有别。在这一部分里把用相同的形式表达的内容放在一起处理,例如在这里论述词尾-s,在那里论述词尾-ed,在第三处论述元音交替等等。

---

① 这种划分法已先见于我的《英语格的研究》一书(哥本哈根,1891,69 页),后又见于《语言之进展》(1894,141 页)一书(现见《论英语》4 页)。这可能是受到 V. D. 加贝伦兹的影响,在他的《汉语语法》一书中有过类似的划分。然而汉语完全没有屈折现象,一切都与欧洲语言不同,如词序和"虚"词的使用规则是语法的全部内容。因此,他的体系就不能一成不变地转换成我们的语言。

然而,特别要指出的是,这样做并不意味着不去考虑它们的意义。在各种情况下,我们都应该研究某个词尾,或者无论什么形式的功能或用法,而这就等于提问:"这表明什么意思?"在大部分情况下,只要使用相应术语回答就足够了。例如,cats一词中的-s,只要指出它的作用在于使cat的单数形式转化为复数形式;而类似added这样的情况,也只要说明词尾-ed表示这个词是第二分词(被动)和过去式,如此等等。这些可以叫做句法判断。一些最简单的情况可以用极少的几句话说明,而比较细致的分析则留待语法的第二部分去作了。尽管斯威特和我一样,实际上对语法的两个部分作这样的划分,我还是不能同意他下面的论点。他说:"把形式和意义彼此分割开来进行处理不仅是可能的,而且是理想的——至少在某种程度上如此。专门研究形式,尽量不顾及形式的意义的那个语法部分称之为词法。尽量不顾及形式之间的差异,而专门研究形式的意义的那个语法部分称之为句法。"(《新英语语法》,I.204)我不能同意他"尽量不顾及"这句话。一个语法学家的任务应该是牢牢记住这两个方面,因为声音和意义、形式和功能在语言的生命中是不可分割的。以往只注意一个方面而忽视另一个方面,不考虑声音与意义之间相互作用的做法已经给语言科学造成了损害。(在《语言》一书中处处可见)

理想的语言是强大的表现力与使用语言手段的简捷灵活相结合,没有例外现象、不规则现象和歧义现象。这样,把语法系统化就不会存在任何困难。因为一个固定的语音或语音变体永远只会有一种意义,而反过来,一个意义或功能也总以同一种形式来表现。例如伊多语(Ido)这类人造语言的语法,在某种程度上已经如此,只要记住名词复数以词尾-i表示(I→O),或词尾-i表示名词的复数(O→I)就一劳永逸了。因此,在表达同一个事实时,词法与句法之间存在着完满的和谐关系。然而我们的自然语言的结构却不相同,它们无法像划分美国大多数州界那样,用直角直线来划分,而只能像划分国界弯曲不定的欧洲一样。即使用这样比喻还不能正确说明语言现象,因为在语言中还有无数的交叉现象,就像一个地区同时属于两个或者三个国家那样。我们决不可忽视一个形式可能有两种或几种意义,或者可能已经失去任何意义,同样一种意义或功能有时可以用这种形式,有时可以用那种形式表示,有时根本不用任何形式来表示。因此,在这个系统的两部分里,我们必须把真正不同的东西归于一类,而把看上去应属同一类的东西分开处理。但是我们必须努力用最自然的避免臆断的方式进行分类,采用相互对照的方法避免不必要的重复。

在我尚未出版的《现代英语语法》一书中,我对词法进行了分类,这里简略地作一点说明。在我的音位学著作里,我先从音素入手,接着是语音,最后是语音的组合。同样,在这本书里,我先从词素入手,然后过渡到词,最后是词的组合。然而必须承认,这三个部分之间的界限并非总是那样明确和无懈可击,如 could not(不能)中的 not 是单独的一个词,美国人把 can not 写作两个词,但在英国则合写为 cannot 一词。当然,我们不能把印刷习惯看做是决定的因素。但语音溶合以及由此而在 can't, don't, won't 中造成的元音变化表明,在这些词语里的 n't 必须看做是一个词的部分,而不再是一个单独的词。相反,属格-s 却越来越独立于它前面的词,如在"词组属格"(group genitive)中的情况(the King of England's power[英国国王的权力];somebody else's hat[别人的帽子];Bill Stumps *his* mark[彼尔·斯旦普的标志])。(见《论英语》第三章)

在"词素"部分,我们分别谈每一种词缀(前缀、后缀和中缀),指出它的一种或几种形式,说明它的一种或几种功能。我们不一个接着一个地论述某些词类(parts of speech),而另辟蹊径,例如在论述词尾-s 及其三种不同的语音形式[s, z, iz]时,首先指出它的功能是作为名词复数的标志,其次是属格标志,然后是动词现在时单数第三人称标志,接着是非形容词型物主代词的标志,如 ours(我们的)。同样,词尾-n(-en)在 oxen(牛)中用来表示复数形式,在 mine(我的)中表示非形容词型物主代词,在 beaten(被打)中表示分词,在 silken(绸的)中表示派生形容词,在 weaken(削弱)中表示派生动词,等等。在不同的章节里,我们要论述由词根的变化而产生的一些不明显的词素——如把末尾的辅音改为浊音来构成动词。由 half(一半),breath(呼吸)、use(用法)构成 halve(减半)、breathe(呼吸)、use(使用);以元音变化(umlaut)构成复数(由 foot[脚]构成 feet),动词(由 food[食物]构成 feed[喂食])。以元音交替(ablaut),由动词 sing(唱)构成过去式 sang,分词 sung;改变重音,以区分动词 object(反对)与名词 object(物体)。这里,我们还可提到实义词 that[ðæt](那个)转变为拼法相同但发[ðət]音的虚词的情况。

可能有人会提出异议:照这样处理,我们会把属于词法和构词法两个不同领域的内容混为一谈。但是我们只要作一番比较仔细的考察就会明白,在词形变化和构词法之间划出一条准确的界限即使不是不可能,也是很困难的。如英语中阴性名词(shepherdess[牧羊女])的构成总是被看做是属于构词法,法语在某种程度上也同样如此(maltresse[女主人])。然而对于从 paysan(男农民)变化而来的 paysanne(女农民)究竟该如何看待呢?能不能把它与 bon(好的,阳性),bonne(好的,阴性)分开处理呢？bonne 被看做是屈折变化,归于词法。这里提出处理材料的方式,其优点在于它把对活生生的语感来说是完全相同或者类似的语言现象归纳在一起,同时它还可以开阔语法学家的眼界,使他们去注意他们不用这种方法就会忽视的东西。以形容词、派生动词和分词中的不同的词尾-en 为例:在各种情况下,-en(无论这是历史遗留下来还是后来补上去的)出现在相同的辅音之后,而不在其他辅音之后出现(即脱落,或从未被加上过)。我们也应注意以-en 结尾的修饰语形式和无-en 结尾的其他形式之间的平行关系:a drunken boy(一个喝醉酒的孩子);he is drunk(他醉了);ill-gotten wealth(不义之财);I've got(我有);silken dalliance(优雅的废话);clad in silk(身着绸缎);in olden days(在过去的日子里);the man is old(这人年纪大了);hidden treasures(埋藏的财富);it was hid(它被藏起来了,hid 是原始形式,如今已用 hidden);the maiden queen(处女王);an old maid(老处女)。可以证实,上述形式同用附加-en 的方法构成的许多动词有一种耐人寻味的关系。这种方法产生于1400年左右,它不仅创造出 happen(发生)、listen(倾听)、frighten(恐吓)这类形式,还创造出 broaden(扩大)、blacken(发黑)、moisten(变湿)等动词,后面这类动词现在被看做是由形容词构成的,其实它们原来只是与形容词同形的现存动词的语音扩展。(我还未及发表我允诺在《现代英语语法》I,p.34 上对这些现象作出的解释)。这种新的安排方式把以前我们所忽视的东西放到了引人注目的地方。

在英语语法书中,流行着一种做法,即把引进英语的拉丁语构词成分当做英语构词成分来处理。我们论及构词法时,在这里对此提出异议,也许不是多余的。例如在论述 pre-时,举出了这样一些单词为例:precept(格言)、prefer(偏爱)、present(赠送);在论述 re-时,举出 repeat(重复)、resist(抵抗)、redeem(赎回)、redolent(芬芳的)等等,虽然除去前缀,词的剩余部分(cept、fer 等等)在英语中是根本不存在的。这表明,所有这些词(虽然最初是借助前缀 pre、re 构成的)在英语中乃是不可分割的"惯用式"。请注意,在这类词中第一个音节发短元音[i]或[e](试比较 prepare[准备,动词]、preparation[准备,名词]、repair[修理,动词]、reparation[修理,名词])。但与此同时,还有一些词词首的书写形式与上面一类词相同,但读音不同,发长元音[i:],这是具有独立意义的真正的英语前缀:presuppose(预先假定)、predetermine(预定)、re-enter(重新进入)、re-open(重新打开)。只有这种 pre-和这种 re-才有资格归入英语语法,其余的词则属于词典。上述见解同样适用于后缀。虽然有一个真正的英语后缀-ty,但我们仍不该把 beauty[bju·ti](美)这样的词算作-ty 的一个例子,因为在英语中没有像[bju·]这样的词(beau[bou](花花公子)现在与 beauty 毫无关系)。beauty 乃是一个单位,一个惯用式,从与之对应的形容词 beautiful 可以看到这一点,我们甚至可以建立一个比例式,英语的 beautiful:beauty＝法语的 beau:beauté(因为在法语词中-té 是一个有孳生力的后缀)。英语语法应该提及 safety(安全)、certainty(确实)这类词中的后缀-ty,以及由 real(现实的)构成的 reality(现实性),由 liable(对……负责任的)构成的 liability(责任)等词中的词根变化。

　　下一部分论及的是所谓的语法词,或者说是助词、代词、助动词、介词、连词,但是仅以它们确实是属于语法的一部分,即"普遍的表达法"为限。如在 will(及 he'll 等中的缩略式'll)项下,我们将提到它表示的三种意义:(1)意愿,(2)未来,(3)习惯。然而,如上所述,这里也无法在语法和词典之间划出一条明确的界线。

　　最后,在论及词的组合部分里,我们将列出各种词序的类型,并说明它们在语言中的作用。如"名词＋名词"这种词组(Captain Hall[哈尔船长]这样的搭配除外)可用于各类复合名词,如 mankind(人类)、wineglass(酒杯)、stone wall(石墙)、cotton dress(棉布衣裳)、bosom friend(知心朋友)、woman-hater(厌恶女子者)、woman author(女作家);必须说明两个组成部分在形式(重音,其次是拼法)和意义之间的关系。"形容词＋名词"主要用于 red coat(红色的上衣)这类修饰词组,由此产生出 blackbird(画眉)这类复合词。redcoat(穿红上衣者)则是一种特殊的复合词。"名词＋动词"构成限定句,如 father came(父亲来了),father 在句中是主语。词序如颠倒,名词根据情况可以是主语(如插入语:said Tom[汤姆说道],或在问句:Did Tom?[汤姆是这样吗?]或在某些副词之后:And so did Tom[汤姆也这样做了],或在不带连词的条件句中:Had Tom said that,I should have believed it[这要是汤姆说的,我或许可以相信])。在其他情况下名词可以是宾语(如 I saw Tom[我见到了汤姆]),等等。我在这里只能勾画出我的体系的轮廓,详细论述有待于我在今后发表的语法书中提供了。

　　把上述内容归入词法范畴也许会使许多人迷惑不解,但是我大胆地认为这是研究语法事实的唯一合乎逻辑的方法,因为造句时词序当然和词的形式一样属于形式要素。我用这个见解结束语法的第一大部分,在这一部分里,从外部,从语音或形式的角度来观察语言事实。不难看出,在我们的体系中,没有余地容纳通常的那种把同一个词的种种形式罗列在一处的变化表,例如拉丁语中的 servus serve servum servo servi（佣人）,amo amas amat amamus（爱）,等等。这种变化表可能对初学者有好处,①在我的体系里,这种变化表可以列入词法部分的附录中。然而不可忽视,从纯科学的观点来看,变化表的分类不是一种语法形式,因为它所汇集的不是相同的形式,而是同一个词的不同形式,从词汇学观点来看,它们只是彼此有联系。这里提出的分类乃是纯语法性的,在第一部分里集中论述了所谓语法的同音异义词,在第二部分里集中论述了语法同义词。应当记住,对于词典来说,也有这样的两个类别。

第三章 系统语法（Systematic Grammar）——（续完）

句法。普遍语法？语言之间的差异。范畴的确定。句法范畴。句法和逻辑。意念范畴。

句　法
（Syntax）

我们已经说过,语法的第二大部分论述的现象与第一大部分相同,但角度不同,即从内部或意义的角度（I→O）去研究。我们把这叫做"句法"。这部分内容将根据语法的范畴进行分类,我们要说明语法范畴在说话过程中的作用和运用。

句法中有一章要考察"数"。首先列举构成复数的若干种方式（dogs[狗],oxen[牛]、feet[脚]、we[我们]、those[那些],等等）;最简单的、最一般的方法就是参照词法中研究各种词尾和其他构词手段的有关部分。接着论述所有单数形式和复数形式（不管它们是如何构成的）的特点,例如在词组 a thousand and one nights（一千零一夜）中使用复数（在丹麦语和德语中,由于用了"一",名词则用单数）,在 more than one *man*（＝more men,*than* one[不止一人]）中用单数,形态同化情况,单复数表示类别的"泛指"用法（a *cat* is a four-footed animal,*cats* are four-footed animals[猫是四足动物]）以及其他许多不能归于词法部分的内容。

在"格"的一章,除了其他内容之外,我们要考察"属格"以及与其同义的"of 短语"（of 短语常被误称为"属格"）：Queen Victoria's death＝the death of Queen Victoria（维多利亚女王之死）。必须区分两者不可互换使用的情况（如 I bought it at *the butcher's*[我在肉铺买的]和 the date of

---

① 但在为外国人编写的许多英语语法书中,很难看出列出这样的变化表有什么好处：I got, you got, he got, we got, you got, they got—I shall get, you will get, he will get, we shall get, you will get, they will get,等等。

her death[她去世的日子])。在"比较级"一章,要对 sweetest(最甜的),best(最好的),most evident(最明显的)这类形式进行比较;在词法里,这三种形式属于不同部分的考察对象。我们还要论及谈话对象为两人或两物时比较级和最高级的用法。还有一章专门论述表达"将来"(futurity)的各种方式(I *start* tomorrow[我明天动身];I *shall start* tomorrow[同前];he *will start* tomorrow[他明天动身];I *am to start* tomorrow[我明天动身];I *may start* tomorrow[我也许明天动身];I *am going to start* tomorrow[我明天动身])。这些例子足以揭示对语言现象进行句法处理的本质了。句法从另一个角度论述在词法部分已经谈过的内容,我们在这里面临的是一些具有更加广泛性质的新问题。采用这种双重研究方法,我们能够比那些用老方法的人更加看清像英语这样一种语言的复杂的语法系统。为了看起来一目了然,我们尝试把这语法系统中的一部分所呈现的形式和功能的多重交叉现象列表如下:

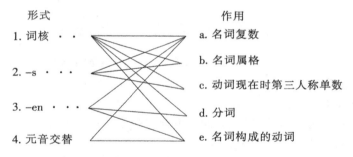

例:1a sheep(羊)—1c can(能够)—1d put(放)—1e hand(手)—2a cats(猫)—2b John's(约翰的)—2c eats（吃）—3a oxen(牛)—3d eaten(吃了)—3e frighten(使……害怕)—4a feet(脚)—4e feed(喂)。

如果将语法中的这两个部分加以比较,并回顾一下上面谈到的词典中的两个部分,我们就会发现,这两种角度实际上就是听话人和说话人的角度。听话人在对话时,遇到某些声音和形式,他必须弄清它们的意义——他由外部形式到达内部(O→I);反过来,说话人从他所要传达的思想出发,对他来说意义是已知的,他必须找到表达的方式:他由内到外(I→O)。

第五节　选读主要参考文献

1. 奥托·叶氏柏森,1988,《语法哲学》,何勇等译,廖序东审定,北京:语文出版社。
2. 李延福,1996,《国外语言学通观》,济南:山东教育出版社。
3. 吕叔湘,《中国文法要略》,北京:商务印书馆,上卷,1941 年,中、下卷 1944 年。
4. 吕必松、现代汉语语法学史话,《语言教学与研究》1980 年第 2、3 期、1981 年第 1 期。
5. 王　力,2000,《中国现代语法》,北京:商务印书馆。
6. 徐通锵、叶蜚声,1979,现代汉语语法研究的现状和回顾,《中国语文》第 3 期。
7. 葛本成,2002,语法哲学介评,《河南大学学报》(社会科学版)第 4 期。

第六节　选读思考题

1. 根据叶氏的三品说,指出 a beautiful girl 与 the girl is beautiful 两词组的首品和次品。
2. 谈谈你对叶氏三品说的看法。
3. 在叶氏的语法体系中,词和词的组合方式分为哪几种?
4. 谈谈组合式和连系式的区别。
5. 从形式到意义和从意义到形式是叶氏提到的两种研究法,谈谈你对这两种研究法的认识。
6. 谈谈《语法哲学》对我国语法学的影响。

第三章
布龙菲尔德《语言论》

外文书名:*Language*
作者外文名:Leonard Bloomfield
翻　　译:袁家骅、赵世开、甘世福
出版社:北京:商务印书馆
出版时间、版次:1980年,第1版
摘选及撰稿:萧　红

第一节　作者及有关学术背景

　　布龙菲尔德是美国结构主义的奠基者和最重要的代表人物,该学派在20世纪三四十年代的美国语言学界占有主导地位,1933—1950年在美国语言学史上甚至被称为"布龙菲尔德世纪",可见布龙菲尔德对美国语言学界的深远影响。
　　布龙菲尔德1887年4月1日出生于美国伊利诺斯州的芝加哥。1903—1906年在哈佛学院学习,并获得学士学位。1907年在芝加哥大学深造,并担任教学工作,在伍德(Francis A. Wood)教授指导下完成了《日耳曼语次元音交替的语义差异》。1909年在该校获得博士学位。1913—1914年他到德国莱比锡大学和哥廷根大学进修时结识了新语法学派的代表人物如布鲁格曼(Karl Brugmann)、雷斯琴(August Leskien)等,受到该学派理论的较深影响。从1909年到1949年间,布龙菲尔德先后在辛辛那提大学、伊利诺斯大学、俄亥俄州立大学、芝加哥大学、耶鲁大学等教授德语、比较语言学、日耳曼语言学和语言学,其研究领域包括历史比较语言学和共时描写语言学。除了对印欧语有深入研究外,他对马来波利尼西亚语(Malayo-Polynesian)、北美印第安语中的阿尔冈基亚语(Algonguian)等也做过系统的描写和比较。

布龙菲尔德是美国语言学会(the Linguistic Society of America)的发起人之一,并曾任该学会的主席。他同时还是美国其他一些著名学会如外语学会、东方学学会、语文学协会、人类学学会、哲学学会、科学促进协会等的会员。他还担任过国际语言学家常设委员会委员,曾任国际语音协会和丹麦皇家科学院会员。

布龙菲尔德的主要著作有:《他加禄语文句及语法分析》(*Tagalog Texts with Grammatical Analysis*)(1917)、《语言论》(*Language*)(1933)、《供语言科学用的一套公设》(*A set of Postulates for the Science of Language*)(1926)、《科学的语言学诸方面》(*Linguistic of Science*)(1939)、《外语实地调查简明指南》(*Outlinr Guide for the Practical Study of Foreign languages*,1942)、《荷兰语口语》(*Colloquial Dutch*,1944)、《荷兰语口语:基础教程》(*Spoken Dutch:basic Course*,1945)、《俄语口语:基础教程》(*Spoken Russian:Basic Course*,1945)以及对索绪尔《普通语言学教程》和对叶斯柏森《语法哲学》的重要书评(1923、1927)。

布龙菲尔德1949年4月18日去世。

布龙菲尔德的理论是在博厄斯等人的基础上发展而来的,不同的是他又受到了当时盛行的行为主义心理学的深刻影响,这一点在他对语言产生和理解过程的解释,以及他对意义的态度等方面表现得十分明显。由布龙菲尔德奠定的结构主义学派有严格的调查和描写语言的方法,反对超出语言材料的猜测,重视语言的归纳性概括,强调实证。正如语言学家 B. 布洛克(Bernard Bloch)所说:"布龙菲尔德对语言研究最大贡献是使它成为了一门科学。"

美国结构主义语言学又称美国描写语言学。与欧洲结构主义相同之处是都接受了德·索绪尔的一些基本观点,如语言是一个符号系统,区分语言与言语、共时语言学和历时语言学等。但它又有自己的特点。它是20世纪初期美国的一些人类学家和语言学家在对美洲印第安土著语调查和分析基础上发展而来的。与此背景相关,美国的描写主义语言学和结构主义语言学的研究实用性较强,注重口语和共时描写,注重形式分析,有一套严格完整的调查分析方法。该学派在形成和发展中正值逻辑实证主义和行为主义心理学(即"机械主义")兴盛,布龙菲尔德所提出的

"语言是连续的刺激和反应行为"的论点,就受到行为主义的深刻影响。

这一学派重要代表人物先后有美国语言学创始人弗兰斯·博厄斯(Franz Boas,1858—1942)、E.萨丕尔(Edward Sapir,1884—1939),开创了"布龙菲尔德时期"的列昂纳德·布龙菲尔德,"后布龙菲尔德时期"的哈里斯(Zelling S. Harris)、霍凯特(Charles F. Hockett),还有 K. L. 派克(Kenneth L. Pike)、E. 奈达(Eugene Nida)、C. C. 弗里斯(Charles C. Fries),以及 B. 布洛克(Bernard Bloch)、G. L. 特雷格(George L. Trager)、H. L. 司密斯(Henry L. Smith)、R. 威尔斯(Rulon Wells)、W. F. 特沃德尔(W. F. Twaddell)、W. F. 斯瓦迪希(M. Swadesh)等语言学家。

这一学派的主要贡献是提供了一套调查和描写语言的方法,如分布和替代法、直接成分分析法等(所谓分布就是某个单位或特征在话语里出现的不同位置的总和。所谓替代就是在相同的环境里,某个单位能够用别的单位来替换。直接成分就是把句子或词按层次切分成其组成部分);对许多语言的调查和描写提供了宝贵的语言学资料。结构主义理论还广泛应用于当时的语言教学,在该理论指导下产生的"听说教学法"明显优于传统教学法,取得较好的效果。但由于结构主义分析法本身存在一些缺陷,如注重形式描写而不注重语言能力的解释,缺乏对语言本质的理论解释,忽视语言的普遍性,忽视意义,等等,20世纪50年代以后,受到了乔姆斯基"转换生成语法"的强力挑战,逐渐失去了美国语言学界主流派的地位。

《语言论》是布龙菲尔德最具影响的著作。该书1914年在美国纽约以《语言学研究入门》的名称出版,1933年修订增补后改以《语言论》为书名出版,一年后在英国再版,内容和体例作了少许改动。该书共二十八章,内容丰富,涉及语言学史、比较语言学、历史语言学、语音学、句法学、语义学、文字学、方言地理学等领域,至今仍是一本值得语言学学习者和研究者研读的经典著作。

第二节　本书章节目录

第一章　语言的研究
第二章　语言的用途
第三章　言语社团
第四章　世界上的语言

第五章　音位

第六章　音位的类型

第七章　音位的变异

第八章　语音结构

第九章　意义

第十章　语法形式

第十一章　句子类型

第十二章　句法

第十三章　词法

第十四章　形态类型

第十五章　替代法

第十六章　形类和词汇

第十七章　文字记载

第十八章　比较法

第十九章　方言地理学

第二十章　语音演变

第二十一章　语音演变的类型

第二十二章　形式频率的波动

第二十三章　类推变化

第二十四章　语义变化

第二十五章　文化上的借用

第二十六章　亲密的借用

第二十七章　方言间的借用

第二十八章　应用和瞻望

第三节　各章内容提要

第一章　语言的研究

本章系统地总结了语言研究的历史。如公元前 5 世纪的古希腊语言研究,18 世纪的语言研究,19 世纪的印欧语比较研究和普通语言学研究。随着语言研究的进展,人们对语言的了解越来越多,方法论越来越科学。布龙菲尔德认为语言描写应该客观,不带偏见。他强调说:"对于语言,唯一有用的概括是归纳的概括。"

第二章 语言的用途

布龙菲尔德的观点是:语言是受到刺激而产生的。语言可以在一个人受到刺激时让另一个人去作出反应。本章介绍了关于幼儿语言习得和失语症患者的研究实例。语言可以传递消息。

第三章 言语社团

依靠言语相互交往的一群人,叫做一个言语社团。它是社会集团中最重要的一种。言语社团和生物学上的分群无关。语言的特征并没有生物学上所谓的遗传性,小孩学的是哪种语言完全由环境决定。在一个社团中,言语的最重要的差别是由于交际密度不同而产生的。如果两个群体断绝一切来往,就会逐渐变成讲两种语言;如果由于社会原因或地理原因两个群体交往很少,他们的话就会很难相互听懂;如果交往不很经常,就会出现两种方言。布龙菲尔德认为,在复杂的言语社团里,主要的言语类型大致可以分为以下五种:(1)书面标准语,用于最正式的交谈和写作中。(2)口头标准语,这是特权阶层的语言。(3)地方标准语。在美国相当于(2),是中产阶层的人说的。(4)次标准语,跟(1)、(2)、(3)有明显不同,在欧洲各国是中下阶层的人说的。(5)地区方言,这是社会上最没有地位的人的语言或家庭语言。本章的最后还介绍了双语现象(bilingualism)的产生。

第四章 世界上的语言

布龙菲尔德分析了各大洲的语言、语系。

第五章"音位",第六章"音位的类型",第七章"音位的变异",第八章"语音结构",这四章进一步发展了语音学和音位学的理论。布龙菲尔德认为语言学主要的一项研究是语音学,语音学考察说话人的发音动作,声波和听话人的耳膜活动,而不管它的意义。语音学家既研究说话人的发音动作(生理语音学),也研究发出的声波(物理语音学或音响语音学)。话语是变化无穷的,各人说话的方式是不同的。我们能互相听懂,原因就在于总音响特征(The gross acoustic features)中,有些特征是无关紧要的(非区别性的),只有一部分跟意义相联系,因而对于交际是必要的(区别性的)。在某种语言里是区别性的特征,在另一种语言里可能是非区别性的。为了认识一种语言的区别性特征,我们必须离开纯粹语音学的立场,考虑意义。研究有意义的语音的,是音位学或实用语音学。在确定音位时,布龙菲尔德做了一些实验,以 pin(针)为例:(1) pin 跟 fin, sin, tin 收尾相同;(2) pin 还有 in 这个音;(3) pin 跟 man, sun, hen 收尾相同;(4) pin 跟 pig, pill, pit 开始声音相同,不过收尾不同;(5) pin 跟 pat, push,peg 的开头相同,不过共同点小于(4);(6) pin 跟 pen,pan,pun 的开头和收尾都相同,不过中间部分不同;(7) pin 跟 dig,fish,mill 的开头和收尾都不同,不过中间部分相同。实验做到最后,他们断定 pin 含有三个不可分割的、有区别意义的最小单位,即音位。布龙菲尔德发现区别性特征和非区别性特征的差别有:区别性特征出现是成群或成堆,并无须为避免非区别性特征而只发出纯粹的区别性特征的语音;非区别性特征的范围很广,而其区别性特征也不完全一致;外国人不能按照本族人的习惯安排非区别性特征,因此带有外国口音;非区别性特征花样很多,但一般情况下非区别性特征的变异是有限度的;学习外语或方言时,往往用自己的语言或方言里最熟悉的音位代替人家的音位;当外语有两个或三个音位跟自己语言的一个音位相似时,混淆程度就加重了;如果某些特征在自己语言里不起区别意义的作用,而在另一语言里却是有意义的,那么在学习外语时便最困难。布龙菲尔德把音位分为三种:单纯音位,如 pin 的三个音位;复合音位,单纯音位的组合,如双元音;次音位,如重音、音高,音高在英语里作为次音位主要出现在句末,但在汉语等语言里是作主音位。音位的主要类型按次序排列为:噪音,包括闭塞音、颤音、摩擦音;乐音,包括鼻音、边音、元音。布龙菲尔德注意到,不同的语言有不同的音位系统,以元音系统为例,英语有九个元音,意大利语有七个元音,西班牙语有五个元音,菲律宾的他加禄语(Tagalog)只有三个元音。

第九章　意义

布龙菲尔德认为语言学家没有能力确定意义。本章还分析了各种语言形式的附加意义的表现,如地方土话的附带意义,术语形式的附带意义,外来语的附带意义,俚语的附带意义等。

第十章　语法形式

布龙菲尔德首先区分了自由形式(free form)和黏附形式(bound form)。不能单说的语言形式叫黏附形式,如 Johnny 的-y,playing 的-ing;其他所有的形式都是自由形式,如 John,ran。凡是跟别的语言形式在语音-语义上有部分相似的语言形式是复合形式(complex form)。如 John ran, John fell, blackberry, cranberry 等。复合形式由组成成分构成。只出现在个别复合形式中的组成成分叫独特组成成分,如 cranberry 中的 cran-。跟别的任何一个形式在语音-语义上没有任何部分相似的语言形式是一个简单形式(simple form)或者叫做语素(morpheme)。如 bird,play,dance,cran-, -y, -ing 都是语素。复合形式单就它语音上可确定的成分而言,完全是由语素组成,如 Poor John ran away 中有五个语素:Poor,John,ran,a-,away,叫最终成分(ultimate constituent)。这句话的直接成分(immediate constituents)是两个:Poor John 和 ran away。语素可以用语音描写,可是它的意义却不能在语言学的范围以内予以分析。语言研究必须从语音形式开始而不是从意义开始。在每一种语言里,各种形式的有意义的配列构成了这种语言的语法。语言形式有四种配列方式:(1)词序(order)。指复合形式的成分说出来的先后次序。如 play-ing 是英语的形式,可 ing-play 就不是了。(2)变调(modulation)。这是次音位的运用。如由于重音的位置不同就能区别名词 convict(罪人)和动词 convict(证明有罪)。(3)变音(Phonetic modification)。这里指的是形式中主音位的变化,如 do not 变成 don't。(4)形式的选择(selection of forms)。就是说排列相同而成分不同,意义也就不同。如某些带有感叹收尾音高的语素是呼喊人来或要叫人注意(Boy!),而同样词尾音高的另一些词素却是命令(Run!)。

第十一章 句子类型

布龙菲尔德认为语言可以区分为完整句(full sentences)和小型句(minor sentences)。两者的区别在于语法单位的选择:某些形式是惯用的句子形式,当一个惯用的句子形式用来作为一个句子时,这就是个完整句,而当任何其他的形式用来作为句子时,这就是小型句。完整句的类型如施事—动作型,谓语型(predications),重点—动作型,不同语言中完整句的特点不同。小型句似有两种类型:完整式的(completive),感叹式的(exclamatory)。完整式小型句仅仅是补充说明前一段句中的言语、姿态或一件事物。如 This one. Tomorrow morning. Here. When? With who? 感叹式小型句是由感叹词或不属于惯用句型的正常形式所组成的,并且往往以并列结构句型表示出来。如 Ouch,damn it!(哎哟,该死!)This way,please(这边走,请!)

第十二章 句法

本章讨论了句法(syntax)中的部分内容。布龙菲尔德认为句法结构中的组成成分都是自由形式,最常见的排列方法是并列结构(有学者译为"排比",parataxis),中间不使用连词。一种是停顿(pause),如 It's ten o'clock, I have to go home. 一种是紧接并列结构(有学者译为"紧密排比",close parataxis),如 please come 或 yes sir。一种是半绝对形式(有学者译为"半独立形式",semi-absolute form)如 John, he ran away。一种是插语(parenthesis),如 I saw the boy, I mean Smith's boy, running down the street. 一种是同位语,如 John, the poor boy, ran away. 本章

还介绍了某些词或短语的连读变音情形。布龙菲尔德还认为选择法素（taxemes of selection，法素（taxem）是语法的最小单位，具有区分意义的功能，但本身无意义）对句法十分重要，选择法素越多，形类越分得细致。如：

(1)	(2)	(3)	(4)
A：I can	I run	I was	I am
B：The boy can	The boy runs	The boy was	The boy is
C：The boys can	The boys run	The boys were	The boys are
A＝B＝C	A＝C	A＝B	A≠B≠C

选择的时候要注意一致性，如性和数的一致；制约性，即形类之间的制约关系；参照关系。句法结构的自由形式属于不同的形类，因此可以通过自由形式结合成的短语来识别句法结构。一种结构是向心的（endocentric），就是其中一个成分可以代替整个结构的功能，该成分叫中心语（center）。向心结构分成两类：并列的（co-ordinative 或系列的 serial）向心结构，如 the boys and girls. 从属的（subordinative 或修饰的 attributive）向心结构，如 fresh milk. 另一种结构是离心的（exocentric），即其中任何一个成分都不能在功能上代替整个结构，如 the man fell. 本章还讨论了英语、德语、法语等的语序（order）；形容词的分类：描写的（descriptive）形容词和限制的（limiting）形容词；英语名词的分类；英语数量词的分类。

第十三章　词法

所谓一种语言的词法（morphology），就是黏附形式出现于组成成分中的结构。本章介绍了划分世界上各种语言的词法类型的两种方法：一种分类法是区别分析（analytic）语和综合（synthetic）语，分析语很少使用黏附形式，综合语大量使用黏附形式。另一种分类法是把语言分成四种词法类型：孤立的（isolating）、黏附的（agglutinative）、多形综合的（polysynthetic）和屈折的（inflecting）。孤立语不使用黏附形式，如汉语；黏附语中黏附形式一个随着一个加上去，如土耳其语；多形综合语利用黏附形式表示语义上的重要成分，如爱斯基摩语；屈折语把语义上的不同特征或是体现在一个单一的黏附形式中或是合并在多个紧密结合的黏附形式中，如拉丁语。

第十四章　形态类型

本章讨论了复合词和短语特征的区别,如复合词有不可分割性,一般地,一个复合词成员不能像短语中的一个词那样作为句法结构中的一个成分来使用。如短语 black birds(黑的鸟)中的 black 这个词能被 very 修饰,但是 blackbirds 中的复合词成员 black,就不能这样办。布龙菲尔德谈到了复合词的分类,一种分类方法涉及各成员之间的关系。如句法式的(syntactic)复合词、半句法式(semi-syntactic)复合词、非句法式复合词(asyntactic sompouds)等。另一种常用的分类方法着眼于作为一个整体的复合词跟它的成员的关系。如英语的向心复合词、离心复合词等。

第十五章　替代法

替代是一种语言形式或语法特征,在一定的习惯环境下用来替代任何一个类型语言形式。替代法(substitution)的语法特点在于选择特征:代词只替代某一类的形式,即代词的领域。如 I 的领域是英语实体词语的形类。本章分析了名物代词、人称代词、指示代词、疑问代词、关系代词等各类代词的特点。

第十六章　形类和词汇

布龙菲尔德反对传统语法把词分成动词、名词、形容词等,主张用形类(有学者译为"形式类")这个概念。具有任何共同功能的词汇形式属于同一个形类(form class)。词汇形式的功能是个复杂的系统。有些功能对于许多形式是共同的,并可规定为一个大的形类。如规定为英语体词性词语形类的功能(用在招呼的句型中,占据带有动词的施事位置,占据带有动词的目的或受事位置,占据跟前置词在一起的轴心位置;作为物主或领属形容词的基础,等等),对于几乎无限数目的词和短语是共同的。某些词汇形式可能由于跨类而表现出不寻常的功能组合。如 salt(盐)是一个物质名词,因此只在表示"类种"的特殊意义时才有复数,可是由于跨类,它也有复数的 salts(如 Epsom salts(泻盐))带有"由颗粒组成"的意义。传统语法试图用类义来区分形类,即根据某个形类中所有的词汇形式所共同具有的意义特征来指定形类。如名词是"人、地方或事物的名称",这个定义得先有比人类所能掌握的更多的哲学和科学知识为前提,此外,还意味着语言里的形类得同哲学家或科学家的分类一致。如物理学家所认为的物体中粒子(分子)的运动,在英语里把它分成了形容词 hot(热的),名词 heat(热)以及 to heat(加热)。类别意义是很难作出明确规定的,只有通过描写所出现的情境特征来区分形类。大部分形类有自己的结构特点和组成成分。还有些形类与形式的结构毫无关系,如 in case

这个短语是个介词结构,但是它的作用像个从属连接词。有些名词短语如 Sunday,this morning,last winter 等实际上是动词的修饰语。这说明形类的划分不是绝对的。形类可以分两种:大的形类和小的形类。小的形类只区分个别词汇。大的形类可以把整个词汇归类,叫范畴(categories)。各种语言的范畴不同,如关于性(gender)、数(number)、格(case)、时(tense)、体(aspect)、反复(iteration)等的范畴,不同语言之间的差别就很大。

第十七章　文字记载

本章论述了文字的发展历史;并谈到可以借助文字记载来研究语音。如从诗歌押韵了解当时语音情况;又如不同语言之间的转写透露语音资料,像古汉语在佛经翻译里对印度亚里安语专名的转写就透露出当时汉字的读音。

第十八章　比较法

本章用丰富的语言例证介绍了历史语言学中比较法的运用,认为比较法是重构史前语言的唯一方法,只对内部绝对一致的言语社团和明确的突然分裂才能加以准确的运用。

第十九章　方言地理学

比较法有明显的局限性,而方言地理学研究一个言语区域内的地方分歧,可以辅助比较法的运用。本章举例介绍了方言地理学(Dialect Geography)的基本研究情况。

第二十章　语音演变

本章和后一章谈到了语音的变化。历史语言学要找出始终一致的语音对应条例,这些对应条例是一种演变因素的结果,这种演变叫做语音演变(phonetic change)。布龙菲尔德认为语音变化实际上是口腔运动习惯如声带颤动、舌位转移等发生的变化。某种非区别性变体的流行导致了音变,而早期演变中被废弃了的音响类型,在后来的演变过程中也许受到青睐而重新被采用。如古英语和中古英语的长元音[iː,uː],如[wiːn,buːs],在早期的现代英语里由于复元音化的倾向被剔除了,变成今天的 wine[wajn],house[haws]。可是差不多在同一时期,古英语和中古英语[geːs,goːs]中的长中元音给提高了,以至于 18 世纪的英语里在 geese,goose 这些词里又有了[iː,uː]类型。新的[iː,uː]来得太晚了,没有赶得上中古英语高元音转化为[aj,aw]的演变过程。另一例子是前希腊语元音间的[s]音位逐渐弱化以至于消失,但是这个音变过去后,长辅音[ss]的简化又引进来这个语音类型,新的组合如[ˈesteːsa]又变成容易发出的音群了。按照这种方式,我们就能够推断出音变的相对年代(relative chronology)。如在前日耳曼语时期,只有在原始印欧语[p,t,k]早已转化为原始日耳曼语[f,θ,h]这一类型后,原始印欧语[b,d,g]才能转变为原始日耳曼语[p,t,k]。这个次序非常清楚,因为日耳曼语的实际形式显示了这两组音位并没有合流。

第二十一章　语音演变的类型

关于语音演变的类型,布龙菲尔德认为大多数音变的一般倾向是任何特定语言形式的发音动作的简化,如辅音丛的简化就是如此。古英语的词首辅音丛[hr,hl,hn,kn,gn,wr]丢掉了头一个辅音,如古英语 hring 变为 ring(指环),gnagan 变为 gnaw(咬),wringan 变为 wring(扭,拧)。辅音丛因同化作用而发生变化很寻常,即发一个音位的器官位置稍稍改变,使更接近另一个音位的部位。较常见的是逆同化,前面音位受后面音位的影响。如辅音的浊化和清化往往随着后面的辅音性质变为一致,英语 goose 和 house 的[s]在 gosling, husband 的辅音组合里浊化为[z]。顺同化是后一个辅音的改变。如原始日耳曼语 *['follaz],哥特语 fulls,古英语 full。词尾辅音由浊音变为清音也是一种同化作用,如德语中的词尾浊辅音都发成清辅音。元音间或其他开音间的辅音的弱化跟同化作用也有密切关系。因为前后的元音都是开放性的浊音,使得中间的辅音也趋向浊化并减轻关闭程度。辅音往往被前面或后面的元音舌位所同化,最普通的是受后面跟着的前元音的同化,特别是舌尖音和舌根(软腭)音,即颚化作用。如前英语里颚化了的[g]同另一个音位[j]合二为一。辅音的弱化或消失有时带来前一元音的延长。如古英语音组[ht]直到今天还保存在北方方言里,但在大部分地区已经丢掉了[h]并延长了前面的元音。

其他形式的音变如异化作用,即一个音位或一个音位类型一再出现在某个形式里,其中的一次出现有时被一个不同的音替代了。欧洲语言里 [r,l,n]这些音最容易发生异化。如拉丁语 peregrīnus(外人,生人)到了罗曼诸语言给 *pelegrīnus 替代了,如意大利语 pellegrino 和借自罗曼语的英语 pilgrim(朝圣者,香客)——头一个[r]给[l]替代了。换位是一个词内部两个音位交换地位。欧洲语言里(r-l)远距离的换位是相当常见的,如哥特语['werilo:s](唇,复数),古英语里是 weleras。

布龙菲尔德认为引起音变的原因到底是什么,人们还了解的很少。有的学者如冯特认为音变是由于语速增加,"底层说"把音变归因于语言的传递,但这些理论都遇到了难以解释的情况。

第二十二章　形式频率的波动

谈到言语形式应用频率中导致盛衰起伏的一些因素。有些语言形式在词源上找不到什么证据。某种形式的出现和消亡有多种原因,如有些言语形式跟禁忌词语同音而被废弃,如美国英语 donkey(驴子)逐渐替代了 ass(驴子,笨蛋)。有时候,同音现象可能引起交往上的麻烦,结果其中一个形式被废弃了。一个社团的实际生活的变化,也会影响言语形式的相对频率。如公元初,有些日耳曼部落内部有个阶层叫做[la:t](氓),社会地位介于自由民和农奴之间,后来在不列颠操英语的部落形成了新的社会组织,没有这样的阶层了,这个词也就随着这个制度一起废弃了。

第二十三章　类推变化

类推变化(analogic change)就是根据其他形式的变化规律类推出另一个形式变化。如英语 cow 的复数一度曾经是不规则形式 kine,根据 sow:sows、bough:boughs(树枝)、stone:stones(石头)等名词复数的规则变化形式,有人就创造了一个规则的形式 cows。

第二十四章　语义变化

只改变了词汇意义而语法功能未变,这种变化叫作意义变化或语义变化(semantic change)。本章列举了意义变化的类别有:意义的缩窄,如古英语的 hund(狗)变为 hound(一种猎犬);意义的扩大,中古英语的 dogge(一种古代的狗)变为 dog(狗);隐喻,原始日耳曼语的 *bitraz(刺痛的)变为英语的 bitter(苦味的);转喻,即空间上或时间上意义互相接近,如古英语 cēace(颚,牙床)变为 cheek(面颊);提喻,即意义上作为部分和整体而相互联系,如原始日耳曼语的 fence(棚栏)变为英语的 town(城镇);夸喻(有学者译为"弱化"),意义由强烈而变微弱,如前法语 *extonrāe(雷打,雷劈)变为法语的 étonner(吓人,使吃惊);曲意(有学者译为"强化"),意义由较弱转为较强,前英语的 *kwalljan(虐待,受苦刑)变为古英语的 cwellan(杀);贬低(有学者译为"贬义化"),如古英语的 canfa(童仆,男孩子)变为英语的 knave(流氓);抬高提升(有学者译为"褒义化"),如古英语的 cniht(童仆,男孩子)变为英语的 knight(骑士,武士)。布龙菲尔德认为意义的变化也许有实际事物间的联系,语义上特殊的词源和文化变迁的痕迹可以互相参证。如原始日耳曼语 *wajjus(墙壁),哥特语 waddjus,古北欧语 veggr,古英语 wāg,现在认为起源于当"缠绕,编织"讲的动词的派生。语义变化主要包括语义的扩展和废弃,意义的扩展和废弃都与现实世界的变化直接相关。扩展的例子如近代城市的兴起导致房屋和住宅交易十分活跃,在英语中,house(房屋)是一个毫无感情色彩的词,而home(家)是个富于感情的词,建筑商便利用home来代表还没有住过人的空房屋。废弃的例子如德语Wand(墙)是从Winden"缠绕"来的,由于枝条编制的壁不再时兴而改变了意义。

第二十五章"文化上的借用",第二十六章"亲密的借用",第二十七章"方言间的借用"。

这三章都谈论了借词现象。其中第二十五、二十六章谈来自外语的借用,即不同民族语言之间的借词;第二十七章谈同一区域以内方言间的借用,即同一民族语言内部各地域方言之间的借词。由文化上借用带来的借词会对对方语言的语音、语法产生影响:语音方面如借词带来一些外语音素,还会破坏语音模式;借词的语音发展往往显示了借入时期的语音形式,因而透露了各种音变的大概时期,如南方德语的[t]变为塞擦音和咝音类型就是一个显著的例子。借词对语法的影响表现为借入词缀。如英语大量借入法语后缀。"亲密的借用"指一种文化被另一种文化征服之后,两种语言在同一块国土上使用时发生的借用现象。征服者或处于有利地位的人群所使用的语言为"优势语言",被征服者或地位低微的外来移民的语言为"劣势语言"。优势语言与劣势语言的竞争有两种结局,一是劣势语言消亡,这一点上地名往往给已消亡的语言提供了宝贵证据。如凯尔特语消亡了,但是它的地名从波希米亚横越欧洲直至英格兰,如Vienna(维也纳),Paris(巴黎),London(伦敦)。一是如果劣势语言继续存在,它会带有大量借词和借译,甚至带有外来句法习惯。如英语从法语吸收了大量借词。有一种反常的借用是优势语言受到劣势语言的影响而发生改变,即"洋泾浜"等混合语。第二十七章谈到标准语的产生,标准语大多植根于中心城市上层阶级通行的地区性的语言。在句法和词汇上,文字记载对标准语会产生重大作用,一个小例子如英语中guise(伪装)、sooth(真实,真理)等词在实际言语中已经废弃了,可是根据书面文献又复活了。

第二十八章 应用和瞻望

最后一章布龙菲尔德对传统语法提出了批评。18世纪"语法学家"认为英语的某些变异形式是"不正确的"或"不好的英语",这种观点只是虚妄的臆说。关于语言教学,布龙菲尔德认为学习语言的目的是获得阅读能力。在语言教育中,最主要的是反复实践。学习一种语言首先要懂得它的发音,文字形式是其次的,反对讲解语法理论。

第四节　原著章节选读

第二章　语言的用途

2.1　在语言研究中,最困难的一步就是第一步。过去的学者则虽然一次又一次地接近了语言研究,然而并没有真正地进入这个领域。语言科学是从人们关心的一些比较实际的问题产生的,例如文字的使用,文学、特别是年代较古的文献的研究,以及优美的言辞的规则;可是人们尽管在这些事情上花了许多时间,仍然没有真正进入语言研究的领域。因为个别学者难免重复推迟历史的前进,我们不妨好好地把这些问题谈一谈,以便把我们研究的主题区别开来。

文字并不是语言,而只是利用看得见的符号来记录语言的一种方法。在某些国家,例如中国、埃及和美索不达米亚,几千年以前就使用文字了,但是今天人们说的语言,大多数是在不久以前才有文字,或者现在还没有文字。再说,在印刷术通行以前,识字只限于很少数的人。是在整个历史时期,一切语言几乎都是不会读书写字的人使用的;不会读书写字的民族的语言,和会读书识字的民族的语言同样地稳定、有规则和丰富。一种语言不论使用哪一种文字体系来记录,总还是那种语言,正如一个人不论怎样给他照相,总还是那样的一个人。日本人已有三套文字体系,如今正在发展第四套。土耳其人1928年采用了拉丁字母代替阿拉伯字母,可是他们仍旧像过去那样讲话。为了研究文字,我们必须懂得一些有关语言的知识,但是并非必须有关于文字的知识才能研究语言。固然,我们主要从文字记载知道过去语言的情况——为了这个原因,在另外有关问题上我们将研究文字的历史——但是我们发现要这样做也有一重障碍。我们必须十分小心地把文字符号译成实际的言语;可是我们往往做不到这一点,因而我们总是觉得有听得见的话语更好。

文学,不论是口语形式或是我们现在习用的书写形式,总是由优美的或者其他出色的话语构成。研究文学的人,细心研究某些人的话语(譬如说,像莎士比亚的),只关心其内容和异乎寻常的形式特点。语文学家的兴趣更广些,因为他所涉及的是他所阅读的材料的文化意义和背景。语言学家可不同,他一视同仁地研究所有人的语言。一个伟大作家的个人语言特点,有别于他同时同地的普通言语,这对语言学家来说,并不比任何个人的言语特点更饶兴趣;如果拿这和所有说话的人的共同特点相比,那兴趣就更少得多了。

优美的或"正确的"言语的区分,是一定社会条件的副产品,语言学家必须观察,和观察其他语言现象一样。把某些说话的人的言语形式标明为"好的","正确的",有的标明为"坏的","不正确的",这个事实往往是语言学家有关这个言语形式的一部分资料。不用说,语言学家不容忽视一部分资料或是把记录歪曲,语言学家应当毫无偏见地观察一切言语形式。语言学家的任务,有一部分就是查明在什么样的条件下说话的人们赞许或非难某个形式,而且对于每一个具体形式都要查明为什么会有人赞许或非难。比方说,为什么很多人说 ain't(不是)是"坏的",而 am not(不是)是"好的"。可是,这只是语言学的问题之一,而且并不是根本问题,所以只有在很多别的东西搞清楚之后才能研究。奇怪的是,没有语言学训练的人偏偏白费气力讨论这个题目,其实只有进一步研究语言本身才能找出解决问题的关键。

研究文字、文学、语文学或修辞正言的学者,假如他是坚持不懈、治学谨严的话,在浪费了一些气力之后,准会认识到他最好还是首先研究语言,然后再回到这些问题上来。我们只要转过头来观察一般言语,就能够不走这段弯路了。现在就让我们来看看在很简单的情况下发生的言语行为。

2.2 假设杰克和琪儿正沿着一条小路走去。琪儿饿了。她看到树上有个苹果。于是她用她的喉咙、舌头和嘴唇发出一个声音。杰克接着就跳过篱笆,爬上树,摘下苹果,把它带到琪儿那里,放在她的手里。琪儿就这样吃到了这个苹果。

这一连串的事项可以从很多方面来加以研究,但是我们这些研究语言的人,很自然地会把言语行为和其他事情区别开来,那些其他事情,我们叫做实际事项。假如按照这种方法来观察的话,那么根据时间的先后,这件事情包括三个部分:

A. 言语行为以前的实际事项;

B. 言语;

C. 言语行为以后的实际事项。

我们首先来考察一下实际事项 A 和 C。A 项主要是关于说话人琪儿的一些事。她饿了,也就是说,她的某些肌肉在收缩,有些液体,特别是胃液,分泌了出来。或许她还渴:她的舌头和喉咙是干的。光波从红色的苹果那儿反射到她的眼睛里。她看到杰克在她的身边。她和杰克过去的关系现在应当加以说明;我们假设这是某种一般的关系,如兄妹的关系或是夫妻的关系。所有这些在琪儿说话以前已经存在并且和她有关的事项,我们叫做说话人的刺激。

现在我们再来看看发生在琪儿说话以后的实际事项 C。这些事项主要是关于听话人杰克,包括他去摘苹果,把苹果交给琪儿。这些在说话以后发生而且和听话人有关的实际事项,我们叫做听话人的反应。这些说话以后发生的事项也关系到琪儿,而且关系很大:她把苹果拿到手里而且吃了。

这里还可以看出,整个故事还决定于一些与 AC 有关但是隔了一层的条件。并不是每一个杰克和琪儿都会像我们所说的那样做。假如琪儿害羞,或者上过杰克的当,她可能虽然肚子饿了并且看到了苹果,可是什么也不说;假如杰克对她没有好感,就算琪儿求他,他也不一定会给她摘苹果。言语行为的发生(以及怎样措辞,这一点我们将要谈到),和行为发生以前和以后的全部实际事项的过程,都决定于说话人和听话人的全部生活史。在目前情况下,我们假定所有这些决定性的因素正好引起我们所讲的这个故事。假如是这样的话,那么我们就想知道言语(B)在这个故事里起着什么样的作用。

假如琪儿是单独一个人,她可能同样的饿了,渴了,而且看到了同一个苹果。假如她有足够的气力和本领去翻过篱笆爬上树,那么她就可以拿到苹果吃下去了;要不是这样,她就只好挨饿。这位没人陪伴的琪儿和不会说话的动物几乎处于同样的地位。假如动物饿了并且看到或是闻到食物,它就会向食物的方面移动;至于能否得到食物,要决定于它的力气和本领。饥饿的状态和看或闻到食物是一种刺激(我们用 S 来代表),朝向食物方面移动就是反应(我们用 R 来代表)。没人陪伴的琪儿和不会说话的动物的行为只有一种方式,这就是:

$$S \rightarrow R$$

假如这样行之有效的话,他们就得到食物;假如不行——譬如说没有足够的力气和本领去采取行动 R 来拿食物——他们就只好挨饿。

当然,从琪儿的利益来说,拿到苹果是很重要的。在多数情况下,这还不是什么生死问题,虽然有的时候确实是生死问题;然而,从长远来看,琪儿(或者动物)如得到食物,便更有可能在地球上生存和繁殖。所以,任何增加琪儿获得苹果的机会的办法,对她都是有极大的价值的。在我们的故事里说话的琪儿正是利用了这样的办法。首先,她和没人陪伴的琪儿或者不会说话的动物同样有获得苹果的机会。然而,除此以外,说话的琪儿比其余二者还多了一个其他两个所没有的机会。她不用费劲去翻篱爸和爬树,只要在喉咙和嘴巴里作一些小动作,发出一点儿声音。她这么一来,杰克就为她作出反应,作了超出琪儿力气的动作,因此琪儿终于得到了苹果。语言可以在一个人受到刺激(S)时让另一个人去作出反应(R)。

理想的情况应该是,在彼此对话的一群人里,每一个人都可以随自己的意愿利用别人的力气和本领。这些人越是各有特殊本领,那么每个人所能利用的力量范围也就越大。爬树的能手只要一个,因为他可以给所有其他的人采果子;能干的渔夫也只要一个,因为他可以把鱼供给其他的人。劳动分工以及人类社会按分工原则进行活动,都依靠语言。

2.3 我们还必须考察我们这故事中的语言事项 B。作为语言研究者,我们主要关心的当然就在于此。在我们所有的工作中我们都在研究 B,A 和 C 之所以同我们有关,只是因为和 B 有联系。多亏有了生理学和物理学,我们才能够充分了解到这个言语事项原来一共包括三个部分:

(B1)说话人琪儿使声带(在喉结内的两片小肌肉)、下颚、舌头等等活动,让空气形成声波。说话人的这些活动是对于刺激 S 的一种反应。她不去作实际的(或者干活的)反应 R——也就是说,实际动手摘下苹果——而去做这些发音动作,即言语(speech)的反应(我们把它叫做替代性反应)这个反应我们用小写字母 r 来代表。所以总起来说,作为说话人琪儿不光有一种而是有两种对刺激起反应的方式:

$$S \to R(实际的反应)$$
$$S \to r(语言的替代性反应)$$

在目前的情况下,她所作的是后一种反应。

(B2)琪儿口腔里空气中的声波使周围的空气形成类似的波形振动。

(B3)空气里的声波冲击杰克的耳膜,使它颤动,这样就对杰克的神经发生了作用:杰克听到了言语。这听到的话对于杰克就是一种刺激;我们看到他跑去摘苹果,把它放在琪儿的手里,就好像是琪儿所感到的饥饿与苹果的刺激作用于杰克本身一样。假如有谁从另外一个星球来这儿进行观察,并且不知道人类语言为何物,他一定会认为杰克身体的某部分有一种感觉器官告诉他说:"琪儿饿了并且看到那上面有一个苹果了。"总之,杰克作为一个能说话的人,对两种刺激作出反应:大写字母 S 一类的实际刺激的反应(如饥饿和看见食物)和小写字母 s 所代表的言语(或叫替代性)刺激的反应,也就是耳膜的某种颤动。当我们看到杰克做某件事情(譬如说摘苹果)的时候,他的行为可能不只是像一个动物的动作那样,由于实际刺激(如胃部饥饿或者看到苹果),而且往往是由于言语的刺激。他的行为 R 可能不是一种刺激,而是两种刺激所引起的:

(实际刺激)S→R

(语言的替代性刺激)s→R

显然,在琪儿的语音活动(B1)和杰克的听话行为(B3)之间的联系,是不会有什么不确实、不稳定的毛病,因为这联系只是在空气中传送的声波(B2)。假如我们用虚线来表示这样一种联系,那么我们就可以用下面两种图式来表示人类回答刺激的两种方式:

无言语的反应:S→R

用言语作中介的反应:S→r...s→R

这两种类型之间的差别是明显的。无言语的反应总是发生在受到刺激的同一个人的身上;受到刺激的人是唯一能够作出反应的人。所以反应也仅仅限于接受刺激的人能作出任何行为。与此相反,用言语作中介以激起的反应可能发生在没有受过实际刺激的人的身上;受到刺激的人可以激起另外一个人的反应,而这另外一个人也许能够作出说话人本身所不能做的事情。在我们图式里的箭头代表在一个人身上的一系列事项——我们认为这些事项的发生是由于神经系统的某些属性。所以无言语的反应只能发生在受到过刺激的人的身上。另一方面,在用言语作中介的反应里,就有虚线所代表的联系,这就是空气中的声波;用言语作中介的反应可以发生在任何听到言语的人的身上;由于不同的听话人可能具有作出各式各样的行为的能力,所以反应的可能性也就大大地增加了。说话人和听话人身体之间原有一段距离——两个互不相连的神经系统——由声波作了桥梁。

从生物学看来,无论在无言语或有言语的情况下,S(肚子饿和看到食物)和R(取得食物的行为或者拿不到食物的行为)。都是同等重要的。这是事情的两个实际方面。语言行为 s...r 只是一种手段,使 S 和 R 在不同的人的身上发生。一般正常的人只对 S 和 R 有兴趣;虽然他运用言语而且获益不浅,但是他并不加以注意。说"苹果"这个词或者听到别人说这个词,都不能给任何人充饥。这个词和其他言语里的词,是获得伙伴帮助的唯一手段。然而作为研究语言的人,我们所关心的恰恰正是言语的事项(s...r)。它本身虽然没有价值,但却是达到某种巨大目的的手段。我们把语言即我们所研究的主题,与真实的或者实际的事项,即刺激和反应区别开来。当任何表面看来并不重要的事物,却和比较重要的事物密切地联系起来,我们便说,这里总是有"意义";也就是说,它"意味着"重要的事物。所以我们说,本身微小而不重要的话语也是重要的,因为它具有意义;这意义就在于言语(B)和重要的事情即实际事项(A 和 C)相联系。

2.4 有些动物在一定程度上也能因彼此刺激而起反应。很显然,一群蚂蚁或者蜜蜂能很好地合作,必定是由于有某种相互感应的方式。以声音来互相感应,是相当普遍的,例如蟋蟀用摩擦式,即用腿摩擦身体发出唧唧声,来呼唤其他的蟋蟀。有些动物,像人一样,用发音器官发出声音。鸟用肺部顶端一对芦笛似的器官即鸣管发出声波。较高级的哺乳动物有一个喉头,是在气管顶端由软骨构成的匣子似的东西(在男子就叫做喉头隆起)。在喉头里面,沿着左右两边喉壁各有两层肌肉;这两层肌肉即是声带,要是拉紧了,那呼出的气息就使它们有规则地颤动,由此产生声响。我们把这种声响叫做发音器官的声音。

人类的语言和动物做出的类似信号的活动不同,甚至和那些使用发音器官的动物也不同,因为人类语言的声音是很复杂的。譬如狗只能发出两种或者三种声音——吠声、咆哮声和嗥声;一只狗只可以用这几种不同的信号使另一只狗作某种行动。鹦鹉可以发出很多种不同的声音,但显然对不同的声音不能做不同的反应。人能发出很多种语音而且利用这些不同的语音。在一定类型的刺激下,他发出一定的语音,他的同伴听到了这些声音就做出相应的反应。简单地说,在人类的语言里,不同的声音具有不同的意义。研究一定的声音和一定意义如何配合,就是研究语言。

这种配合使得人们能够十分准确地相互感应。譬如有一所房子,某人从来没有看到过,我们把地址告诉他,这时,我们就是做着没有一个动物能做的事。不仅每个人可以使许多其他人发挥所长来为自己效劳,而且这种合作是十分准确的。协作规模的大小和准确程度的高低,是衡量我们社会组织成效大小的标准。社会或者社会机构这些术语,并不是一种隐喻。人类集体比起单个动物来,的确是高一级的单位,正好像多细胞动物比起单细胞动物来是高一级的单位一样。在多细胞动物身体里边,单细胞是靠着神经系统这样的组织来协作的;在人类社会里,各个人是靠声波来协作的。

我们从语言得到各种好处,这事儿是如此明显,这儿只要提几点就够了。我们可以传递消息。当有些农民或者做生意的人说:"我们要求在这条小河上造一座桥"的时候,这消息就会传到市民大会、州议会、公路局、工程处以及承建商人办事处那里，这其间通过了许多说话人而且多次经过语言的传递；直到最后，由于对农民最初所作的刺激起了真正的（实际的）反应，一群工人架起桥来了。在性质上和语言传递密切相关的是语言的抽象性。在实际的刺激发出以后，实际的反应发生以前，那一连串的语言传递并没有直接的实际的效果。所以这一连串语言传递可以采取各种不同的形式，只要在作最后实际反应之前能正确地变成原有的刺激就行了。设计桥梁的工程师，并不一定真要去搬动大小钢梁，他仅仅和语言形式（如计算时所用的数字）打交道；假如他算错了，他并不要拆毁任何材料，只要在开始正式筑桥之前用一个正确的语言形式来代替那个错误的语言形式（一个错误的数字）就行了。自言自语或是思维的价值就在于此。我们小时候常对自己大声说话，但是因为长辈禁止，不久便学会抑制发声动作而代之以很轻微的听不到的声音；我们"用词来思维"。思维的用处可以用计算过程来加以说明。我们如不使用语言，计算数目的能力是十分有限的，这只要用眼睛扫视一下书架上的一排书，就可以知道。所谓两组东西"数目相同"，意思是这样：假如我们从第一组东西里拿出一件，放在第二组一个东西的旁边，而且依次放下去，每件东西只放一遍，那么，最后就不会有不配对的东西剩下来。然而，我们不可能永远这样做。这些东西也许太重了，搬不动，也许是在世界不同的地方，也许存在于不同的时间（譬如说在暴风雨之前和暴风雨之后的一群羊）。这时候语言就有用了。一、二、三、四这些数目字，只不过是我们学会顺序说出的一连串单词，用来代替上述的做法。我们可以用这些数目字来"计算"任何一组东西，让那些东西和数目字一对一（如数学家所说的），譬如说，有一个东西就说一，到了另一个就说二，到下一个就说三，依此类推，要注意每件东西只用一次，直到东西全部点完。假如当我们数到十九的时候，再没有东西剩下了。以后，在任何时间或者任何地方，碰到一组新的东西，我们只要把它照此再计算一遍，就可以确定这一组新的东西是否和第一组东西数目相同。数学是语言最理想的运用，可是它只不过是把这样一种过程复杂化而已。数字的运用是自言自语发生作用最简单也最清楚的例证，此外，还有许许多多其他的情况。我们总是先思而后行。

2.5 在不同的人群里，对某些特殊的刺激所发出的特殊的语音是不同的；人类讲多种的语言。使用同一个语言符号系统的一群人，称一个语言社团。显然，语言之用处，就在于人们以同样的方式来使用它。每一个社会集团的成员必须在适当的场合发出适当的语音，而且当他听到另外一个人发出这样一些语音时，也必须作出适当的反应。他必须说得人家懂,而且也必须懂得别人说的是什么。甚至最不开化的社群,也是如此;不论在哪儿,只要看见有人,他们总是会说话的。

在各个集团里生出来的每一个小孩儿,从几岁起就学会了那个集团的言语习惯和反应。这无疑是我们每一个人都要学会的智力上最大的本领。小孩儿究竟怎么样学会讲话,还不很清楚;也许是这样一种过程吧:

(1)在各种刺激下,小孩儿发出一些声音,以后又重复发出。这似乎是一种遗传下来的特性。假定他发出一个声音,我们姑且用 da 代表它,当然,他的实际动作和发出的相应的声音和任何正规使用的英语可能不同。当这孩子不断重复发音动作时,声波就冲击着他的鼓膜。这样就形成了一种习惯:每当一个类似的声音冲击他的鼓膜时,他往往作同样的口腔动作,再发出 da 这个音。这种无意义的发音动作教会他照样去发出冲击他的耳朵的声音。

(2)有个人,譬如说母亲,在孩子面前发出了一种声音,和小孩儿呀呀学语的音节类似;例如,她说 doll(洋娃娃)。当这些声音冲击小孩儿的耳朵时,他的习惯(1)就起作用了,他发出了最接近 doll 的音节 da。在这个时候,我们说他开始"模仿"了。成年的人们似乎到处都看得到这种情况,因为每种语言都似乎有类似婴儿学语的一些词,如 mama(妈妈),dada(爸爸)等等。毫无疑问,这些词儿广泛地流行,是因为小孩儿很容易学会。

(3)在适当的刺激出现时,母亲自然得用她自己的词来说话。当她真的给婴儿看洋娃娃或者把洋娃娃给他时,她就说 doll。看到、拿到洋娃娃,和听到、说出 doll(也就是 da)这个词,多次一块儿出现,一直到这小孩儿形成了一种新的习惯:每当他看到并接触到洋娃娃时,他就会说出 da 来。这时候他就懂得一个词的用法了。成年人也许觉得,这个词听起来不像他们所用的任何一个词,但这仅仅是由于发音不正确。看来孩子们不会创造一个新词。

(4)看到洋娃娃就说 da,这个习惯引起了另一个习惯。譬如说,每天在小孩儿洗完澡以后,接着就给他洋娃娃(而且小孩同时说 da,da,da);那么他就有了一种在洗澡后说 da,da 的习惯;这就是说,假如有那么一天母亲忘了给他洋娃娃,他在洗完澡以后还是会喊 da,da 的。母亲说:"他在要洋娃娃呢",这话说得对,因为无疑地,成年人在"要求"或者"要"东西时,情况也是相同,只不过是形式更为复杂而已。小孩儿到这时候,已经会运用抽象的或者转移的(abstract or displaced)言语了:甚至当某个东西不在面前的时候,他也会说出那个东西的名称。

（5）小孩儿的言语，由获得效果而逐渐完善。假如他的 da,da 说得相当好，那么长辈就懂得他的意思，给他洋娃娃。在这种情况下，看到和摸到洋娃娃就成了一种附加的刺激，这小孩儿也就屡次地使用他这有效的变了音的词。另一方面，假如他的 da,da 说得不完全——也就是说，和成年人们惯用的形式 doll 有很大的差异——那么他的长辈就没受到刺激，也不给他洋娃娃了。当他没有得到看见与拿到洋娃娃这些附加的刺激，却受到了另外一种使他精神混乱的刺激，或者洗澡以后不像平时那样得到洋娃娃，他发脾气了，这就打乱了他最近的印象。总之，他在言语上比较成功的尝试，往往由于重复而加强。而他的失败往往就在精神混乱中被抹去了。这个过程一直不停止。再过好些时候，假如他说:Daddy bringed it(爸爸把它拿来了)，他只能得到失望的回答,No! You must say "Daddy brought it"(不！你得说"爸爸把它拿来了")；可是假如他说"Daddy brought it"，他往往会再一次听到这个形式:Yes,Daddy brought it,这样他就得到了一个有利的实际的反应。

与此同时而且经过同样的过程，小孩儿也在学听话。当他拿着洋娃娃的时候，他听到自己说 da,da，而母亲说 doll。过了一个时期，听到了 doll 这个声音，就能使他去拿洋娃娃。当小孩儿自动向父亲招手，或者母亲举起他的手摇一摇的时候，母亲就会说:Wave your hand to Daddy(向爸爸招手)。小孩儿在听到别人说话时就养成了按约定俗成的方式行动起来的习惯。

言语习惯这种二重性变得越来越一致了，因为二者总是一块儿发生的。每当小孩儿学会了把 S→r 联系起来时(例如，当他看到他的洋娃娃时就说 doll)，他也就学会把 S→R 联系起来(例如，当他听到 doll 这个词的时候，他的手就伸向洋娃娃或者把它拿起来)。在他学会了许多这样的双重联系以后，他就逐渐养成一种习惯，把某一类联系和另一类联系结合在一起；每当他学会说一个新词的时候，他就能在听到别人说这个词的时候作出反应；反过来也是如此，每当他学会如何对一个新词作出反应时，他通常也能在适当的场合把这词说出来。在二者当中，后一种转换似乎是比较困难些；在以后的生活中，我们会发现，一个说话人懂得很多的言语形式，那是他自己在言语里很少用它或者根本没有用过的。

2.6 在我们的图解中，用虚线代表的事情是相当好了解的。说话人的声带、舌头、嘴唇等阻碍着他吐出来的气流，用这方法来产生声波；这些声波通过空气传播而且冲击着听话人的鼓膜，鼓膜就相应地颤动起来。可是我们用箭头代表的事情是很不好了解的。我们并不了解使人们在一定的条件下说出一定的话的机制,也不了解语音冲击鼓膜时使人们作出适当的反应的机制。显然,这些机制是人体内对刺激作出反应的一般装置的一部分,不论那些刺激是语音或其他东西。这些机制是在生理学,特别是在心理学中进行研究的。研究这些机制和语言的特殊关系,就是研究与说话有关的心理,即语言心理学。在科学分工中,语言学家只管言语符号(r...s),他没有能力去管生理学或者心理学的问题。研究语言符号的语言学家所发现的东西,如果没有为任何心理学方面先入之见所歪曲,那么对于心理学家就更有价值。我们曾经看到,许多老一辈的语言学家忽视了这一点;他们试图根据某些心理学原理来说明每一件事情,因而所写的报告质量降低或者潦草塞责。只要我们观察一些比较明显的语言心理事实,我们就一定会有把握避免这种错误。

主管言语的那个机制,必定是非常复杂而精细的。即使我们对于说话人以及他所受的直接刺激了解得很清楚,我们一般也无法预言他是否要说话或者要说什么。刚才我们谈到的杰克和琪儿这个故事,是在事情发生以后才知道的事实。假如当时我们在场,我们也不可能预言,当琪儿看到苹果时,她是否要说什么,就算她真的要说话,也不能预言她将要说什么话。甚至假定她要求摘苹果,我们也无法预言,她是否在提出请求之前先说 I'm hungry(我饿了);或者她说 please(劳驾);或者她说 I want that apple(我要那个苹果),或是 get me that apple(给我去摘那个苹果),或者说 I was just wishing I had an apple(我真希望有个苹果)等等。这类可能的说法几乎是无穷无尽的。这种无限大的可变性引起了有关人类行为,包括言语在内的两种理论。

心灵主义的理论是一种老早就陈旧了的理论,可是一般人的观点以及科学家中间还仍然流行。这种理论的设想是,人类行为之所以有可变性,是由于某种非物质因素的参与,也就是每一个人内在的精神,意志或者心理(希腊文 psyche,因此有 psychology"心理学"这个术语)的参与。根据心灵主义的观点,这种精神和物质的东西是完全不同的,因而它所遵循的是另外一种因果律,或者根本没有。琪儿是否要说话,她要说什么话,乃是决定于她的心灵或者意志的某种活动,而心灵或者意志并不遵循物质世界的程序(因果序列),所以我们无法预言她的行动。

唯物主义的(更恰当地说,机械主义的)理论的设想,认为人类行为,包括语言在内,之所以有可变性,是由于人体乃是一个非常复杂的体系。根据唯物主义的观点,人类行为是因果序列的一部分,恰恰就和我们在物理或化学研究中所观察到的一样。然而,人体是如此复杂的一个结构,哪怕是相当简单的变化,譬如说,来自红苹果的光波射到视网膜上,都能引起很复杂的连锁反应,而身体状态只要有一点点差异,就会对光波的反应大不相同。假如我们想要预言一个人的行动(例如,某个刺激是否将会使他说话,假如要说话,说的又是什么),我们就要知道当时他的身体结构,或者换句话说,知道在早期——譬如说在出生时或是出生前——他的机体结构是怎样的,然后还要有这个机体后来发生的每一个变化的记录,包括影响过这个机体的每一个刺激的记录。

人体中掌管这细微而易变的调节作用的器官,是神经系统。神经系统是一个很复杂的传导机构,它能够使身体某一部分所发生的变化(譬如说眼睛所受的一个刺激)引起其他部分发生变化(譬如说,伸出手臂或者使声带和舌头活动这一类的反应)。此外,我们也很清楚,神经系统由于本身传导的过程而引起暂时改变了,甚至永远地改变了:我们的反应很大一部分是决定于我们早期如何对待同样或类似的刺激。琪儿是否说话,主要决定于她对苹果的喜爱以及过去对杰克的经验。我们有记忆,于是养成了习惯,并有了经验。神经系统显然是一个开动机:很小的一点变化,可能像一根火柴那样,点燃了一大仓库的爆炸物。就拿我们感觉兴趣的那个例子来说吧,只有采取上述的观点,才能说明为什么像杰克摘苹果那样大规模的活动,因声波轻轻弹击一下鼓膜这样小小的变化而发动起来。

神经系统的活动,从外部是观察不到的,本人也没有感觉器官(像感觉自己手上肌肉活动那样的器官)来观察自己的神经如何活动,所以心理学家只有依靠间接的方法来研究。

2.7 有一种间接研究方法叫做实验法。心理学家把好些人放在最简单的情况下,予以事前经过周密安排的刺激,把他们的反应记录下来。他往往也要求这些人"内省"——就是要他们尽量描写受到刺激时自己身体内部的活动情况。在这儿,心理学家往往由于缺乏语言学的知识而迷失了道路。有人认为语言能够帮助一个人去观察他根本没有感觉器官去掌管的东西(例如他自己神经系统的活动),这是错误的。在说明内部活动时,被试者的唯一的长处是可以说出外人所觉察不到的刺激——譬如说,眼睛疼或者喉咙痒。就是在这方面,我们也决不可忘记,语言来自训练和习惯,一个人可能只是因为言语习惯缺乏某种表达方式,便说不出某些刺激来;在我们做一些用处很少的尝试,例如叫人说出内部器官的小动作的时候,就是如此。人体结构本身往往就会使我们报告失实:我们告诉医生,什么地方感到疼痛,可是医生却发现伤处是在另一个地方,根据经验，他会在听到我们的错误的报告之后，立刻指出真正有病的地方来。在这方面，许多心理学家搞错了：他们真的训练被试者使用一套术语来描写不明确的刺激，接着就相信被试者如此使用这些术语是有意义的。

语无伦次这个不正常的情况，似乎反映出一般机体失调或者受伤，由此多少可以看出语言的具体机制来。有话说不出，多次重复第一个音素或一个音节可能是由于大脑两半球不完善的分工。正常的说话人的大脑左半球（或者是大脑右半球，假如他是"左撇子"的话①）控制比较细致的动作，如言语行为；可是害这种病的人，他的大脑左半球的专业化是不完善的。在语言器官并无缺陷的时候，如果有些具体语音发得不好（结结巴巴，发音不清楚），似乎也是因为同类的机体失调产生的。头部受伤，脑子因病受损，往往会引起失语症（aphasia），在以言语作反应和对言语起反应时会发生障碍。海德（Henry Head）医生曾经有过非常好的机会研究伤兵失语症，把它分为四个类型：

第一类：病人对别人的言语能很好地反应，一些较轻的病例，能把词用于适当的事物，但是发音发错了或者说得词语颠倒；严重的病例几乎只能说 yes（是）和 no（不是）。有一个病人曾经比较吃力地说过这样一段话："我知道这不是……正确的……发音……我常常不去……corret②（纠正）它……因为我得改正五六次……除非有人替我说出来。"有一个人病情比较严重，人家问他的名字，他回答说，Honus，因为说不出 Thomas，又把 first（第一）说成 erst，把 second（第二）说成 hend。

第二类：病人听到简单的言语时反应得比较好，能说出适当的单词和短语，但不是按照正常的句子结构来说；他可能说出一种人家听不懂的话，但每个词都说得很正确。人家问："你作了些什么游戏？"病人回答说："作游戏，是的，作了一个，白天，花园"。接着说："出去，躺下，去睡觉，有的时候走开。假如坐在厨房里，跑来跑去工作，使我越来越糟。"他又发表意见说："怪事儿，这么糟，那类的事。"为了说明他的意思，他又写下了 as 和 at 这两个词。本书下文还要谈到，正常的语言结构要求我们把词汇方面和语法方面的话语习惯区别开来；可是这些病人的语法习惯被搞乱了。

第三类：病人对事物名称反应困难，对寻找适当的词，特别是事物的名称，也有困难。他们的发音以及词的配列是对的，不过，有些词找不到，不得不用些巧妙的转弯抹角的说法来代替。有一个病人把"剪刀"说成

---

① "左撇子"指的是习惯于用左手做事的人。——译者
② 应该说 correct，但是病人只能说 corret。——译者

"你用它剪东西的那个玩意儿;"他说不出"黑"这个词,要说:"死了的人——其他的人不是死人,有这种颜色"。他可能错用词,把"扣子"说成"剪刀"。他记不得那些词,主要是具体事物的名称。这种情况很像许多正常的人,特别是在出神、激动或者疲乏时想不起人的名字和事物的名称那样,但是严重得多。

第四类:病人往往对于他人的言语不能正确地反应;对单词发音没有困难,但是不能说一句连贯的话。有一点很重要,那就是这些病人都患有失动症(apraxia)①;他们不会认路,如果把他带到马路对面,他就搞糊涂了。有一个病人说:"我好像没懂你说的什么,以后我又忘了我该做什么了"。另外一个病人说:"当吃饭的时候,譬如说我想拿牛奶罐,我要很慢才能拿到手。我一下子看不清。……我什么都看得见,但是看不准什么东西放在什么地方。当我要盐、或者胡椒、或者匙子的时候,我便突然冲到跟前去。"言语机能失灵也表现在一个病人的回答里:"喔,是的!我分辨得出护士和修道女,因为衣服有差别:修道女的衣服是蓝的,护士——哦!我弄糊涂了,就是一般护士的衣服,白的、蓝的……"。

自从 1861 年布洛卡(Broca)指出大脑左半球第三额回②受伤会引起失语症以来,就有人争论"布洛卡中心"和其他大脑皮层区是否专司言语活动的中枢。海德(Head)医生发现,大脑各处受伤和上述那四类失语症的每一类都有相互关系。大脑皮层区分各有功能,可以用实验来证明,这些功能总是和某些特殊器官有关的:大脑的某个区域受了伤,跟着右脚就瘫痪了;另一个区域受了伤,跟着左侧眼球网膜虽受到刺激也不起反应了;如此等等。可是,言语是一种非常复杂的活动,其中每一种刺激都导致喉咙和口腔十分专门的动作;而从生理学看来,喉咙和口腔并不是什么"言语器官",从生物学来说,这些器官老早就对人和不会说话的动物都有用处。因此,虽然神经系统受了各种伤害都会妨碍言语,而且各种不同的伤害会造成各种不同的言语困难,但是大脑皮层的各部分和具有特殊社会意义的言语特点,例如词或者句法,二者之间确是没有什么相互关系的。人们寻找各种"言语中枢",结果是众说纷纭而且互相矛盾,这就可以证明我们的论点。如果生理学家研究大脑皮层的不同部分和言语引起的特殊生理活动,如某些肌肉的运动或者由喉头和舌头的神经末梢传来的

---

① 失动症是动作能力(如使用操纵东西的能力)丧失或者受损,但不是瘫痪。——译者
② "第三额回"是生理学名词,指大脑的一部分,与脑神经控制语言机能有关,即大脑中的语言中枢区域。——译者

运动刺激,其间有什么相互关系,我们是希望他有一较大的成果。可是用解剖的定义确定下来的神经系统某些部分,和用社会学定义确定下来的人类活动,要在这二者当中寻找什么相互关系,那是错误的,这只要看一下某些生理学家如何寻找专司读书写字的"文字视觉中枢"便可以知道。这种研究白费力气,正如想寻找专司打电报、开汽车或者使用某种现代新发明的工具的特殊大脑中枢一样。从生理学上来看,语言并不是一个机能单位,而是包括各式各样的活动的,这些活动之所以能够构成一个包罗万象的习惯的复合体,是由于人在幼年生活中屡次受到刺激才积累形成的。

2.8 另一种研究人类反应的方法,是在群众中进行视察。某些行为在个人是变化无常的,但是在一大群人中间却几乎是经常不变的。我们无法预言某一个未婚的成年人是否将要在一年内结婚,或者哪一个人将要自杀,或者谁将会关进监狱。但是在一个相当大的社群里,假如有了过去几年的数字(或者还有某些其他的材料,如有关经济条件的材料等),统计学家就可以预先估计结婚、自杀、犯罪的人数,等等。假如我们认为可能而且值得去记录一个大社群里的每一句话语,那么毫无疑问我们将能够预言,像"早安","我爱你"或者"桔子今天价钱多少?"等这类的话语,在若干天内会说多少次。这一类详尽的研究将会告诉我们很多东西,特别是每一种语言经常有的各种变化情况。

在群众中研究人类行为,另外还有一种比较简单的方法:习俗行为的研究。当我们到了一个陌生的国家时,我们很快就学到了许多常规行为方式,如币制、度量衡、交通规则(像美国和德国那样靠右走呢?还是像英国和瑞典那样靠左走?)、礼貌、用膳时间等等。旅行者并没有进行统计:只要观察几次就能找到门路,根据进一步的经验,他又可以把自己的观察加以肯定或者校正。在这个问题上,语言学家很幸运:在社群行为当中,没有什么东西能像语言形式那样有严格的标准。广大的人民都是从同一套词汇和语法结构中取材,组成自己所有的话语。所以语言学家不用统计学就可以描写出一个社群的言语习惯。自然啰,他必须一丝不苟地工作,尤其要记下他所能发现的每一个言语形式。他不能指望读者的常识来帮忙,或是借助于其他语言的结构,或者照搬某些心理学的理论,偷懒不干上述的工作;而最重要的是,他决不可以根据自己的见解,认为说话人应该说什么,便把事实分别取舍或加以歪曲。这种切切实实,不带偏见的描写,除了在语言研究方面有其实质的价值,还可以作为心理学上十分重要的文献资料。这儿的危险在于心理学上心灵主义的观点,它可能引诱观察者不去报告事实而去信赖纯然是精神方面的标准。例如,有人说若干词合起来便"觉得"这些是复合词,只有一个强重音①(例如 blackbird 与 black bird 对比)。这等于没有说明什么问题,因为我们没有办法决定说话人"觉得"的是什么;观察者的任务是根据某种具体切实的标准,假如没有这种标准,就列出一个表,告诉我们那些词的组合在发音时只有一个强重音。一个接受了心理学上唯物主义假设的工作者是不会上当的;我们不妨说,所有观察人类某种特殊类型的行为的科学,和语言学一样,可以规定一条原则,那就是工作者必须完全像个采取唯物主义观点的人那样来进行工作。这种实际的效果,就是科学的唯物主义最强有力的论据之一。

进行群众性观察的人,可以给我们提供关于一个社群语言习惯的说明,但是不能告诉我们这个社群的语言经历了什么变化那些变化,只能在相当长的时期用真正的统计方法进行观察,才能看得出来。因为没有这样观察,那么我们对于有关语言变化的许多情况,便一无所知。然而就在这一方面,语言科学也是幸运的,因为采用比较语言学以及地理语言学的研究方法,再加上通过在群众中的观察,都提供了很多我们本来只能指望从统计获得的材料。在这些方面,语言学之所以幸运,是因为语言乃是我们的社会活动(也就是人类特有的活动)中最简单和最基本的活动。可是在另一方面,语言变化的研究却多亏发生了一种纯偶然的事情,就是过去的言语留下了文字记录。

2.9 引起言语的那些刺激,也可以引起其他的反应。这些反应有些是从外面看不到的,如肌肉和腺的活动;这些反应,对说话人的同伴是没有直接重要性的。另外一些反应是重要的操作性反应,如自己走动或是移动物品。还有一些反应是看得见的,但没有直接重要性;这些反应并不改变事物原有的状态,但是和言语一起刺激着听者。这些行动是面部的表情,模仿动作,声音的调门(不在语言习惯所规定的范围内的),随便抚弄些什么东西(如玩玩橡皮带子),可是最重要的是手势(gesture)。

手势伴随着一切言语;说话的人使用哪些手势,使用多少,人各不同,但是在很大程度上是受社会习惯的制约。意大利人使用手势比说英语的人多一些;在我们文明社会里,上等人用手势最少。在一定程度上,个人的手势也按照社会习惯,不同的社会集团所用的手势各不相同。在告

---

① 一般语法学家说:blackbird(八哥)是一个复合词,所以只有一个强重音,念[ˈblækbəd]; black bird(黑鸟)是一个词组,所以有两个强重音,念[ˈblækˈbəːd]。——译者

别的时候，我们摆手是手心向外；那不勒斯人（Neapolitans）①则手心向内。

大多数手势不过是指点和比画。美国平原地带或者森林地带的印第安部落，讲故事时使用各种不很明显的手势。我们虽不熟悉这些手势，但很容易理解。手放在眼睛下面，掌心朝内，大拇指竖起来，表示侦察；一拳打到掌心里，表示开枪；两个手指头模仿人走路，四个指头代表马跑。甚至当手势是象征性的时候，意义也可以一望而知，譬如指指背后，便表示这是过去的事。

有些社团有一种手势语，偶尔也用来代替言语。这种手势语，在那不勒斯人的下层社会中，在特拉比斯特教会（Trappist）的修道士中②（他们发誓不说话），在我们美国西部平原的印第安人中（当语言不同的部落彼此通商或交战的时候），以及在一些聋哑人中，都已经观察到了。

这一点似乎可以肯定：上述各种手势语，只不过是由一般手势发展而成。不论是哪一种复杂的或者不能直接了解的手势，都是建立在一般言语习惯的基础上的。甚至像指指背后表示过去这样一种明显的转化，也可能是由于"在后面"和"在过去"在语言习惯上是用同一个词表示的。不管语言和手势的起源是什么，手势久已在语言的支配之下，起着配角的作用，因而再也没有什么独立性的迹象了，据说有这么一些种族，他们的语言是如此贫乏，不得不用手势来弥补其不足，这是纯粹的神话。毫无疑问，动物用发音器官发出的声音，由此而产生了语言，这种发出声音发源于一种反应活动（例如横膈膜的收缩，喉咙的紧张）碰巧就产生了音响。然而，在有了进一步发展以后，语言总是跑在手势前头，这似乎是肯定的。

假如做手势的方式是移动某个东西，在另一个东西上面留下痕迹，这便是开始做记号和图画了。这种反应有个好处，它留下了经久不变的标记，可以屡次刺激别人，甚至于过了一段时间还能作为一种刺激，而且可以送到远处去刺激别人。无疑是由于这个原因，许多人以为图画除了有美学价值以外，还另有一种魔力。我们至今还认为图画有美学价值。

在世界上的某些地方，图画已经发展成为文字。这一过程的详情如何，下文再说；这儿我们所关心的是画图画这么一种行为，变成了语言的附庸；画出某些线条，变成了说出某个语言形式的附属品，或竟成为其代

---

① 那不勒斯人，是意大利南部的一个海港"那不勒斯市"（Naples）的居民。——译者

② Trappists是天主教的一派，1660年在诺曼底（Normandy，法国西北一个省份）的La Trappe寺院中创立，其教规极为严肃。——译者

用品。

　　用某些看得见的记号来代表某些言语形式,这个办法大大地增加了语言的效用。说话的声音只能在短距离内,在一瞬间听到。文字记录却可以带到任何地方而且长期保存。在同一个时间内,我们能看到的东西,比能听到的要多些。而且我们比较善于处理可见的东西:标图、图解、算式以及类似的方法,使得我们能够处理一些很复杂的问题。远处的、特别是过去的人的言语刺激,可以通过文字传给我们。这就使得知识的积累成为可能。科学家(但一般业余者并不一定这样)综览前辈学者的成就,从他们的终点开始努力前进。科学并不是总是从头做起,而是日积月累地一步步往前,越走越快。有人曾经说过,我们最有天才最专门化的人的言语反应越来越多,保留下来的记录也越来越多,我们就接近了一种理想的境界,那时,整个世界过去、现在和将来的一切事物将会压缩成为只有一座大图书馆那么大的体积,(这是任何读书人都一看就能明白的象征的说法)。怪不得印刷术的发明,使文字记录版本的数量可以随心所欲地、无限制地增加,在我们生活的各个方面都引起了革命,几百年来一直如此,目前仍然还在全盛时期。

　　我们没有必要详谈其他记录、传递和复制言语的手段的重要性,如电报、电话、留声机、收音机等等。这些在语言较简单的用法方面的重要性是显而易见的,如船只失事时使用无线电报。

　　归根到底,凡是增加语言生存能力的东西,都有一种虽非直接但是更为广泛的影响。甚至并不引起任何具体直接反应的言语行为,都可以改变听者的习性,使他作进一步的反应,例如一首美丽的诗便可以使听者对以后的刺激更加敏感。人类反应的普遍改善和加强,要求大量地用语言来相互作用。教育或者文化,或者不管它叫什么,都要依靠大量言语的复制和出版。

第五节　选读主要参考文献

1. 布龙菲尔德,1980,《语言论》(第一版),袁家骅、赵世开、甘世福译,钱晋华校,商务印书馆。
2. 冯志伟,1999,《现代语言学流派》(修订本),陕西人民出版社。
3. 赵世开,1990,《国外语言学概述——流派和代表人物》(第一版),北京语言学院出版社。
4. 刘润清,2002,《西方语言学流派》(第二版),外语教学与研究出版社。

第六节 选读思考题

1. 布龙菲尔德提出了怎样的语言行为模式？它与当时盛行的行为主义有什么联系？
2. 结合布龙菲尔德关于言语习得的论述谈谈该课题的目前研究进展。
3. 如何区分自由形式与黏附形式？
4. 语言形式一般有哪几种配列方式？
5. 布龙菲尔德运用什么方法分析句法结构？请结合汉语实例谈谈这种分析法有什么优点和不足？
6. 布龙菲尔德认为选择法素对句法有什么重要性？
7. 比较布龙菲尔德提出的"形类"与词类的区别。

第四章

乔姆斯基《最简方案》

外文书名:*The Minimalist Program*
作者外文名:Noam Chomsky
出版社:Cambridge,Mass:The MIT Press
出版时间、版次、城市:1995 年,第 1 版
摘选及撰稿:冯志伟　刘俊莉

第一节　作者及有关学术背景

一、作者简介

诺姆·乔姆斯基(Noam Chomsky,1928—　),美国语言学家,生成语法的创始人,同时也是美国当代重要的哲学家、左翼政治批评家。1928年12月7日生于美国费城的一个俄罗斯移民家庭。1945—1950年,乔姆斯基就读于宾夕法尼亚大学并开始从事语言学研究,1955年获语言学博士学位,29岁时以《句法结构》一书开创生成语法学而一举成名。自1955年秋始,乔姆斯基任教于麻省理工学院,历任该校语言学与哲学系主任,该校认知科学研究中心主任,是该校十名学院教授之一。美国芝加哥大学、芝加哥洛约拉大学、英国伦敦大学都曾授予他名誉博士学位,并多次受邀至世界各地讲学。乔姆斯基于1949年12月24日与现为哈佛大学教授的卡洛·斯卡兹(Carol Schatz)结婚,育有两子。

乔姆斯基是一位具有创新和探索精神的语言学家,同时也是一位具有多方面成就的学者。父亲威廉·乔姆斯基(William Chomsky)是一位希伯来语学者,并以纽约犹太知识分子团体中的社会主义和无政府主义者

知名。乔姆斯基人生中的两大主导方向——语言学与政治都与他父亲的影响有关。乔姆斯基早年在宾州大学攻读数学和哲学,这为他后来运用逻辑学和数学的相关知识来描绘自然语言打下了基础,其后师从结构主义大师泽林·哈里斯(Zeling Harris)学习结构主义语言学,早期研究以希伯来语语法为研究对象,但在运用结构主义的描写模式时,他发现结构主义那种以分布为根据的分类法和发现程序难以做到对一种语言的全面描写,在硕士论文《现代希伯来语语素音位学》中,他将语法规则以数理的方式形式化,并将各种规则按运用的顺序排列,形成一个严密的操作系统,从而顺利地描写了希伯来语的全部句子结构。这个操作系统就是日后转换生成语法的雏形。①

1951—1955年,他以青年学者的身份去哈佛大学进行客座研究,其课题就是研究如何改进结构主义的研究方法。1953年,在前往欧洲旅行途中,他意识到语言作为一个高度抽象的、能产的现象,因此要将结构主义语言学形式化的努力是不可行的,他决定创立与结构主义完全不同的语法体系。1955年完成博士论文《转换分析》。1956年乔姆斯基在《信息论杂志》上发表了《语言描写的三个模型》,在语言学的历史上首次采用马尔可夫模型(Markov model)来描写自然语言,对于有限状态模型、短语结构模型和转换模型等三个模型,从语言学和数学的角度进行了理论上的分析,建立了形式语言理论,具有划时代意义。1957年,乔姆斯基将自己的新理论整理成书,用通俗的方式加以叙述,交由荷兰慕通出版社出版,书名叫做《句法结构》(*Syntactic Structure*,Mouton & Co.,Sgravenhage,1957. 中译本,《句法结构》,邢公畹、庞秉钧、黄长著、林书武译,中国社会科学出版社,1979年),这本小书成为了生成语法学的开山之作。在这本书中,乔姆斯基提出了全新的语言学理论和方法论,全面挑战当时占主流地位的结构主义语言学,迅速在语言学界引起巨大反响,其理论的新颖性、先进性和科学化追求吸引了大批青年学者的加入,麻省理工学院也由此成为生成语法的阵营,短短几年之内生成语法学迅速取代了结构主义语法学的主流位置。乔姆斯基的形式语言理论除了用于描述自然语言之外,也可以用于描述计算机的程序语言,成为了计算机科学重要的理论基石。1959年,乔姆斯基在《信息与控制》杂志上发表了《论语法的形式特性》(On certain formal properties of grammars,

---

① 有关生成语法学理论的发展历程部分参照石定栩《乔姆斯基的形式句法——历史进程与最新理论》,北京语言文化大学出版社,2002年。

Information and Control, 2:137—176, 1959)一文,对于形式语言理论从数学的角度做了更加严格的描述。

1965年,针对生成语法发展过程中暴露的问题,乔姆斯基写出了生成语法早期的经典之作《句法理论的若干问题》(*Aspects of the Theory of Syntax*, Cambridge:MIT Press, 1965),建立了完整的生成语法的理论体系和操作方法,由此将生成语法学引向60年代末的繁荣阶段,并带动了整个美国语言学的发展和繁荣,美国各大学纷纷设立语言学系,硕博研究生人数也成倍增长,语言学作为一门独立学科的地位由此得以确立。《句法理论的若干问题》带来了生成语法研究的黄金时代,但该理论框架隐含的重大问题也导致生成语法学内部发生了分裂。60年代后期,一群青年生成语法学家打起了生成语义学的旗号攻击以乔姆斯基为代表的"标准理论"(Standard Theory),并在短短几年之内便形成相当大的声势,严重威胁到生成语法的存在。生成语义学虽然整体上看提出了不少有价值的问题和观点,但其主导方向是立足于《句法理论的若干问题》中存在问题的哲学基础——凯茨-波斯塔假设(Katz and Postal 1964),并将之推向极端,而于同期从生成语法阵营分裂而来的菲尔墨的格语法和原是乔姆斯基学生的罗斯提出的模糊语法,也都存在着类似的弱点和问题。面对生成语法阵营大乱、形势危急的局面,乔姆斯基仓促应战,反击生成语义学的同时,也将生成语法学带入扩展的标准理论(Extended Standard Theory,简称EST)时期,借以力挽狂澜的是三篇论文:《关于动词名物化的一些看法》(1970)、《深层结构、表层结构及语义说明》(1971)和《转换的必要条件》(1973),在批驳了生成语义学的理论观点的同时,修正了有关语义的观点,并提出了对后来的生成语法研究影响深远的语杠理论、广义转换限制条件和语迹等概念。乔姆斯基以此保住了生成语法学的基本阵营,经过大浪淘沙后的生成语法学派进入了在70年代相对平稳的发展期。

70年代中后期,乔姆斯基在深化生成语法理论的种种尝试中,逐渐呈现向原则和参数时期过渡的倾向。在大的发展方向渐趋明朗的前提下,这一阶段乔姆斯基尝试构拟的理论并不成熟,整个生成语法学也处于重大变革前的朦胧状态,这一时期被称为经过修正的扩展了的标准理论时期(Revised Extended Standard Theory,简称REST),乔姆斯基主要以《语法规则的必要条件》(1976)、《论WH-移动》(1977)及与拉斯尼克合写的《过滤器及控制》(Chomsky and Lasnik, 1977)来展现他对生成语法学新的思考和调整。一个日趋明确的根本性变化是由对转换过程的限制转为对转换结果的限制,这是生成语法前后期研究重点的重大分野,限制对象的改变伴随着转换方式的改变,既然重点转为对转换后结构合法性的判断与控制,那么如何转换就不再重要了,所以前期的种种转换条件限制规则都归结为一条万能转换规则:移动-α,即想怎么转换就怎么转换,实际上就是放弃对转换本身的限制,只要结果合格就行,这就为规则的抽象化和概括性提供了切实可行的方向,使普遍语法(Universal Grammar,简称 UG)的规则和原则的追求成为可能。另一显著变化是语义变得越来越重要,句义须经语义规则的作用才可形成。

在 70 年代末生成语法低潮期,由于生成语法缺乏强有力的新的核心理论,生成语法阵营再一次出现分裂,产生了比前一次分裂更为成熟也更具影响力的诸多学派,如广义短语结构语法、关系语法和词汇功能语法,面对比前一次分裂更强有力的挑战,乔姆斯基并没有放弃对理论革新的追求,竭力开创新的理论模式。1979 年乔姆斯基受邀在意大利比萨举行的学术会议上作了一系列的讲座,展现已经完全成熟和完整的新的理论体系,这就是语言学史上常常提及的比萨讲座。经整理后出版的《管辖及约束论集》(*Lectures on Government and Binding*, Dordrecht: Foris, 1981)对生成语法理论的贡献较开山之作《句法结构》和巅峰之作《句法理论的若干问题》有过之而无不及,它标志着近期理论的第一阶段——管辖及约束理论的确立。乔姆斯基以这一理论迅速结束了生成语法的战国时期,并将生成语法的影响力第一次扩大至欧洲,这一理论展示的强大解释力和给予不同研究者广阔的发展空间是生成语法真正达到一统天下的原因。乔姆斯基以粗线条的几条原则(主要由八个理论模块来体现)为主体,将不同语言中的不同句法现象归为参数,发现和总结不同语言中的参数值成为不少语言学家们研究的目标,也从另一个角度为语言类型学提供了新的分析手段。

管辖和约束理论自 80 年代起给生成语法学带来了十几年的繁荣期,但乔姆斯基仍致力于改进已有的体系,以建立"完美的句法理论",生成语法由此进入了近期的第二阶段——最简方案(Minimalist Program)。乔姆斯基并不以"理论"名之,是因为他认为自己新的探索还未成熟到可以名之为理论的地步。此阶段乔姆斯基的代表作品是《光杆短语结构》(*Bare phrase structure*, Oxford: Blackwell, 1995)和《语言学理论的最简方案》(*Minimalist Program for Linguistic Theory*, Cambridge: MIT Press, 1995),此阶段初期,乔姆斯基即提出了经济性为基本指导方针,即所有的原则、表达式和运算过程都应符合最省力原则,并假设普遍语法的规则一定最省力,而个别语言所特有的规律则为不省力的部分。最简方案是原则与参数时期的最新阶段,其变革之大几乎使之前的生成语法面目全非。首先,最简方案简化了语法系统的构成,认为任何语法系统都只有语音形式 PF 和逻辑形式 LF,分别代表发声—感知系统(articulatory-perceptual,A-P)和概念—意向系统(concetual-intentional,C-I)。其次,最简方案大大简化了句法运作的过程,将之分为词库和运算系统两部分,并以经济性原则来主导运算过程,以"简化"后的系统为核心框架,乔姆斯基对最简方案的探索和改进代表着生成语法的最新动向,也代表着乔姆斯基追求极度概括又极度简单的完美句法的决心。目前,生成语法仍在继续发展中。

乔姆斯基在结构主义的基础上提出了比结构主义更为先进的语言观。他对具有生成能力的先天语言能力的研究,代表了语言学研究的一个恒久的方向。而以解释力为目标、普遍语法为对象的语法研究在深化语言学研究的同时,也将语言研究变为一项富有生命活力的事业,并触发和影响了相关的语言学和应用语言学研究,诸如功能、认知、心理语言学和语言类型学、第二语言教学和计算语言学,影响力之广是空前的。

乔姆斯基是明显改变语言学学科性质和地位的语言学家,他对语言学所作的探索和努力赋予了语言学可形式化追求的科学外观,第一次确立了语言学作为一门独立的自然科学的性质,使语言学在 20 世纪六七十年代成为流行美国的热门学科,并深入人心。

乔姆斯基在人才培养上具有前瞻意识,培养了大批的语言学人才。在经费有限的情况下,他着重于青年学者的语言研究,并主张从数理、逻辑等别的学科中选拔有志于语言研究的人才。他培养的语言学人才在当代中青年语言学研究者中占很大比例,不仅生成语法学得以迅速发展得力于其在培养人才上的方针和努力,而且很多学生已另立门户,成为新的语言学流派的创始人(如模糊语法的创始人 Ross、词汇功能语法的奠基人 Bresnan、广义短语结构语法的奠基人 Gazdar 等),也与他的人才培养观和努力分不开。

乔姆斯基被誉为"语言学界的爱因斯坦",作为学者,乔姆斯基影响已远远超出了语言学界,是继索绪尔、雅可布逊之后语言学界对人类思想产生影响的又一杰出人士。其学说在哲学界、心理学界等多个领域都有相当大的影响。乔姆斯基是当代西方重要的哲学家,其哲学观是心理主义,但不同于笛卡儿的唯心心理主义,而认为心理的存在有其物质基础,即人的大脑。他的哲学观代表了美国 50 年代以来在自然科学领域盛行的理性主义思潮,其合理内核成为了生成语法研究先天语言能力的哲学认知基础。因而有学者断言,生成语法没有乔姆斯基不仅会失去其现有魅力,而且也将不复存在。

乔姆斯基一直对政治抱有浓厚的兴趣,除了语言研究之外,他将主要精力投入政治活动中。他是著名的左翼社会评论家和政治活动家,不同于他在语言学上观点的日新月异,他的政治立场始终是恒定的。从1965年起,他就成为了美国对外政策最主要的批评家之一,并撰写了一系列相当有分量的政治著作。六七十年代他是反越战的重要领导人,也是与时贤萨伊德齐名的"公共知识分子"。近三十年来,乔姆斯基以其超人的识见和勇气揭露和鞭挞着美国国家权力的"粗暴、残忍和虚伪",被公认为"美国最伟大的异议分子"和"美国人的良心",并成为了反对美国新自由主义的领袖人物,正因为如此,他一直被美国的主流媒体排斥。近年来,就科索沃问题、"9·11"以后美国的全球战略及至美国入侵伊拉克等问题,他都发表了与西方主流媒体迥异的看法,表现出令人钦佩的道德力量和理性风范。不过,乔姆斯基一贯认为,他所从事的语言学研究与政治活动之间没有任何的联系。

二、生成语法学派概述

（一）地位及影响

当今语言学研究分为两大主导倾向:形式句法和功能语法。形式句法是生成语法的后续,功能语法内部虽有不同支派的区分,但总体上都深受生成语法的影响,只是形式句法强调从语言内部解决语言问题,功能语法强调结合语言外因素,生成语法无疑是语言学史上影响最为深广的语言学理论。

生成语法诞生于50年代末的美国,作为当代语言学最重要的语法理论,它的出现带来了一场公认为划时代的语言学革命,并在几年间取一统天下的结构主义语言学而代之,近五十年来,生成语法学发展虽有起落,但其语言学主导流派的地位一直未变,一种语法理论的兴盛最重要的不是天时、地利和人和因素,而是理论本身的生命力,而这种生命力则来之于语言学家的创造力。生成语法学便具备这种生命力和创造力,它不但改变了语言学的面貌和地位,在语言学发展史以突变的形式创造了一次飞跃,将语言学变成了真正的科学,而且给语言学带来了生机和活力,并广泛触发了相关学科诸如哲学、心理学、计算机科学、第二语言教学的发展,并形成了一批新兴的边缘学科,诸如心理语言学、计算语言学。

(二) 理论特点

生成语法学的巨大影响源自其理论的先进性,突出表现在理论和研究方法两方面。

理论上生成语法的创新点在于追求具有解释力的语法,并提出以研究人脑中潜在的先天语言能力和机制为突破口,认为切实可行的途径便是找出存在于不同语言中的共同规律——普遍语法,原则与参数已发展成一套行之有效的系统、严密而简明的分析体系。另一理论上的突破在于将句法过程区分出"生成与转换"两个阶段,并赋予这两个阶段以不同的作用,这种明确的阶段性区分使句法研究真正变成了可明确操作的科学。

在方法论上,不同于之前的结构主义语法从事实中发现规律的归纳法,生成语法学以演绎法作为基本的推导方式,以验证假设的形式探求语言最本质的内核,这种方法论上的逆转对已经发展到极致的结构主义语法学无疑是一个突破。而在表述方法上,生成语法以鲜明的自然科学的表述风格风行于世,复杂的推导和数学公式般的表述迥异于以往的语言研究,是生成语法学力求科学的又一表现。

得益于天才的中坚人物乔姆斯基及众多追随者的努力,生成语法学得以生生不息,以多变求新的姿态,勇于自我否定的形式展现这一语言学流派强劲的生命活力。

(三) 发展阶段

生成语法学是一个正在行进中的学派,其发展大致经历了两个时期和五个阶段。分期的标准固然是其理论面貌的阶段性差异,而由于灵魂人物乔姆斯基对学派的绝对影响力,其论著成为生成语法学分期的真正标志。

1. 前期 标准理论时期(Standard Theory)
   1) 第一阶段(1957—1965):第一语言模式时期(the first linguistics model),通常称为"古典理论时期"(classical theory),代表作是《句法结构》(*Syntactic Structures*)(1957)。
   2) 第二阶段(1965—1970):标准理论时期(standard theory),代表作是《句法理论的若干问题》(*Aspects of the Theory of Syntax*)(1965)
   3) 第三阶段(1970—1979):修正后扩充标准理论时期(revised extended standard theory),代表作有《关于动词名物化的一些看法》(1970)、《深层结构,表层结构及语义解释》(1971)和《转换的必要条件》(1973)。
2. 近期 原则和参数方法时期(Principles and Parameters)

1) 第一阶段(1979—1993)：管辖和约束理论时期(the theory of government and binding)，代表作是《管辖和约束论集》(*Lectures on Government and Binding*)(1981)和《管辖及约束理论的一些要领和影响》(1982)。
2) 第二阶段(1993—现在)：最简方案时期(minimalist program)，代表作是《语言学理论的最简方案》(1995)、《光杆短语结构》(1995)。

(四) 代表人物和刊物

生成语法学的发展自有其特点，由于经历了几次大分裂，加上学派理论本身的多变，其代表人物也呈现阶段性更替，而由始至今能够代表生成语法的正宗的唯有乔姆斯基，其他代表人物多为乔姆斯基的学生，且多于中道分离出生成语法阵营自立门户，无论学术影响、倾向和地位都无法与乔姆斯基比肩而立，早期代表人物有：卡茨(Katz)、波斯塔(Postal)、菲尔墨(Fillmore)、罗斯(Ross)等，中期以后的代表人物有：盖兹达(Gazdar)、布列斯南(Bresnan)等。

生成语法学有两份专业刊物：麻省理工学院出版的《语言学探索》(*Linguistic Inquire*)和荷兰出版的《语言学评论》(*The Linguistic Review*)。《自然语言与语言理论》(*Natural Language and Linguistic Theory*)上大多数文章是有关生成语法学的，《语言》(*Language*)中生成语法学论文占三分之一。

生成语法的诞生地和大本营是美国，自80年代始进入欧洲并产生巨大影响，荷兰和意大利是生成语法在欧洲的据点。①

乔姆斯基的《语言学理论的最简方案》是生成语法学近期第二阶段的代表作，写成于1992年，于1993年发表在Hale和Keyser编辑出版的论文集《来自20号楼的看法》(*The view from Buliding 20*)，后来于1995年收在《最简方案》一书中，作为该书的第三章。

三、语言学理论最简方案的哲学背景②

生成语法创立50年来，在句法理论模式方面经过几次重大的变化。

---

① 我国自1980年开始介绍和翻译生成语法学著作，利用生成语法学理论研究汉语尚处于摸索阶段，从事这方面研究的学者有黄正德、徐杰、沈阳等。

② 有关最简方案的哲学背景的进一步论述，可参看吴刚《生成语法研究》，上海外语教育出版社，2006年。

不停顿地向新的方向发展。在这样的发展过程中,赋予生成语法以生命活力的是生成语法的语言哲学理论。其中,最为重要的是关于人类知识的本质、来源和使用问题。

乔姆斯基把语言知识的本质问题叫做"洪堡特问题"(Humboldt's problem)。德国学者洪堡特(W. Humboldt)曾经提出"语言绝不是产品(Ergon),而是一种创造性活动(Energeria)",语言实际上是心智不断重复的活动,它使音节得以成为思想的表达。人类语言知识的本质就是语言知识如何构成的问题,其核心是洪堡特指出的"有限手段的无限使用"。语言知识的本质在于人类成员的心智/大脑(mind/brain)中,存在着一套语言认知系统,这样的认知系统表现为某种数量有限原则和规则体系。高度抽象的语法规则构成了语言应用所需要的语言知识,由于人们不能自觉地意识到这些抽象的语法规则,乔姆斯基主张,这些语言知识是一些不言而喻的或者无意识的知识。我们应当把语言知识和语言的使用能力区分开来。两个人拥有同一语言的知识,他们在发音、词汇知识、对于句子结构的掌握等方面是一样的。但是,这两个人可能在语言使用的能力方面表现得非常不同。因此,语言知识和语言能力是两个不同的概念。语言能力可以改进,而语言知识则保持不变。语言能力可以损伤或者消失,而人们并不至于失去语言知识。所以,语言知识是内在于心智的特征和表现,语言能力是外在行为的表现。生成语法研究的是语言的心智知识,而不是语言的行为能力。语言知识体现为存在于心智/大脑中的认知系统。

语言知识的来源问题,是西方哲学中的"柏拉图问题"(Plato's problem)的一个特例。所谓"柏拉图问题"是:我们可以得到的经验明证是如此贫乏,而我们是怎样获得如此丰富和具体明确的知识、如此复杂的信念和理智系统呢?人与世界的接触是那么短暂、狭隘、有限,为什么能知道那么多的事情呢?刺激的贫乏和所获得的知识之间为什么会存在如此巨大的差异呢?与"柏拉图问题"相应,人类语言知识的来源问题是:为什么人类儿童在较少直接语言经验的情况下,能够快速一致地学会语言?乔姆斯基认为,在人类成员的心智/大脑中,存在着由生物遗传而天赋决定的认知机制系统。在适当的经验引发或一定的经验环境下,这些认知系统得以正常地生长和成熟。这些认知系统叫做"心智器官"(mental organs)。决定构成人类语言知识的是心智器官中的一个系统,叫做"语言机能"(language faculty)。这个语言机能在经验环境引发下的生长和成熟,决定着人类语言知识的获得。语言机能有初始状态(initial state)和获得状态(attained state)。初始状态是人类共同的、普遍一致的;获得状态是具体的、个别的。语言机能的初始状态叫做"普遍语法"（Universal Grammar，简称 UG），语言机能的获得状态叫做"具体语法"（Particular Grammar，简称 PG）。对普遍语法 UG 的本质特征及其与具体语法 PG 的关系的研究和确定，是解决关于语言知识的"柏拉图问题"的关键。

乔姆斯基把语言知识的使用问题叫做"笛卡儿问题"（Cartesian problem）。基于机械论哲学的物质概念，法国哲学家和数学家笛卡儿（Descartes）认为，所有非生命物质世界的现象、动物的生理与行为、大部分的人类器官活动，都能够纳入物质科学（science of body）的范畴。但是，笛卡儿又指出，某些现象不能处于物质科学的范畴之内，其中最为显著的就是人类语言，特别是"语言使用的创造性方面"，更是超出了机械论的物质概念所能够解释的范围。所以，对于语言的正常使用，是人类与其他动物或机器的真正区别。为了寻求对于语言这一类现象的解释，笛卡儿设定了一种"第二实体"的存在，这种第二实体就是"思维实体"（thinking substance）。"思维实体"明显地不同于物质实体，它与物质实体相分离，并通过某种方式与物质实体相互作用。这一种"思维实体"就是心灵或者心智。语言知识的使用是内在于心智/大脑的，因此，对于这样的问题是很难解决和回答的。语言使用问题对于当年的笛卡儿来说是神秘的，目前对于我们而言也同样是神秘的。乔姆斯基认为，我们应当首先解决语言知识的本质问题和语言知识的来源问题，在这样的基础上，才有可能对于语言的使用问题进行有意义的探索。

乔姆斯基坚持认为，语言机能内在于心智/大脑，对语言的研究是对心智的研究，最终是在抽象的水平上对大脑结构的研究。因此，生成语法研究在学科归属上属于"认知心理学"（cognitive psychology），最终属于"人类生物学"（human biology）。它实际上应当叫做"生物语言学"（biolinguistics）。这是生成语法与其他任何传统的语言研究的根本区别。生成语法追求的目标，就是在理想化和抽象化的条件下，构建关于语言和心智的理论，它期待着与主体自然科学的统一，生成语法通过抽象的关于普遍语法、语言获得机制、所获得的状态以及语言与其他认知系统的关系的研究，不管好与坏、正确与错误，都是自然科学的组成部分。这就是生成语法"方法论的自然主义"（methodological naturalism）。生成语法的这种自然主义的研究与自然科学的研究，在本质上是完全一致的。乔姆斯基力图把对于语言、心智的研究以及对于大脑的研究统一在一个共同的理论原则之下，最后把它纳入自然科学的总体研究之中。

乔姆斯基主张,语言是语言机能或者语言器官所呈现的状态,说某个人具有语言 L,就是说他的语言机能处于状态 L。语言机能所获得的状态能够生成无限数目的语言表达式,每一个表达式都是语音、结构和语义特征的某种排列组合。这个语言机能所获得的状态是一个生成系统或者运算系统。为了与一般人理解的外在语言相区别。乔姆斯基把这样的运算系统,叫做"I 语言"。这里,字母 I 代表内在的(Internal)、个体的(Individual)、内涵的(Intensional)等概念。这意味着,I 语言是心智的组成部分,最终表现于大脑的神经机制之中,因此,I 语言是"内在的";I 语言直接与个体有关,与语言社团存在着间接的联系,语言社团的存在取决于该社团的成员具有相似的 I 语言,因此,I 语言是个体的;I 语言是一个函数或者生成程序,它生成一系列内在地表现于心智/大脑中的结构描写,因此,I 语言是内涵的。

根据这种对于 I 语言的认识,乔姆斯基指出,基于社会政治和规范目的论因素之上的关于语言的通常概念,与科学的语言学研究没有任何关系,这些概念都不适合于用来进行科学的语言研究。生成语法对于语言的科学认识是内在主义(internalist)的,而结构主义语法则是外在主义(externalist)的。结构主义语法研究的方法,是在广泛搜集语言材料的基础上,通过切分、归类、替换等程序,概括出有关语言的语法规则。这些结构规则存在于外部世界之中,外在于人类的心智/大脑。结构主义语法研究的方法是经验主义的方法,这种方法的基础是外在主义的语言观。乔姆斯基认为,根据结构主义语法的外在主义语言观,人们不能正确地认识和揭示人类语言的本质特征,不能解释人类语言知识获得的过程。只有内在主义的语言观才有可能正确地、全面地认识和解释人类语言知识的本质、来源和使用等问题。

乔姆斯基认为,生成语法的研究应当遵循自然科学研究中的"伽利略-牛顿风格"(Galilean-Newtonian style)。"伽利略风格"的核心内容是:人们正在构建的理论体系是确实的真理,由于存在过多的因素和各种各样的事物,现象序列往往是对于真理的某种歪曲。所以,在科学研究中,最有意义的不是去考虑现象,而应当去寻求那些看起来确实能够给予人们深刻见解的原则。伽利略告诫人们,如果事实驳斥理论的话,那么,事实可能是错误的。伽利略忽视或无视那些有悖于理论的事实。"牛顿风格"的核心内容是:在目前的科学水平下,世界本身还是不可理解的,科学研究所要做的最好的事情就是努力构建可以被理解的理论,牛顿关注的是理论的可理解性,而不是世界本身的可理解性,科学理论不是为了满足常识和直觉而构建的,常识和直觉不足以理解科学的理论。牛顿摒弃那些无助于理论构建的常识和直觉。因此,"伽利略-牛顿风格"的核心内容是:人们应当努力构建最好的理论,不要为干扰理论解释力的现象而分散精力,同时应当认识到,世界与常识直觉是不相一致的。

生成语法的发展过程,处处体现着这种"伽利略-牛顿风格"。生成语法的目的是构建关于人类语言的理论,而不是描写语言的各种事实和现象。语言学理论的构建需要语言事实作为其经验的明证,但是,采用经验明证的目的是为了更好地服务于理论的构建,生成语法所采用的经验明证一般是与理论的构建有关的那些经验明证。因此,生成语法研究的目的不是全面地、广泛地、客观地描写语言事实和现象,而是探索和发现那些在语言事实和现象后面掩藏着的本质和原则,从而构建解释性的语言学理论。所以,在生成语法看来,收集和获得的语言客观事实材料越多,越不利于人们对于语言本质特征的抽象性的把握和洞察。这是生成语法与当今广为流行的语料库语言学(Corpus Linguistics)的根本区别。

最简单主义(minimalism)是生成语法的一个重要原则。最简单主义可以分为"方法论最简单主义"(methodological minimalism)和"实体性最简单主义"(substantive minimalism)。方法论最简单主义是从一般性科学方法论的思想和概念出发的,实体性最简单主义是就研究对象本身而言的。

方法论最简单主义要求人们在科学研究中创建最好的理论,而好的理论的主要标准就是最简单性。这种最简单性的表现是:在科学研究中使用最小数量的理论原则和理论构件;最大限度地减少复杂性,消除冗余性,增加理论原则的抽象性和概括性;构建最简单的理论模式和最具有解释性的理论;寻求理论的对称性和完美性。

实体性最简单主义要求科学研究对象本身在设计和结构方面具有简单性、优化性和完美性。

在最简单主义的思想原则下,生成语法的理论构建过程是一个逐步抽象化、概括化和最简单化的过程。

在生成语法构建的早期,乔姆斯基就指出,虽然洪堡特(Humboldt)在很早就认识到语言的本质是"有限规则的无限使用",但是,由于当时缺少相应的技术手段,使得洪堡特的这种卓越见解难以得到很好的发展。现代数学和逻辑学的发展,为生成语法提供了有力的形式化描述手段,使得生成语法在表达形式上与其他自然科学研究取得了一致。

为了让大家了解乔姆斯基在生成语法创建早期对于这种最简单主义

的追求，我们在附录中收入了他于 1956 年发表在《信息论杂志》上的论文《语言描写的三个模型》，在这篇文章中，他使用了严格的数学形式化方法建立了语言描写的三个模型，有力地说明了乔姆斯基在生成语法研究的早期，就开始追求和探索语言研究的最简单主义了。因此，我们完全有理由可以说，乔姆斯基对于最简单主义的追求，从生成语法草创的时候就已经开始了。

乔姆斯基在生成语法研究的早期提出的短语结构语法的生成能力过强，常常会生成一些不合乎语法的句子，违反了最简单主义的要求，于是他提出了转换的方法，把研究的重点放在转换规则系统上，结果并没有达到简单化的目标，反而导致了规则系统更加复杂化，出于对最简单主义的追求，他便马上采取多种途径来限制和减少规则的数量，把生成语法的研究由规则的理论变为限制规则的条件理论；接着又由条件理论的研究发展到原则和参数方式的研究。

在生成语法的原则和参数阶段，乔姆斯基提出了语法规则系统。这个语法规则系统由词库（lexicon），句法（syntax），语音式（PF-component），逻辑式（LF-component）构成。与规则系统相对应，乔姆斯基还提出了普遍语法的原则子系统，包括 X-bar 理论（X-bar theory），界限理论（bounding theory），管辖理论（government theory），题元理论（θ-theory），约束理论（binding theory），格理论（Case theory）和控制理论（control theory）。在原则子系统的各种理论之间，存在着相互依存和相互作用的关系。

除了这些规则系统和原则子系统之外，原则和参数方式所研究和刻画的普遍语法模型中还有一些一般性的原则。其中最重要的是投射原则（Projection Principle），准许原则（Licensing Principle）和完全解释原则（Full Interpretation Principle）。这些一般性原则比原则子系统更加抽象，更加理论化。原则参数方式研究进一步限制以至于彻底取消了具有具体语言特征的语法规则，把必须具备的规则在数量上抽象概括并缩减到最低程度，并且给它们赋予普遍语法的特征和意义，用一般的原则来解释具体规则的应用。

这些原则具有普遍性，含有一些数值未定的参数，参数的数值由个别的语言来选择和决定。

乔姆斯基给出了如下的"Y 模式"图式，来说明语法的规则和运算的表现形式：

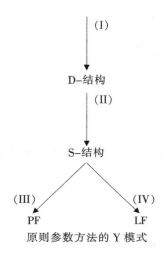

原则参数方法的 Y 模式

由于这个模式看起来像一个倒置的英文字母 Y,所以被称为"Y 模式"(Y-model)。在 Y 模式中,(I)表示语法基础部分的短语结构规则,(II)表示转换规则移动-α,(III)是音位规则,(IV)是逻辑规则。应用规则(I)生成 D-结构(D-structure);应用规则(II)生成把 D-结构转化为 S-结构(S-structure);应用规则(III)把 S-结构直接转化为语音表现形式 PF;应用规则(IV)把 S-结构转化为逻辑表现形式 LF。四个子规则系统的运算分别生成四个不同层次的表现形式:规则(I)生成 D-结构,规则(II)生成 S-结构,规则(III)生成语音式 PF,规则(IV)生成逻辑式 LF。D-结构和 S-结构是完全属于语言机能内部的,PF 和 LF 分别与心智中的其他认知系统和信念系统形成界面关系(interface),一方面产生直接的声音表现,一方面在与其他系统的相互作用中产生意义表现。在这里,D-结构和 S-结构之间不存在先后顺序的问题,字母 D 和 S 不表示任何深浅的含义,它们只不过是语言内部机能的理论构件而已。语法规则把包含四个层次表现形式的结构赋予每个语言表达式,用公式表示为:$\Sigma = (D, S, P, L)$。其中,Σ 表示语言结构描写,D 表示 D-结构,S 表示 S-结构,P 表示语音式,L 表示逻辑式。

例如,句子"What is easy to do today?"的运算情况如下:首先,根据短语结构规则生成如下 D-结构:

$[_S [_{NP} \text{it}] [_{VP} \text{is} [_{AP} \text{easy} [_S \text{NP} [_{VP} \text{to do} [_{NP} \text{what}]]]] \text{today}]]$

使用移动规则之后,得到如下 S-结构:

[NP what][S[NP it] [VP is [AP easy [S NP[VP to do [NP e]]]] today]]

应用逻辑规则,对于 S-结构的逻辑式表现的解释是:

For which x, it is easy [S NP[VP to do [NP e]]] today

这里,what 被看成一个准量词,转化为 for which 的形式,约束着变量 x。

应用音位规则,得到 S-结构的语音的表现形式是:

What is easy to do today?

这样根据 Y 模式运算出来的结果,就是表层的句子"What is easy to do today?"

在 D-结构,S-结构,PF 和 LF 这四个表现形式中,PF 和 LF 与其他的认知系统发生外在性界面关系,D-结构与词库发生内在性界面关系,在整个的运算过程中,S-结构起着中心枢纽的作用。

在生成语法一系列的发展过程中,乔姆斯基逐步地消除了语法理论模式中的冗余部分,最大限度地减少规则系统,最后终于在理论上取消了规则系统。进入原则和参数阶段以后,随着内在主义语言观的建立,乔姆斯基的研究开始着重遵循实体性最简单主义的原则,分析和探索内在性语言自身的简单性和完美性,生成语法的研究进入了最简单主义的阶段。在这个阶段,生成语法从语言本身的设计特征以及它与其他认知系统的相互关系出发,消除了一切只是服务于语言机能内部的理论构件,使得生成语法的整体模式达到了空前的简单性和完美性。

第二节 本书章节目录

《最简方案》(*The Minimalist Program*, Cambridge:MIT Press, 1995)是一个文集,该文集共包括四章,每一章基本上是独自成篇的。其中的第三章专门研究语言学理论的最简方案,对于最简方案的论述最为全面,最为系统。由于篇幅的限制,这里我们只介绍该文集第三章的内容。第三章原来是作者在 MIT 的讲课记录,具有相对的独立性,曾经于 1993 年发表在 Hale 和 Keyser 编辑出版的论文集《来自 20 号楼的看法》(*The view from Buliding 20*)中,因此,我们完全可以把第三章作为单独的一本著作来看待。

文集《最简方案》(The Minimalist Program)的各章目录如下:

第一章　原则与参数理论(The Theory of Principles and Parameters)

1.1　导言(Introduction)

1.2　词库(The Lexicon)

1.3　运算系统(Computational System)

  1.3.1　推导与表示的一般性质(General Properties of Derivations and Representations)

  1.3.2　D结构(D-Structure)

  1.3.3　推导句法表示(Derived Syntactic Representations)

1.4　语言模块(Modules of Language)

  1.4.1　管辖理论(Government Theory)

  1.4.2　约束理论(Binding Theory)

  1.4.3　格理论(Case Theory)

1.5 进一步的论题(Future Topics)

第二章　关于推导与表示经济性的一些说明(Some Notes on Economy of Derivation and Representation)

2.1　初步的假定(Preliminary Assumptions)

2.2　动词屈折变化的一些性质(Some Properties of Verbal Inflection)

2.3　"最小用力"的估价(A "Least Effort" Account)

  2.3.1　最小推导(Minimizing Derivations)

  2.3.2　I成分(The Element I)

2.4　总结:推导的经济性(Summary: On Economy of Derivation)

2.5　一致关系系统:某些思考(The Agreement System: Some Speculations)

2.6　表示的经济性(Economy of Representation)

  2.6.1　运算符和变量(Operators and Variables)

  2.6.2　合法的LF成分(Legitimate LF Elements)

  2.6.3　FI与语助成分(FI and Expletives)

  2.6.4　关于提升LF的进一步的问题(Future Questions concerning LF Raising)

2.7　关于语言设计的某些结论(Some Conclusions on Language Design)

第三章 语言学理论的最简方案（A Minimalist Program for Linguistic Theory）

3.1 最简方案的一些总体性的考虑（Some General Considerations）

3.2 基本关系：最简方案中的 X-Bar 理论（Fundamental Relations：X-Bar Theory）

3.3 D-结构交互层面的取消（Beyond the Interface Levels：D-Structure）

3.4 S-结构交互层面的取消（Beyond the Interface Levels：S-Structure）

3.5 最简方案的进一步扩充（Extensions of the Minimalist Program）

第四章 范畴与转换（Categories and Transformations）

4.1 最简方案（The Minimalist Program）

4.2 语言机能的认知系统（The Cognitive System of Language Faculty）

    4.2.1 运算部分（The Computational Component）

    4.2.2 词库（The Lexicon）

4.3 在最简框架下的短语结构理论（Phrase Structure Theory in a Minimalist Framework）

4.4 操作移动（The Operation Move）

    4.4.1 移动与经济性（Movement and Economy）

    4.4.2 投射与目标（Projection of Target）

    4.4.3 最后的解决办法：某些问题（Last Resort：Some Problems）

    4.4.4 移动 F（Move F）

4.5 可解释性及其后果（Interpretability and Its Consequences）

    4.5.1 特征的类型（Types of Features）

    4.5.2 检验理论（Checking Theory）

    4.5.3 语助成分（Expletives）

    4.5.4 子句的类型（Clause Type）

    4.5.5 最小链接条件（The Minimal Link Condition）

    4.5.6 吸引/移动（Attract/Move）

4.6 移动与题元理论（Movement and θ-Theory）

4.7 转换部分的性质（Properties of Transformational Component）

4.7.1 Why 移动(Why Move)
4.7.2 偏离最佳情况(Departures from the Best Case)
4.7.3 XP附加与语言理论的构建(XP-Adjunction and the Architecture of Linguistic Theory)
4.7.4 其他的不适之处(Other Improprieties)
4.7.5 附加成分与外壳成分(Adjuncts and Shells)

4.8 顺序(Order)
4.9 语助成分与经济性(Expletives and Economy)
4.10 功能范畴与形式特征(Functional Categories and Formal Features)

4.10.1 一致关系的地位(The Status of Agr)
4.10.2 核心概念的再思考(Core Concepts Reconsidered)
4.10.3 最简单主义假定的经验预期(Empirical Expectations on Minimalist Assumptions)

4.11 总结(Summary)
参考文献
索引

第三节 各节内容提要

文集《最简方案》(The Minimalist Program)的第三章《语言学理论的最简方案》是整个文集的关键,共分如下五节:

第一节 最简方案的一些总体性的考虑(Some General Considerations)

第二节 基本关系:最简方案中的 X-Bar 理论(Fundamental Relations: X-bar Theory)

第三节 D-结构交互层面的取消(Beyong the Interface Levels: D-Structure)

第四节 S-结构交互层面的取消(Beyong the Interface Levels: S-Structure)

第五节 最简方案的进一步扩充(Extensions of the Minimalist Program)

我们着重介绍《语言学理论的最简方案》这一章各节的内容。

在这一章中,乔姆斯基阐述了关于语言学最简单主义的一些最基本的观点,提出了一些需要进一步思考和探索的问题,是语言学理论的最简方案的最为系统的论述。

关于语言学理论的最简方案形成的原因和动机,乔姆斯基认为涉及如下两个问题:

第一,什么是人类语言机能应该被期望去满足的一般性条件?

第二,在哪种程度上,语言机能是由这些条件所决定的,而不存在超出它们的特殊结构?

第一个问题又可以进一步分为两个方面:

a. 语言机能自身在心智/大脑认知系统序列中的位置是什么?

b. 那些具有某些独立性的一般概念自然性的考虑,即简单性、经济性、对称性、非冗余性等等,对于语言机能施加的是一些什么样的条件?

乔姆斯基对于第一个问题的回答是:

a. 语言机能自身在心智/大脑认知系统序列中的位置是心智/大脑中其他认知系统对于语言机能所施加的界面条件。

b. 科学研究对于客体对象所施加的一般性条件,属于方法论的"最简单主义"(minimalism)的范畴。

从实体性最简单主义出发,乔姆斯基对于第二个问题的回答是:语言机能可以很好地满足这些外界性条件,在这个意义上说,语言是一个"完美的系统(perfect system)"。

语言学理论最简方案的研究,就是要对于这些答案所表达的可能性进行探索。出于对最简单主义的始终不懈的追求,乔姆斯基对于这些问题所展开的讨论,在总体上变得更加内在化和抽象化。

下面,我们分别介绍《语言学理论的最简方案》各节的主要内容。

1. 最简方案的一些总体性的考虑

乔姆斯基在这一节再次说明了他的内在主义的语言观。语言是由生物遗传而来的语言机能所呈现出来的状态。语言机能的组成成分之一是一个生成程序,也就是内在性语言(I语言)。这个程序叫做运算推导。I语言生成结构描写 SD(Structure Description),即语言的表达式。生成结构描写的过程就是运算推导。I语言内嵌在应用系统之中,应用系统把语言所生成的表达式应用于与语言有关的活动之中。结构描写 SD 可以看成是对于这些应用系统所发出的"指令"。

关于最简方案的总体性考虑,乔姆斯基在本节中讨论了如下问题:

第一,在最简方案中,与内在语言有关的应用系统在总体上可以分为两个:一个是发声感知系统(articulatory-perceptual system,简称

A—P）。一个是概念意向系统（conceptual-intentional system，简称 C-I）。每一个运算生成的语言表达式都包含着给予这些系统的指令。语言与这两个系统形成的界面是 A-P 和 C-I，它们分别给发声感知系统和概念意想系统提供指令。A-P 界面一般被认为就是语音表现形式 PF，C-I 界面一般被认为就是逻辑式 LF。从语言理论构建的必要性考虑，最简方案中语言的设计只需要 A-P 和 C-I 这两个界面就可以了，这样的思想符合于我们对于语言的形式主要是由语音和意义组合而成的这种认识，这也是两千多年前亚里士多德（Aristotle）对于语言本质的思考。这说明，原则参数方法 Y-模式中的内部层面 D-结构和 S-结构并不是为语言的自身设计所必须的，它们只是出于研究的需要，由语言学家人为地设定的语言理论的内部构件而已。这些语言内在表现层面数量的减少以至于完全取消，正是最简方案所追求的目标。

第二，在最简方案中，语言包括词库和运算系统两个组成部分。词库明确地和详细地描写进入运算过程的词汇项目的特征。运算系统使用这些词汇成分生成推导式和结构描写。推导是运算的规程，结构描写是运算的结果。基于这样的设想，每一语言都要确定由 π 和 λ 组成的集合。π 取自语音式 PF，λ 取自逻辑式 LF。运算系统的某些部分只与 π 发生联系，构成语音组成部分；运算系统的另外一些部分只与 λ 发生联系，构成逻辑语义组成部分，还有一些部分同时与 π 和 λ 发生联系，叫做"显性句法"（overt syntax）。最简方案的设想是，除了语音形式 PF 的选择和词汇的任意性之外，语言变体只限于词库中那些非实体性的部分（即那些表示功能的成分）和词汇项目的一般性特征。这样一来，对于所有的人类语言来说，除了数量有限的变体之外，就只存在两个东西：一个是普遍性的运算系统，一个是词库。就运算系统而言，语言的初始状态由普遍原则组成，与原则有关的选项仅限于功能成分和词汇项目的一般特征。从这些选项中作出的选择 Σ 决定一种语言，语言获得的过程就是确定 Σ 的过程，某一种语言的描述就是对于 Σ 所做的陈述。这样，语言获得问题也在最简方案中得到了实质性的修正。

第三，在最简方案中，原则参数方法的约束理论、格理论、题元理论等，只能在界面上起作用，并通过界面获得它们存在的原因和动机。这样一来，以前在 D-结构和 S-结构层面上所做的工作，现在都必须在 A-P 和 C-I 两个界面上完成。与运算有关的条件只能是界面条件。语言表达式是对界面最为理想的满足和实现，体现了语言运算的理想性和优化性。

第四，在最简方案中，由普遍语法的运算推导可产生"收敛"

(converge)和"破裂"(crash)两个结果。如果推导式产生一个合理的结构描写 SD,这一个推导便收敛,否则,便破裂。具体地说,如果结构描写 π 是合理的,推导式就收敛于语音式 PF,否则就在 PF 这个层面破裂。如果结构描写 λ 是合理的,推导式就收敛于逻辑式 LF,否则就在 LF 这个层面破裂。这是比较松散的条件,因为根据这些条件,π 和 λ 有可能各自都是合理的,但是不能结合成 PF 和 LF 都合理的偶对。所以,更为严格的条件应当是:如果一个推导式同时收敛于 PF 层面和 LF 层面,才可以算是真正的收敛。

根据这些简单性研究的思想,生成语法的理论模式必将发生重大的变革。

2. 基本关系:最简方案中的 X-Bar 理论

在运算操作从词库中选择词汇项目通过推导而生成语言表达式的过程中,需要一个具有普遍性的结构图式,在词库和运算系统之间发挥中介的作用。这个结构图式就是 X-Bar 理论模式,乔姆斯基根据简单方案对于 X-Bar 理论图式做了修改,得出了如下的图式:

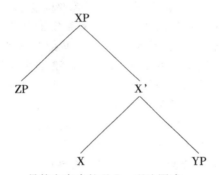

最简方案中的 X-Bar 理论图式

在 X-Bar 理论图式中,中心语 X 的选择来自词库,XP 是 X 的投射,中心语 X 与其他成分构成了两种局部性关系(local relation):一种局部性关系是 ZP 和 X 之间的标示语—中心语关系(Spec-head relation),另一种局部性关系是 X 和 YP 之间的中心语—补语关系(head-complement relation)。其中,X 和 YP 之间的关系与题元的确定有关,是更为局部的、最基本的关系。此外,还有中心语 X 和补语 YP 的中心语之间的关系,这是一种中心语与中心语的关系(head-head relation)。

最简方案试图仅仅依靠这些局部性关系,取消过去生成语法模式中的中心语管辖的概念,由于中心语管辖在过去生成语法的模式中起着核心作用,所以在引入局部性关系的概念之后,生成语法的所有模块以及模块之间的关系,都要进行重新的审视和阐述。

在早期生成语法的研究中,短语结构允许采用多叉(multi-branching)的树形图来表示,在最简方案中,只允许采用二叉(binary-branching)的树形图来表示。这种二叉的树形图表示,就是早期的"乔姆斯基范式"(Chomsky normal form)的表示方式,在运算上有方便和简捷之处,而且,一些自然语言分析算法(如 CYK 算法)就是建立在这种二叉的乔姆斯基范式的基础之上的,因此,这样的改进正好满足了自然语言处理的需要。应当说明的是:这种二叉树形图对于汉语分析并不很适合。我国计算语言学家冯志伟早在 1983 年的《汉语句子的多叉多标记树形图分析法》[①]的论文中就指出,二叉树形图在分析汉语的兼语式、连动式等特殊句式时,在算法描述上很不方便,在程序运行时会发生很多困难。所以,最简方案中的这种二叉树形图在运算经济性方面是否合适,还是值得进一步讨论的。

3. D-结构交互层面的取消

在原则参数方法中,运算操作从词库中选择词汇项目,D-结构的生成是一次性地(once and all)实现的,然后在 D-结构这个层面应用移动-α 规则生成 S-结构,再依次应用移动-α 规则把 S-结构转换成语音式 SF 和逻辑式 LF,这就是原则参数方法的 Y 模式中的运算过程和机制。

在最简方案中,运算系统从词库中提取词汇资源构成推导式,以 X-Bar 理论图式来表现词汇项目及其特征。每一个推导过程决定一个结构描写 SD,每一个结构描写 SD 由表现语音的 π 和表现意义的 λ 的偶对构成,并满足有关的界面条件。这里,每一个结构描写 SD 是用语链连接和局部区域性的 X-Bar 理论关系来表达的,对于 π 和 λ 满足界面的条件,是用最为经济的方式生成的。这样一来,D-结构和 S-结构就成为多余的表现层面了。最简方案的这种改变必定导致 D-结构交互层面的取消。

乔姆斯基在最简方案中,采用综合性转换的方法,逐步地、动态式地满足 X-Bar 理论的要求,而不是像在 Y-模式中那样一次性地满足生成的条件,这样做的结果必然导致 D-结构交互层面的取消,而 LF 层面的重要性也就更加突出。随着 D-结构交互层面的取消,原则参数方法中的投射原则和题元理论也就随之失去了它们的理论价值和存在的必要。

[①] 冯志伟,汉语句子的多叉多标记树形图分析法,《人工智能学报》,1983 年,第 2 期。

4. S-结构交互层面的取消

乔姆斯基指出，在生成语法的扩充标准理论(EST)中，S-结构的设定纯粹是出于理论内部的需要，用简单性的观念来衡量，S-结构的设定完全是多余的。

根据扩充标准理论，在从 D-结构到 LF 的运算过程中，在什么阶段上实行"拼出"(Spell-Out)操作，不同的语言之间存在着差别。在运算过程中，有的语言的疑问词词组需要移位（例如，英语和德语），有的语言的疑问词词组保持原位不动（例如，汉语和日语）。在生成英语疑问句的过程中，显性移位操作将疑问词从 D-结构的位置移动到句子的开头，构成 S-结构，而在汉语中，疑问词不需要进行显性移位就可以直接拼出，疑问句的 S-结构与它的 D-结构是完全等同的。由此可见，S-结构的设定纯粹是出于理论内部的需要，不符合简单性的要求。事实上，在最简方案中，拼出操作实施的位置，是由 PF 或 LF 的特征决定的，因此，S-结构的存在是没有必要的。这样，乔姆斯基便取消了 S-结构这个交互层面。

最简方案认为，人类的语言在 LF 层面上是大体一致的，各种语言之间的差别主要是由 PF 层面上所反映和表现的屈折形态方面的特征决定的。在动词 V(Verb)与屈折成分 I(Inflexion)的关系问题上，人们最初设想，动词以不带任何屈折特征的形式存储于词库中，进入运算过程之后，通过某种方式与屈折成分中心语构成复合体[V，I]，PF 规则将这个复合体作为一个单独整体进行解释。另一种设想是，动词在词库中就具有其内在固有的屈折特征，在运算构成的复合体[V，I]中，这些屈折特征与中心语相对应而得到核查。这就是乔姆斯基主张采取"特征核查"(feature checking)的基本概念。根据特征核查理论，由词库所决定的词汇项目的形态特征，是推导运算的主要动力，功能中心语所具有的与实体词汇相对应的特征在强弱方面的表现，是造成显性移位的根本原因。形态特征体现为 PF 部分的界面条件，运算操作是对于界面条件的最理想的满足。因此，语言在 LF 层面上大体上是一致的，由 PF 界面条件所决定的"拼出"操作的不同位置，决定着语言之间的差别。在这种情况下，语法模式不需要人为地设定一个 S-结构交互层面来决定某些成分的拼出位置。

5. 最简方案的进一步扩充

乔姆斯基在这一节里进一步讨论了与结构描写表现和推导运算有关的经济性原则。

在结构描写的表现方面，主要讨论"完全解释原则 FI"。在推导运算方面，主要讨论"迟延原则"(porcrastinate principle)和"自私原则"(greed principle)。

PF 完全是普遍语音学的形式表现,它所生成的 π 必须完全符合有关的语音规则。如果 π 能够满足完全解释原则(Full Interpretation principle,简称 FI)的要求,构成它的推导就会在 PF 层面上收敛;如果不能满足,推导就会破裂。同样地,逻辑语义表现形式 λ 不能有任何不合理的成分,如果 λ 能够满足完全解释原则 FI 的要求,构成它的推导就会在 LF 层面上收敛;如果不能满足,推导就会破裂。λ 是应用系统 C-I 的指令,应用系统 C-I 按照有关的指令,将语言表达式用于概念和意向的理解和形成。

在推导运算的经济性方面,乔姆斯基提出"迟延原则"和"自私原则"。所谓"迟延原则"就是说,LF 移位比显性移位的代价低,它比显性移位更加省力,运算系统总是力图尽快地直接到达 PF 层面,最大限度地缩小显性句法的范围和程度。在推导过程中,如果能够不移位就不要移位,不要为了收敛而勉强地被迫移位,要尽量地把移位加以迟延。这就是推导运算经济性的"迟延原则"。

所谓"自私原则"就是说,移动-α 规则只是 α 自身的形态特征在不能以其他方式满足的条件的情况下,才可以得到应用。针对 α 的移位不能使另外一个成分 β 也得到满足,移动-α 规则总是为自我服务的,它不能使其他成分受益,体现了"自私"的特性。这就是推导运算经济性的"自私原则"。

最后,乔姆斯基对于语言理论的最简方案做了如下的总结:

1) 语言表达式的结构描述 SD 是一个由 π 和 λ 组成的偶对(π,λ),它们是由能够满足交互界面条件的最优的推导式生成的。

2) 交互层面仅仅是语言表达的层面。

3) 所有的条件都要表示各种反映解释性要求的交互层面的特性。

4) 普遍语法 UG 提供一个独有的计算系统,这个计算系统包括被形态特性驱动的一些推导,其中,语言句法的各种样式是受到限制的。

5) 使用完全解释原则 FI、"迟延原则"(porcrastinate principle)和"自私原则"(greed principle),我们可以对于经济性做出相当狭义的解释。

第四节　原著章节选读

Chapter 3　A Minimalist Program for Linguistic Theory

　　The computational system takes representations of a given form and modifies them. Accordingly, UG must provide means to present an array of items from the lexicon in a form accessible to the computational system. We may take this form to be some version of X-bar theory. The concepts of X-bar theory are therefore fundamental. In a minimalist theory, the crucial properties and relations will be stated in the simple and elementary terms of X-bar theory.

　　An X-bar structure is composed of projections of heads selected from the lexicon. Basic relations, then, will involve the head as one term. Furthermore, the basic relations are typically "local." In structures of the form (1), two local relations are present: the *Spec (ifier)-head* relation of ZP to X, and the *head-complement* relation of X to YP (order irrelevant; the usual conventions apply).

(1)
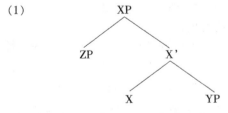

　　The head-complement relation is not only "more local" but also more fundamental—typically, associated with thematic (θ-) relations. The Spec-head relation, I will suggest below, falls into an "elsewhere" category. Putting aside adjunction for the moment, the narrowest plausible hypothesis is that X-bar structures are restricted to the form in (1); only local relations are considered (hence no relation between X and a phrase included within YP or ZP); and head-complement is the

· 110 ·

core local relation. Another admissible local relation is *head-head*, for example, the relation of a verb to (the head of) its Noun Phrase complement (selection). Another is *chain link*, to which we will return. The version of a minimalist program explored here requires that we keep to relations of these kinds, dispensing with such notions as government by a head (head government). But head government plays a critical role in all modules of grammar; hence, all of these must be reformulated, if this program is to be pursued.

Take Case theory. It is standardly assumed that the Spec-head relation enters into structural Case for the subject position, while the object position is assigned Case under government by V, including constructions in which the object Case-marked by a verb is not its complement (exceptional Case marking). [9] The narrower approach we are considering requires that all these modes of structural Case assignment be recast in unified X-bar-theoretic terms, presumably under the Spec-head relation. As discussed in chapter 2, an elaboration of Pollock's (1989) theory of inflection provides a natural mechanism, where we take the basic structure of the clause to be (2).

Omitted here are a possible specifier of TP ([Spec, TP]) and a phrase headed by the functional element *Neg*(*ation*), or perhaps more broadly, a category that includes an affirmation marker and others as well (Pollock 1989, Laka 1990). *Agr*s and *Agr*o are informal mnemonics to distinguish the two functional roles of Agr. Agr is a collection of ϕ-features (gender, number, person); these are common to the systems of subject and object agreement, though Agrs and Agro may of course be different selections, just as two verbs or NPs in (2) may differ. [10]

(2)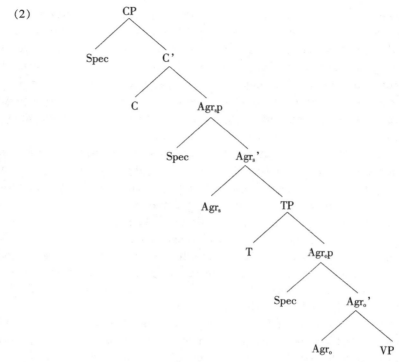

We now regard both agreement and structural Case as manifestations of the Spec-head relation (NP, Agr). But Case properties depend on characteristics of T and the V head of VP. We therefore assume that T raises to Agrs, forming (3a), and V raises to Agro, forming (3b); the complex includes the φ-features of Agr and the Case feature provided by T, V.[11]

(3) a. [$_{Agr}$ T Agr]
    b. [$_{Agr}$ V Agr]

The basic assumption is that there is a symmetry between the subject and the object inflectional systems. In both positions the relation of NP to V is mediated by Agr, a collection of φ-features; in both positions agreement is determined by the φ-features of the Agr head of the Agr complex, and Case by an element that adjoins to Agr (T or V). An NP in the Spec-head relation to this Agr complex bears the associated Case and agreement features. The Spec-head and head-head relations are therefore the core configurations for inflectional morphology.

Exceptional Case marking by V is now interpreted as raising of NP to the Spec of the AgrP dominating V. It is raising to [Spec, Agro], the analogue of familiar raising to [Spec, Agrs]. If the VP-internal subject hypothesis is correct (as I henceforth assume), the question arises why the object (direct, or in the complement) raises to [Spec, Agro] and the subject to [Spec, Agrs], yielding unexpected crossing rather than the usual nested paths. We will return to this phenomenon below, finding that it follows on plausible assumptions of some generality, and in this sense appears to be a fairly "deep" property of language. If parameters are morphologically restricted in the manner sketched earlier, there should be no language variation in this regard.

The same hypothesis extends naturally to predicate adjectives, with the underlying structure shown in (4) (Agr_A again a mnemonic for a collection of φ-features, in this case associated with an adjective).

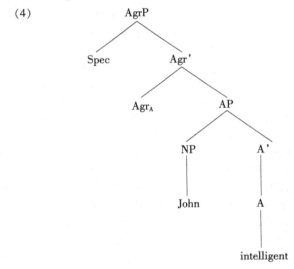

Raising of NP to Spec and A to Agr_A creates the structure for NP-adjective agreement internal to the predicate phrase. The resulting structure is a plausible candidate for the small clause complement of *consider*, *be*, and so on. In the former construction (complement of *consider*), NP raises further to [Spec, Agro] at LF to receive accusative Case; in the latter (complement of *be*), NP raises overtly to receive nominative Case and verb agreement, yielding the overt form *John is intelligent* with *John* entering into three relations: (1) a Case relation with [T Agrs] (hence ultimately the verbal complex [[T Agrs] V]), (2) an agreement relation with Agrs (hence the verbal complex), and (3) an agreement relation with Agr of structure (4) (hence the adjectival complex). In both constructions, the NP subject is outside of a full AP in the small clause construction, as required, and the structure is of a type that appears regularly.[12]

An NP, then, may enter into two kinds of structural relations with a predicate (verb, adjective): agreement, involving features shared by NP and predicate; or Case, manifested on the NP alone. Subject of verb or adjective, and object of verb, enter into these relations (but not object of adjective if that is an instance of inherent, not structural, Case). Both relations involve Agr: Agr alone, for agreement relations; the element T or V alone (raising to Agr), for Case relations.

The structure of CP in (2) is largely forced by other properties of UG, assuming the minimalist approach with Agr abstracted as a common property of adjectival agreement and the subject-object inflectional systems, a reasonable assumption, given that agreement appears without Case (as in NP-AY agreement) and Case appears without agreement (as in transitive expletives, with the expletive presumably in the [Spec, Agrs] position and the subject in [Spec, T], receiving Case; see note 11). Any appropriate version of the Case Filter will require two occurrences of Agr if two NPs in VP require structural Case; conditions on Move α require the arrangement given in (2) if structural Case is construed as outlined. Suppose that VP contains only one NP. Then one of the two Agr elements will be "active" (the other being inert or perhaps missing). Which one? Two options are possible: Agrs or Agro. If the choice is Agrs, then the single NP will have the properties of the subject of a transitive clause; if the choice is Agr_o, then it will have the properties of the object of a transitive clause (nominative-accusative and ergative absolutive languages, respectively). These are the only two possibilities, mixtures apart. The distinction between the two language types reduces to a trivial question of morphology, as we expect.

Note that from this point of view, the terms *nominative*, *absolutive*, and so on, have no substantive meaning apart from what is determined by the choice of "active" versus "inert" Agr; there is no real question as to how these terms correspond across language types.

The "active" element (Agrs in nominative-accusative languages and Agro in ergative-absolutive languages) typically assigns a less-marked Case to its Spec, which is also higher on the extractability hierarchy, among other properties. It is natural to expect less-marked Case to be compensated (again, as a tendency) by more-marked agreement (richer overt agreement with nominative and absolutive than with accusative and ergative). The C-Command Condition on anaphora leads us to expect nominative and ergative binding in transitive constructions.[13]

Similar considerations apply to licensing of *pro*. Assuming Rizzi's theory(1982,1986a), *pro* is licensed in a Spec-head relation to "strong" Agrs, or when governed by certain verbs V*. To recast these proposals in a unitary X-bar-theoretic form: *pro* is licensed only in the Spec-head relation to [$_{Agr}$ α Agr], where α is [+tense] or V, Agr strong or V= V*. Licensing of *pro* thus falls under Case theory in a broad sense. Similar considerations extend rather naturally to PRO.[14]

Suppose that other properties of head government also have a natural expression in terms of the more fundamental notions of X-bar theory. Suppose further that antecedent government is a property of chains, expressible in terms of c-command and barriers. Then the concept of government would be dispensable, with principles of language restricted to something closer to conceptual necessity: local X-bar-theoretic relations to the head of a projection and the chain link relation.

Let us look more closely at the local X-bar-theoretic notions, taking these to be fundamental. Assume binary branching only, thus structures limited to (1). Turning to adjunction, on the assumptions of Chomsky 1986a, there is no adjunction to complement, adjunction (at least, in overt syntax) has a kind of "structure-preserving" character, and a segment-category distinction holds.[15] Thus, the structures to be considered are of the form shown in (5), where XP, ZP, and X each have a higher and lower segment, indicated by subscripting (H and X heads).

(5)

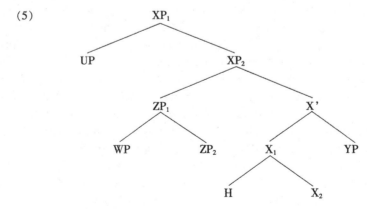

Let us now consider the notions that enter into a minimalist program. The basic elements of a representation are chains. We consider first the case of one-membered chains, construing notions abstractly with an eye to the general case. The structure (5) can only have arisen by raising of H to adjoin to X (we put aside questions about the possible origins of UP, WP). Therefore, H heads a chain CH = (H,..., t), and only this chain, not H in isolation, enters into head-α relations. The categories that we establish are defined for H as well as X, but while they enter into head-α relations for X, they do not do so for H (only for the chain CH), an important matter.

Assume all notions to be irreflexive unless otherwise indicated. Assume the standard notion of domination for the pair (σ, β), σ a segment. We say that the category α *dominates* β if every segment of α dominates β. The category α *contains* β if some segment of α dominates β. Thus, the two-segment category XP dominates ZP, WP, X′, and whatever they dominate; XP contains UP and whatever UP and XP dominate; ZP contains WP but does not dominate it. The two-segment category X contains H but does not dominate it.

For a head α, take Max(α) to be the least full-category maximal projection dominating α. Thus, in (5) Max(H) = Max(X) = [XP_1, XP_2], the two-segment category XP.

Take the *domain* of a head α to be the set of nodes contained in Max(α) that are distinct from and do not contain α. Thus, the domain of X in (5) is{UP, ZP, WP, YP, H}and whatever these categories dominate; the domain of H is the same, minus H.

As noted, the fundamental X-bar-theoretic relation is head-complement, typically with an associated θ-relation determined by properties of the head. Define the *complement domain* of α as the subset of the domain reflexively dominated by the complement of the construction: YP in (5). The complement domain of X (and H) is therefore YP and whatever it dominates.

The remainder of the domain of α we will call the *residue* of α. Thus, in (5) the residue of X is its domain minus YP and what it dominates. The residue is a heterogeneous set, including the Spec and anything adjoined (adjunction being allowed to the maximal projection, its Spec, or its head; UP, WP, and H, respectively, in (5)).

The operative relations have a local character. We are therefore interested not in the sets just defined, but rather in *minimal* subsets of them that include just categories locally related to the heads. For any set S of categories, let us take Min(S) (minimal S) to be the smallest subset K of S such that for any $\gamma \in S$, some $\beta \in K$ reflexively dominates γ. In the cases that interest us, S is a function of a head α (e. g., S=domain, of α). We keep to this case, that is, to Min(S(α)), for some head α. Thus, in (5) the minimal domain of X is {UP, ZP, WP, YP, H}; its minimal complement domain is YP; and its minimal residue is {UP, ZP, WP, H}. The minimal domain of H is {UP, ZP, WP, YP}; its minimal complement domain is YP; and its minimal residue is {UP, ZP, WP}.

Let us call the minimal complement domain of α its *internal domain*, and the minimal residue of α its *checking domain*. The terminology is intended to indicate that elements of the internal domain are typically internal arguments of α, while the checking domain is typically involved in checking inflectional features. Recall that the checking domain is heterogeneous: it is the "elsewhere" set. The minimal domain also has an important role, to which we will turn directly.

A technical point should be clarified. The internal and checking domains of α must be uniquely defined for α; specifically, if α (or one of its elements, if it is a nontrivial chain) is moved, we do not want the internal and checking domains to be "redefined" in the newly formed construction, or we will have an element with multiple subdomains—for example, ambiguous specification of internal arguments. We must therefore understand the notion Min(S(α)) *derivationally*, not *representationally*: it is defined for α as part of the process of introducing α into the derivation. If α is a trivial (one-membered) chain, then Min(S(α)) is defined when α is lexically inserted; if α is a nontrivial chain ($\beta_1, \ldots, \beta_n$), then Min(S(α)) is defined when α is formed by raising β_1. In (5) the head H has no minimal, internal, or checking domain, because it is raised from some other position to form the chain CH = (H, ..., t) and has already been assigned these subdomains in the position now occupied by t; such subdomains are, however, defined for the newly formed chain CH, in a manner to which we will turn directly. Similarly, if the complex [H X] is later raised to form the chain CH' = ([H X], t'), Min(S(α)) will be defined as part of the operation for α=CH', but not for α=X, H, or CH.

Returning to (5), suppose X is a verb. Then YP, the sole element of the internal domain of X, is typically an internal argument of X. Suppose X is Agr and H a verb raised to Agx forming the chain CH= (H, t). Then the specifier ZP (and possibly the adjoined elements UP, WP) of the checking domain of X and CH will have agreement features by virtue of their local relation to X, and Case features by virtue of their local relation to CH. H does not have a checking domain, but CH does.[16]

We have so far considered only one-membered chains. We must extend the notions defined to a nontrivial chain CH with $n>1$ (α_1 a zero-level category), as in (6).

(6) CH=$(\alpha_1, \ldots, \alpha_n)$

Let us keep to the case of $n=2$, the normal case for lexical heads though not necessarily the only one.[17]

The issue arises, for example, if we adopt an analysis of multiargument verbs along the lines suggested by Larson (1988), for example, taking the underlying structure of (7) to be (8).

(7) John put the book on the shelf

(8)

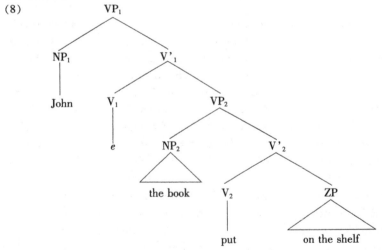

V_2 raises to the empty position V_1, forming the chain (put, t) (subsequently, NP_1 raises (overtly) to [Spec, Agrs] and NP_2 (covertly) to [Spec, Agro]).

The result we want is that the minimal domain of the chain (put, t) is $\{NP_1, NP_2, ZP\}$ (the three arguments), while the internal domain is $\{NP_2, ZP\}$ (the internal arguments). The intended sense is given by the natural generalization of the definitions already suggested. Let us define the domain of CH in (6) to be the set of nodes contained in Max(α_1) and not containing any α_i. The complement domain of CH is the subset of the domain of CH reflexively dominated by the complement of α_1. Residue and Min($S(\alpha)$) are defined as before, now for α=CH. The concepts defined earlier are the special cases where CH is one-membered.

Suppose, for example, that CH=(*put*, *t*), after raising of *put* to V_1 in (8), leaving *t* in the position V_2. Then the domain of CH is the set of nodes contained in VP_1(=Max(V_1)) and not containing either *put* or *t* (namely, the set{NP_1, NP_2, ZP} and whatever they dominate); the minimal domain is{NP_1, NP_2, ZP}. The internal domain of the chain CH is {NP_2, ZP} (the two internal arguments), and the checking domain of CH is NP_1, the typical position of the external argument in this version of the VP-internal subject hypothesis (basically Larson's).

Suppose that instead of replacing *e*, *put* had adjoined to some nonnull element X, yielding the complex category [$_x$ *put* X], as in adjunction of H to X in (5). The domain, internal domain, and checking domain of the chain would be exactly the same. There is no minimal domain, internal domain, or checking domain for *put* itself after raising; only for the chain CH=(*put*, *t*). It is in terms of these minimal sets that the local head-α relations are defined, the head now being the nontrivial chain CH.

In (8), then, the relevant domains are as intended after V-raising to V_1. Note that VP_2 is not in the internal domain of CH(=(*put*, *t*)) because it dominates *t* (=α_n of (6)).

The same notions extend to an analysis of lexical structure along the lines proposed by Hale and Keyser(1993a). In this case an analogue of (8) would be the underlying structure for *John shelved the book*, with V_2 being a "light verb" and ZP an abstract version of *on the shelf* (=[P *shelf*]). Here *shelf* raises to P, the amalgam raises to V_2, and the element so formed raises to V_1 in the manner of *put* in (7).[18]

So far we have made no use of the notion "minimal domain." But this too has a natural interpretation, when we turn to Empty Category Principle (ECP) phenomena. I will have to put aside a careful development here, but it is intuitively clear how certain basic aspects will enter. Take the phenomena of superiority (as in (9a)) and of relativized minimality in the sense of Rizzi(1990) (as in (9b)).

(9) a. i. whom$_1$ did John persuade t_1 [to visit whom$_2$]
  ii. *whom$_2$ did John persuade whom$_1$ [to visit t_2]
 b. Superraising, the Head Movement Constraint (HMC), [Spec, CP] islands (including *wh*-islands)

Looking at these phenomena in terms of economy considerations, it is clear that in all the "bad" cases, some element has failed to make "the shortest move." In (9aii) movement of $whom_2$ to [Spec, CP] is longer in a natural sense(definable in terms of c-command) than movement of $whom_1$ to this position. In all the cases of (9b) the moved element has "skipped" a position it could have reached by a shorter move, had that position not been filled. Spelling out these notions to account for the range of relevant cases is not a trivial matter. But it does seem possible in a way that accords reasonably well with the Minimalist Program. Let us simply assume, for present purposes, that this task can be carried out, and that phenomena of the kind illustrated are accounted for in this way in terms of economy considerations.[19]

There appears to be a conflict between two natural notions of economy: shortest move versus fewest steps in a derivation. If a derivation keeps to shortest moves, it will have more steps; if it reduces the number of steps, it will have longer moves. The paradox is resolved if we take the basic transformational operation to be not Move α but *Form Chain*, an operation that applies, say, to the structure(10a) to form(10b) in a single step, yielding the chain CH of (10c).

(10) a. *e* seems [*e* to be likely [John to win]]
  b. John seems [t' to be likely [t to win]]
  c. CH=(John, t', t)

Similarly, in other cases of successive-cyclic movement. There is, then, no conflict between reducing derivations to the shortest number of steps and keeping links minimal ("Shortest Movement" Condition). There are independent reasons to suppose that this is the correct approach: note, for example, that successive-cyclic *wh*-movement of arguments does not treat the intermediate steps as adjunct movement, as it should if it were a succession of applications of Move α. Successive-cyclic movement raises a variety of interesting problems, but I will again put them aside, keeping to the simpler case.

A number of questions arise in the case of such constructions as (8), considered now in the more abstract form (11).

(11)
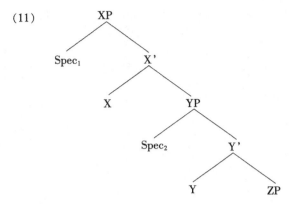

In the particular instance (8), $\text{Spec}_1 = \text{NP}_1$ (*John*), $X =$ null V_1. $\text{Spec}_2 =$ NP_2 (*the book*), $Y = V_2$ (*put*) with ZP its complement (*on the shelf*). Another instance would be object raising to [Spec, Agr] (Agr=Agro), as in (12).

Here Subj is the VP-internal subject (or its trace), and Obj the object. The configuration and operations are exactly those of (8), except that in (12) V *adjoins* to Agr (as in the case of H of (5)), whereas in (8) it *substituted for* the empty position V_1. On our assumptions, Obj must raise to Spec for Case checking, crossing Subj or its trace. (12) is therefore a violation of Relativized Minimality, in effect, a case of superraising, a violation of the "Shortest Movement" Condition.

Another instance of (11) is incorporation in the sense of Baker (1988). For example, V-incorporation to a causative verb has a structure like (12), but with an embedded clause S instead of the object Obj, as in (13).

In an example of Baker's, modeled on Chicheŵa, we take $\text{NP}_1 =$ *the baboons*, $V_c =$ *make*, $\text{NP}_2 =$ *the lizards*, $V =$ *hit*, and $\text{NP}_3 =$ *the children*; the resulting sentence is *the baboons made-hit the children [to the lizards]*, meaning 'the baboons made the lizards hit the children'. Incorporation of V to the causative V_c yields the chain (V, t), with V adjoined to V_c. The complex head [V V_c] then raises to Agr, forming the new chain ([V V_c], t'), with [V V_c] adjoining to Agr to yield $\alpha =$ [$_{\text{Agr}}$[V V_c] Agr]. The resulting structure is (14).

Here NP_3 is treated as the object of the verbal complex, assigned accusative Case (with optional object agreement). In our terms, that means that NP_3 raises to [Spec, α], crossing NP_1, the matrix subject or its trace (another option is that the complex verb is passivized and NP_3 is raised to [Spec, Agrs]).

(12)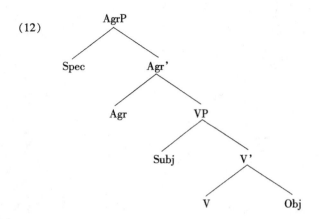

(13)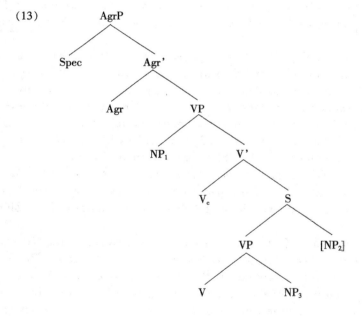

(14)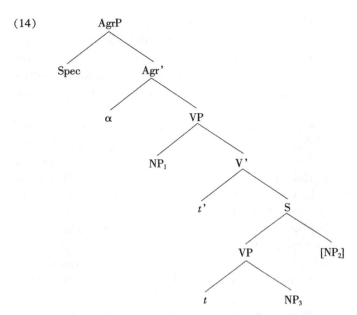

In the last example the minimal domain of the chain ($[V \; V_c], t'$) is {Spec, NP$_1$, S}. The example is therefore analogous to (8), in which V-raising formed an enlarged minimal domain for the chain. It is natural to suppose that (12) has the same property: V first raises to Agr, yielding the chain (V, t) with the minimal domain {Spec, Subj, Obj}. The cases just described are now formally alike and should be susceptible to the same analysis. The last two cases appear to violate the "Shortest Move-ment" Condition.

Let us sharpen the notion "shortest movement" as follows:

(15) If α, β are in the same minimal domain, they are equidistant from γ.

In particular, two targets of movement are equidistant if they are in the same minimal domain.

In the abstract case (11), if Y adjoins to X, forming the chain (Y, t) with the minimal domain {Spec$_1$, Spec$_2$, ZP}, then Spec$_1$ and Spec$_2$ are equidistant from ZP (or anything it contains), so that raising of (or from) ZP can cross Spec$_2$ to Spec$_1$. Turning to the problematic instances of (11), in (12) Obj can raise to Spec, crossing Subj or its trace without violating the economy condition; and in the incorporation example (14) NP$_3$ can raise to Spec, crossing NP$_1$.

This analysis predicts that object raising as in (12) should be possible only if V has raised to Agr. In particular, overt object raising will be possible only with overt V-raising. That prediction is apparently confirmed for the Germanic languages (Vikner 1990). The issue does not arise in the LF analogue, since we assume that invariably, V raises to Agr₀ covertly, if not overtly, therefore "freeing" the raising of object to [Spec, Agr₀] for Case checking.

Baker explains structures similar to (13)-(14) in terms of his Government Transparency Corollary (GTC), which extends the government domain of V_1 to that of V_2 if V_2 adjoins to V_1. The analysis just sketched is an approximate analogue, on the assumption that Case and agreement are assigned not by head government but in the Spec-head relation. Note that the GTC is not strictly speaking a corollary; rather, it is an independent principle, though Baker gives a plausibility argument internal to a specific theory of government. A possibility that might be investigated is that the GTC, falls generally under the independently motivated condition(15), on the minimalist assumptions being explored here.

Recall that on these assumptions, we faced the problem of explaining why we find crossing rather than nesting in the Case theory, with VP internal subject raising to [Spec, Agr$_s$] and object raising to [Spec, Agr$_o$], crossing the trace of the VP-internal subject. The principle (15) entails that this is a permissible derivation, as in (12) with V-raising to Agr₀. It remains to show that the desired derivation is not only permissible but obligatory: it is the only possible derivation. That is straightforward. Suppose that in(12) the VP-internal subject in [Spec, VP] raises to [Spec, Agr₀], either overtly or covertly, yielding (16), t_{Subj} the trace of the raised subject Subj.

(16)
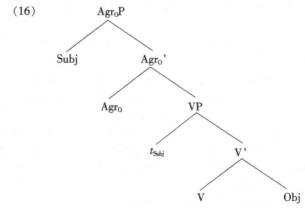

Suppose further that V raises to Agr$_O$, either overtly or covertly, forming the chain (V, t_v) with the minimal domain {Subj, t_{Subj}, Obj}. Now Subj and its trace are equidistant from Obj, so that Obj can raise to the [Spec, Agr$_O$] position. But this position is occupied by Subj, blocking that option. Therefore, to receive Case, Obj must move directly to some higher position, crossing [Spec, Agr$_O$]: either to [Spec, T] or to [Spec, Agr$_s$]. But that is impossible, even after the element [V, Agr$_O$] raises to higher inflectional positions. Raising of [V, Agr$_O$] will form a new chain with trace in the Agr$_O$ position of (16) and a new minimal domain M. But t_{Subj} is not a member of M. Accordingly, Obj cannot cross t_{Subj} to reach a position in M (apart from the position [Spec, Agr$_O$] already filled by the subject). Hence, raising of the VP-internal subject to the [Spec, Agr$_O$] position blocks any kind of Case assignment to the object; the object is "frozen in place."

It follows that crossing and not nesting is the only permissible option in any language. The paradox of Case theory is therefore resolved, on natural assumptions that generalize to a number of other cases.

Notes

9. In Chomsky 1981a and other work, structural Case is unified under government, understood as m-command to include the Spec-head relation (a move that was not without problems); in the framework considered here, m-command plays no role.

10. I will use *NP* informally to refer to either NP or DP, where the distinction is playing no role. *IP* and *I* will be used for the complement of C and its head where details are irrelevant.

11. I overlook here the possibility of NP-raising to [Spec, T] for Case assignment, then to [Spec, Agrs] for agreement. This may well be a real option. For development of this possibility, see Bures 1992, Bobaljik and Carnie 1992, Jonas 1992, and sections 4.9 and 4.10 of this book.

12. Raising of A to Agr$_A$ may be overt or in the LF component. If the latter, it may be the trace of the raised NP that is marked for agreement, with further raising driven by the morphological requirement of Case marking (the Case Filter); I put aside specifics of implementation. The same considerations extend to an analysis of participial agreement along the lines of Kayne 1989; see chapter 2 and Branigan 1992.

13. For development of an approach along such lines, see Bobaljik 1992a,b. For a different analysis sharing some assumptions about the Spec-head role, see Murasugi 1991, 1992. This approach to the two language types adapts the earliest proposal about these matters within generative grammar (De Rijk 1972) to a system with inflection separated from verb. See Levin and Massam 1985 for a similar conception.
14. See chapter 1.
15. I put aside throughout the possibility of moving X' or adjoining to it, and the question of adjunction to elements other than complement that assign or receive interpretive roles at the interface.
16. This is only the simplest case. In the general case V will raise to Agro, forming the chain $CH_V = (V, t)$. The complex [V, Agro] raises ultimately to adjoin to Agrs. Neither V nor CH_V has a new checking domain assigned in this position. But V is in the checking domain of Agrs and therefore shares relevant features with it, and the subject in [Spec, Agrs] is in the checking domain of Agrs, hence agrees indirectly with V.
17. To mention one possibility, V-raising to Agro yields a two-membered chain, but subsequent raising of the [V, Agro] complex might pass through the trace of T by successive-cyclic movement, finally adjoining to Agrs. The issues raised in note 11 are relevant at this point. I will put these matters aside.
18. Hale and Keyser make a distinction between (1) operations of lexical conceptual structure that form such lexical items as *shelve* and (2) syntactic operations that raise *put* to V_1 in (8), attributing somewhat different properties to (1) and (2). These distinctions do not seem to me necessary for their purposes, for reasons that I will again put aside.
19. Note that the ECP will now reduce to descriptive taxonomy, of no theoretical significance. If so, there will be no meaningful questions about conjunctive or disjunctive ECP, the ECP as an LF or PF phenomenon (or both), and so on. Note that no aspect of the ECP can apply at the PF interface itself, since there we have only a phonetic matrix, with no relevant structure indicated. The proposal that the ECP breaks down into a PF and an LF property (as in Aoun et al. 1987) therefore must take the former to apply either at S-Structure or at a new level of "shallow structure" between S-Structure and PF.

第五节　选读主要参考文献

1. 冯志伟,1999,《现代语言学流派》(修订本),西安:陕西人民出版社。
2. 冯志伟,1982,从形式语言理论到生成转换语法,载《语言研究论丛》,天津人民出版社。
3. 冯志伟,1984,生成语法的公理化方法,载《生成语法讨论会文集》,哈尔滨。
4. 〔美〕罗伯特·麦克切斯尼,诺姆·乔姆斯基和反对新自由主义的斗争,《每月评论》第50卷第11期。
5. 刘润清,1988,《现代语言学名著选读》(上、下册),北京:测绘出版社。
6. 〔美〕诺姆·乔姆斯基著,1986,黄长著、林书武、沈家煊译,《句法理论的若干问题》,中国社会科学出版社。
7. 〔美〕诺姆·乔姆斯基著,1992,徐烈炯等译,《乔姆斯基语言哲学文选》,北京:商务印书馆。
8. 石定栩,2002,《乔姆斯基的形式句法:历史进程与最新理论》,北京:北京语言文化大学出版社。
9. 徐烈炯,1987,生成语法三十年,《外语教学与研究》。
10. 徐烈炯,1988,《生成语法理论》,上海:上海外语教育出版社。
11. 吴刚,2006,《生成语法研究》,上海:上海外语教育出版社。
12. N. Chomsky, 1995, *The Minimalist Program*, Cambridge：MIT Press.

第六节　选读思考题

1. 生成语法与传统语法、结构主义语法的本质区别在哪里?
2. 为什么说,生成语法研究的对象是Ⅰ语言?Ⅰ语言中的"Ⅰ"的涵义是什么?
3. 在生成语法的研究与语料库语言学的研究有什么实质性的差别?
4. 什么是语言知识的本质问题?
5. 什么是语言知识的来源问题?
6. 什么是语言知识的使用问题?
7. 为什么在生成语法研究中要坚持"牛顿—伽利略风格"?
8. 在最简方案中,为什么要取消D-结构交互层面?

9. 在最简方案中,为什么要取消 S-结构交互屋面?
10. 什么是推导运算的"迟延原则"?
11. 什么是推导运算的"自私原则"?

第五章

韩礼德《功能语言学导论》

外文书名：*An Introduction to Functional Grammar*
作　　者：M. A. K. Halliday
出版社：Beijing：Foreign Language Teaching and Research Press
出版时间、版次：2000年，第1版
摘选及撰稿：李成军

第一节　作者及有关学术背景

一、韩礼德生平

韩礼德（M. A. K. Halliday），英国语言学家，1925年生于英国英格兰约克郡的利兹。他最初在伦敦大学主修中国语言文学，1947—1949年来到中国，在北京大学，师从罗常培先生，1949—1950年转入岭南大学师从王力先生学习现代汉语。随后，韩礼德回到英国进入剑桥大学，师从著名语言学家弗斯（J. R. Firth）攻读博士学位，1955年获得哲学博士学位。毕业论文的题目是《"元朝秘史"汉译本的语言》(*The language of the Chinese "Secret History of the Mongols"*)。博士毕业后，韩礼德先后在剑桥大学、爱丁堡大学和伦敦大学担任语言学教授，后来还曾担任美国耶鲁大学、布郎大学和肯尼亚内罗毕大学的客座教授。1972—1973年在美国加利福尼亚州斯坦福行为科学院高级研究中心任研究员，1973—1975年担任美国伊利诺斯州立大学语言学教授。此后，韩礼德移居澳大利亚并帮助筹建悉尼大学语言学系并担任系主任。韩礼德先后被授予英国科学院的通讯院士、澳大利亚人文科学院院士、欧洲科学院荣誉院士、悉尼大学终身荣誉教授,同时还被法国南希大学、英国伯明翰大学、希腊雅典大学、澳大利亚麦考里大学、香港岭南大学、英国加的夫大学、印度中央英语和外语学院等大学授予荣誉博士(院士)。韩礼德经常在世界各地进行讲学和科研活动,多次到中国进行学术讲座和访问,最近一次是 2004 年 3 月到中国中山大学讲学半个月。韩礼德不仅对英语和汉语有独到的研究,还对儿童或个人语言发展及语言与社会学和符号学的关系有着深刻的研究;他更是一位多产的语言学家,在各种学术杂志上发表了 163 篇论文,出版了 15 部语言学专著,如 *Explorations in the Functions of Language*(1973)、*Language and Social Man*(1974)、*Cohesion of English*(1976)、*System and Function in Language*(1976)、*Leaning How to Mean*(1975)、*Structure and Function in Language*(1977)、*The Social Interpretation of Language and meaning*(1978)、*Systemic Background*(1983)、*Dimensions of Discourse Analysis*(1985)、*How Do You Mean*(1992)、*Language and the Reshaping of Human Experience*(1995)、*Things and Relations:Regrammatizing Experience as Technical Knowledge*(1996)等。

  韩礼德一生的主要贡献在于他继承并发扬了以弗斯为代表的伦敦语言学派,同时受马林诺夫斯基(B. Manlinowski)、叶尔姆斯列夫(L. Hjelmslev)和沃尔夫(Whorf)及布拉格学派其他成员的影响,建立和发展了独树一帜的系统功能语法。从 20 世纪 50 年代到 60 年代,韩礼德坚持从系统和功能两大角度来研究语言,对乔姆斯基的纯形式理论进行批评;通过对弗斯关于"系统或选择是在语言的结构内部进行的,因而结构是第一性的"理论进行修正,韩礼德明确提出"系统的概念适用于级(注:韩礼德的"级"指语篇、句子、小句、词组、短语、词和语素)的自上而下的各个层次,在语言深层中存在的是系统而不是结构",即"系统存在于所有层次",并探讨和发展了有关系统语法的理论,即从阶和范畴语法(scale and category grammar)过渡到系统语法(systematic grammar);在对语言的描写上用单位(unit)、结构(structure)、类别(class)和系统(system)四个范畴与级别(rank)、精度(delicacy)和标示(exponence)三个阶来完成。随后从 20 世纪 60 年代中期开始,韩礼德大致花了五年时间,围绕英语的及物性系统对英语的语义发表了独特的见解,他认为英语的语义由三个元功能部分组成,即概念功能部分(包括及物性系统、语态系统和情态意义系统)、人际功能部分(包括语气系统、情态系统和语调系统)和语篇功能部分(包括主位系统、信息系统和衔接系统)。韩礼德特别强调从用途或功能方面来考察语言,从而全面建立起他的丰富具体的功能语法体系。

二、欧洲功能学派

功能主义(Functionalism)一词主要指当代语言学界中与形式主义相对比的一种学术思潮,主要是欧洲的功能主义语言学派。与美国的结构主义语言学完全不同,欧洲功能主义语言学最初源自于欧洲的结构主义语言学,旨在通过语言在社会交际中应实现的功能来描写和解释各种语言音系的、语法的和语义的语言学特征;重视形式与意义的结合,强调语言的实际使用情况。功能主义已经成为当今语言学研究中的一大思潮。在欧洲功能语言学思潮中,影响相当大的要数布拉格(Prague)学派和伦敦(London)学派。布拉格学派的先驱者是马泰修斯(V. R. Mathesius),它所说的功能主要包括语言在交际行为中的功能、语言在社会中的作用、语言在文学中的功能以及从功能观点看语言在不同层次方面的问题,布拉格的功能主义后来由法国学者马丁内继承和发展。伦敦学派的兴起稍微晚一点,由英国语言学家约翰·弗斯开创,这个学派的主要成员包括帕默(F. Palmer)、莱昂斯(John Lyons)、罗宾斯(R. H. Robins)和韩礼德。韩礼德是弗斯的学生。弗斯最重要的语言学贡献在于他提出意义分析是语言研究的中心,情景可用作分析意义的理论和方法以及韵律分析法。弗斯逝世以后,韩礼德教授继承和发展了他的理论,形成新弗斯学派,成为"新弗斯派"的领军人物和最重要的代表。韩礼德受弗斯和马林诺夫斯基影响很深,在20世纪60年代后期接受布拉格学派的"功能句子观"和美国的S.拉姆的"语言层次和体系"的理论,从20世纪六七十年代陆续发表了许多有关语言系统与功能的著述,逐步建立和形成了他的系统功能语法理论体系,并使该学派成为当代语言学中独树一帜的语言派别。

当代功能语言学体系中的"功能"主要指语言的交际功能或社会功能,即语言的元功能,认为句法作为语言的一部分并不是自足的,它跟语言的词汇和语义部分密切相关,没有明确的界限。形式主义主要用特殊规则或原则来描写语言事实,而功能主义侧重于用概括性很强的原则来解释语言事实,从语言的外部因素(语言的功能、人类的认知和语言的历史演变)来解释语言的结构规律。

系统功能语法学派的语言学家们每年举行一次系统理论讨论会,已经成为惯例。第一届至第八届在英国召开。随着影响的扩展和队伍的扩大,1982年第九届年会在加拿大召开,这标志着该学派的理论已具有国际影响。1985年美国密歇根大学举办第十二届年会,由于美国是布龙菲尔德结构主义和乔姆斯基转换生成语法学派的堡垒,所以在美国举行这样的大会具有深远意义。

系统功能语法不拘一格,博采众长,日益受到整个语言学界的重视。在当代中国,系统功能语言学的研究最著名的有北京大学的胡壮麟、香港大学的徐盛桓、复旦大学的朱永生、中国海洋大学的张德禄、中山大学的黄国文,以及黄衍、钱军、李战子、彭宣维、严世清、刘汝山等学者。

三、韩礼德的系统功能语言学思想

韩礼德教授是当今世界两大主要语言学派(形式主义语言学和功能主义语言学)之一的系统功能语言学的创始人(注:另一派形式语言学的创始人为美国的 N. Chomsky),世界语言学界的杰出代表和大师。他既重视系统概念又重视功能概念,他的语言学框架在当代世界语言学及应用语言学界都具有广泛和深远的影响。系统功能学派的兴起,与整个语言学的功能主义思潮有关。系统功能语法包括"系统语法"和"功能语法"两个部分,但这不是两种语法的简单综合,而是一种完整的语言理论框架的两个不可分割的方面。系统语法或系统语法学着重说明语言作为系统的内部底层关系,它是与意义相关联的可供人们不断选择的若干个子系统组成的系统网络,又称"意义潜势"。语言作为符号的一种,在表述说话人想要表达的语义时,必然要在语言的各个语义功能部分进行相应的选择。功能语法重点需要说明的是:语言是社会交往的工具,语言系统是人们在长期交往中为了实现各种不同的语义功能而逐渐形成起来的;人们在交往中需要在语言系统中进行选择时,也是根据所要实现的功能而进行有动因的活动。换句话说,"系统功能语法"除了研究语言符号系统的构成及其内部各个子系统,以及这些子系统运作的方式外,还要研究语言在使用过程中所发挥的作用以及如何发挥这些作用。所以许多人干脆把韩礼德的语言理论称为"功能语言学"或"功能语法"。正如韩礼德自己所言,他的系统功能语言学最为关心的问题是:"人们是怎样破译高度浓缩的日常话语,又是怎样利用社会诸系统来进行破译的呢?"

一般来讲,韩礼德系统功能语法的理论核心主要有六点,即人们通常所说的功能语法的六个核心思想。

1. 元功能或纯理功能(metafunctional)的思想

韩礼德将语言与语言的外部环境进行联系,同时对语言的内部关系进行解释。他认为语言的性质决定人们对语言的要求,即语言所必须完成的功能。这种功能千变万化,具有无限的可能性,但其中有着若干个有限的抽象的功能是语言本身所固有的,这就是"纯理功能"(注:所谓"纯理",指这些功能相当抽象),或称"元功能"。纯理功能包括三个方面:(1)概念功能:包括经验(experiential)功能/或关于所说"内容"的功能和逻辑功能;(2)人际(interpersonal)功能:指语言是社会人的有意义的活动,是做事的手段,是动作,因此语言能反映人与人之间的不同的地位与关系;(3)语篇功能:指实际使用中的语言的基本单位不是词或句这样的语法单位,而是"语篇",它表达相对而言比较完整的思想。概念功能、人际功能和语篇功能三个方面结合成一体,无主次之分。

2. 系统的思想

韩礼德不同意索绪尔等人把语言仅仅看成是一套符号的集合。他认为:(1)对语言的解释要用意义的有规则的源泉(意义潜势)来解释,因为语言不是所有合乎语法的句子的集合;(2)结构是过程的底层关系,是从潜势中衍生的,而潜势可以更好地用聚合关系来表达,语言系统是一种可进行语义选择的网络,当有关系统的每个步骤——实现后,就可以产生结构;(3)系统存在于所有语言层次,各个层次系统都有表示自己层次的意义潜势。

3. 层次的思想

韩礼德认为语言是一种多层次的系统结构,包括内容、表达和实体三个层次,各层次间相互联系。他认为:(1)语言是有层次的,至少包括语义层、词汇语法层和音系层;(2)各个层次之间存在着"实现"(realize)关系,即对"意义(语义层)"的选择实现于对"形式(词汇语法层)"的选择,对"形式"的选择体现于对"实体(音系层)"的选择;(3)整个语言系统是一个多重代码系统,即由一个系统代入另一个系统,然后又代入另一个系统;(4)采用层次的概念可以使人们对语言本质的了解扩展到语言的外部,语义层实际上是语言系统对语境即行为层或社会符号层的体现。

4. 功能的思想

韩礼德的功能思想属于语义的概念,这里的功能是形式化的意义潜势的离散部分,是构成一个语义系统的起具体作用的语义成分,词汇语法的成分或结构只是它的表达格式。如:

The little girl broke her glasses at school.
概念功能:及物性　动作者　　过程　目标　　　环境
词汇语法:　　　　名词词组　动词　名词词组　介词短语

这就将表达式和它所表达的语义清楚地分为不同的层次,而后对这里所涉及的每一个部分再进行具体的研究。

韩礼德认为语言的及物性仅是语义的一个组成部分,从表层即可描写,不强求一致。概念部分中有表示肯定与否定的归一性,人际部分和语篇部分的各个语义系统均可表示语义。

5. 语境的思想

韩礼德认为如果人们把语言当作一个整体来看待,那么就必须从外部来确定区别语义系统的标准,也就是要依靠语境来确定属于同一语义类型的语言材料是否具有同一意义的标记。语言之外的社会语境或情景与语言一样也是语义的一部分。"社会语境"、"环境"、"相互交往"等概念与"知识"和"思维"在理论上是同类型的,即相互交往能解释知识。

6. 近似的或盖然的思想

韩礼德从信息理论中汲取了"近似的"(approximative)或"概然的"(probabilistic)思想。他认为:(1)语言固有的特征之一是概然的,这种特征在人们选择词汇时表现得最为明显,例如,从英语中选择"人行道"一词时,有人习惯用 sidewalk,有人却喜欢 pavement 等;(2)人们只能从相对概率来掌握语言的使用范围,把这种思想推及到对语法系统的描写时,各种句型的使用也有一个盖然率的问题。可见,要掌握不同形式语言项目的使用,必须精确地区别语义与特定情景语境的关系;(3)概然理论的重要性说明,不同语域之间的差别可能就是它们在词汇语法层面上的盖然率不同,它受制于所要表达的不同语义的确切程度。

韩礼德功能语法的研究方法值得人们重视,他沿用传统语法的成果,但着重对语义结构和语用因素的分析。他认为语义内容决定语言形式,先从意义出发,寻找决定句法结构的语义因素,然后根据这个语义因素对相关语言现象进行分析,最后结合语用因素调整句法结构。他的系统功能语法区分语素、词、词组、小句和句子几种语法单位,并声称以小句为主,然后分析小句以下和小句以上的语法现象。

另外,韩礼德的功能语法是在与其他领域和学科的结合中吸取营养而发展的。确切地说,作为一门学科,功能语法在 20 世纪 80 年代才基本趋于完整和稳定,并成为当今语言学研究的主要潮流之一。

四、韩礼德的《功能语法导论》

《功能语法导论》一书出版于 1985 年,再版于 1994 年,其英文名为 *An Introduction to Functional Grammar*,2000 年由(中国)外语教学与研

究出版社(Foreign Language Teaching and Research Press)与(英国)爱德华·阿诺德出版社(Edward Arnold(Publishers) Limited)联合出版。这是一本内容丰富而通俗易懂的语言理论方面的概论性教科书,书中既有对功能语法的具体论述,也有将功能语法运用于语篇分析的实际操作,因此,可以说这是广大语言文字工作者或语言学爱好者值得一读的当代语言学经典著作。

在《功能语法导论》这部著作中,韩礼德基于语言是制造意义的源泉,提出了许多重要的概念。如层面(语义层面、词汇语法层面、音系文字层面);级阶(rank,如在语法层面存在句、小句、短语等不同的级阶),在音系层面,有句调、调群、音步、音节、音位等级阶。同一层面的级阶是构成关系,且各构成关系之间的性质不变;层面间的关系是实现关系(realization)。如音系方面:音位构成音节,音节构成音步,音步构成调群,调群构成语调;语法方面:语素构成词,词构成词组、短语,词组、短语构成小句,小句构成句。但层面间的要素不是一一对应的关系。韩礼德认为人类的语法与人类的经验有着直接而天然的联系,并由此提出语言具有三大纯理功能:概念功能、人际功能和语篇功能。概念功能和人际功能与人类的各种经验有关,语篇功能与语言系统内部的因素有关。每一个元功能之下还有更小的功能,它们又形成一个个语义网络。如概念功能包含及物性系统、语态系统和归一性系统(肯定或否定);人际功能包含语气系统、情态系统和语调系统;语篇功能包含主位系统、信息系统和衔接系统。语言的三大纯理功能相互结合或相互映现,但它们彼此之间不存在替代、衍生、包孕等关系。通过这样的语义网络系统,最终实现到语法。

《功能语法导论》描写的是功能部分,即从功能入手对各种语法模式加以解释。系统语法专门研究可供人们在言语活动中进行选择的各种可能性,而功能语法着重描写选择的依据及经过选择后产生的语言结构所具有的各种语法作用。可见,《功能语法导论》体现了韩礼德对语言结构的看法:语言分为表达方面和内容方面,他们各有其存在的实体与形式,表达方面的实体与形式分别是语音和音位,内容方面的实体和形式分别是语义和语法。韩礼德以此为基础提出了他的语言理论模型:语义系统位于人类经验之上,通过词汇、语法、音系、文字达到有物质形式的声音和图形,越往人类经验的方向走,其最小系统的数目就越多,反之就越少;语言的各个结构层面,从上到下是实现的过程,同时,语言经过三次编码实现为声音、图形的实体。《功能语法导论》一书也体现着韩礼德功能语言学与结构主义语言学及欧洲其他功能语言学的实质性不同,是韩礼德功能语法思想或理论体系已经成熟的标志。

《功能语法导论》全书共分两大部分,每部分各有五章,共十章,比较全面而详细地阐述了韩礼德功能语法的思想体系。第一部分谈论小句(clause)及其相关问题,是韩礼德《功能语法导论》的重点,;第二部分谈论小句、小于小句、小句周围及小句之外所产生的众多问题。

第二节 本书章节目录

引　言
第一部分　小句 (The Clause)
第 1 章　成分 (Constituency)
1.1　写作中的成分 (Constituency in writing)
1.2　言语中的成分 (Constituency in speech)
1.3　节奏:音步 (Rhythm: the foot)
1.4　语调:调群 (Intonation: the tone group)
1.5　音节与音位 (Syllables and phonemes)
1.6　成分结构的意义 (The significance 0f constituent structure)
第 2 章　建立功能语法 (Towards a functional grammar)
2.1　语法成分 (Grammatical constituency)
2.2　最大括弧法与最小括弧法 (Maximal and minimal bracketing)
2.3　标记 (Labelling)
2.4　类别与功能 (Classes and functions)
2.5　主语,动作者与主位 (Subject, Actor, Theme)
2.6　小句中意义的三个层次 (Three lines of meaning in the clause)
第 3 章　小句的信息功能 (Clause as message)
3.1　主位与述位 (Theme and Rheme)
3.2　超过一个词组或短语的简单主位 (Simple Themes of more than one group or phrase)
3.3　主位与语气 (Theme and mood)
3.4　其他特点的主位 (Other characteristic Themes)
3.5　多重主位 (Multiple Themes)
3.6　用作主位的小句 (Clauses as Themes)
3.7　用作谓语的小句 (Predicated Themes)

3.8 从句,零句和省略句中的主位（Theme in dependent, minor and elliptical clauses）

3.9 语篇的主位解释（Thematic interpretation of a text）

第4章 小句的交换功能（Clause as exchange）

4.1 对话的本质（The nature of dialogue）

4.2 语气成分（The Mood element）

    4.2.1 语气结构（Structure of the Mood）

    4.2.2 主语和定谓词的意义（Meaning of Subject and Finite）

4.3 语气结构的其他成分（Other elements of Mood structure）

    4.3.1 剩余成分结构（Structure of the Residue）

    4.3.2 情态状语（Modal Adjuncts）

    4.3.3 连接性状语（Conjunctive Adjuncts）

    4.3.4 称呼语和附加语（Vocatives and Expletives）

4.4 特殊疑问句,感叹句和祈使句（WH-interrogative, exclamative and imperative clauses）

4.5 归一度与情态（Polarity and modality）

4.6 情态结构的成分空缺（Absence of elements of the modal structure）

    4.6.1 省略句（Ellipsis）

    4.6.2 零句（Minor clauses）

4.7 用作主语的小句（Clause as Subject）

4.8 语篇（Texts）

第5章 小句的表述功能（Clause as representation）

5.1 过程,参与者与环境（Process, participant and circumstances）

    5.1.1 模拟经验（Modelling experience）

    5.1.2 过程、参与者与环境（Process, participants and circumstances）

5.2 物质过程:做的过程（Material process：processes of doing）

5.3 心理过程:感觉的过程（Mental process：process of sensing）

5.4 关系过程:是的过程（Relational process：processes of being）

    5.4.1 关系过程（Relational process）

    5.4.2 集约式过程:修饰（Intensive process：attributive）

    5.4.3 集约式过程:认同（Intensive process：identifying）

    5.4.4 标记与价值（Token and value）

5.4.5 修饰与认同类小句小结（Summary of attributive and identifying (intensive) clause）

5.4.6 环境与属有过程（Circumstances and possessive processes）

5.5 其他过程类型：过程类型小结（Other process types; summary of process types）

5.5.1 受益过程（Behavioural processes）

5.5.2 言语过程（Verbal processes）

5.5.3 存在过程（Existential processes）

5.5.4 过程类型小结（Summary of process types）

5.6 其他参与者功能（Other participant functions）

5.6.1 受益者（Beneficiary）

5.6.2 范围（Range）

5.7 环境因素（Circumstantial elements）

5.7.1 环境类型（Types of circumstances）

5.7.2 环境地位（The status of circumstances）

5.8 及物性与语态（Transitivity and voice: another interpretation）

第二部分 超越小句（Above, Below and Beyond the Clause）

第6章 小句之下：词组与短语（Below the clause: groups and phrases）

6.1 词组与短语（Groups and phrases）

6.2 名词词组（Nominal group）

6.2.1 名词词组的经验结构：从指称语到类别语（Experiential structure of the nominal group: from deitic to Classifier）

6.2.2 名词词组的经验结构：语序的解释（Experiential structure of the nominal group: interpretation of ordering; the Qualifier）

6.2.3 名词词组的经验结构：事物（Experiential structure of the nominal group: the thing）

6.2.4 人际功能与语篇功能的注解（A note on interpersonal and textual contributions）

6.2.5 名词词组的逻辑结构（Logical structure of the

nominal group)

    6.2.6 中心词与事物（Head and thing）

6.3 动词词组（Verbal group）

    6.3.1 动词词组的经验结构（Experiential structure of the verbal group）

    6.3.2 动词词组的逻辑结构（Logical structure of the verbal group）

    6.3.3 定谓词序列与非定谓词时态系统（Finite sequent and non-finite tense systems）

    6.3.4 短语动词（Phrasal verbs）

6.4 副词词组，连词词组与介词词组（Adverbial group, conjunction group, preposition group）

    6.4.1 副词词组（Adverbial group）

    6.4.2 连词词组（Conjunction group）

    6.4.3 介词词组（Preposition group）

6.5 介词短语（Prepositional phrase）

6.6 词类小结（Summary of word classes）

第7章 小句之上：小句复合体（Above the clause：the clause complex）

7.1 "小句复合体"与"句子"（'Clause complex' and 'sentence'）

7.2 小句的关系类型（Types of relationship between clauses）

7.3 相互依赖关系：并列关系与从属关系（Types of interdependency：parataxis and hypotaxis）

7.4 扩展的三种类型：解释，延伸与增强（Elaborating, extending, enhancing：three kinds of expansion）

    7.4.1 解释（Elaboration）

    7.4.2 延伸（Extension）

    7.4.3 增强（Enhancement）

    7.4.4 逻辑语义关系无明显标记的扩展小句（Expansion clauses that are not explicitly marked for any logical-semantic relations）

    7.4.5 内包扩展（Embeded expansions）

    7.4.6 行为（Acts）

7.5 投射的三种类型：报道思想和事实（Reports, ideas and facts：

three kinds of projection)

  7.5.1 引述（直接引语）：言语过程和并列关系（Quoting ('direct speech')：verbal process，parataxis）

  7.5.2 报告（间接引语）：心理过程和从属关系（Reporting ('indirect speech')：mental process，hypotaxis）

  7.5.3 报告言语和引述思想（Reporting speech，quoting thought）

  7.5.4 投射提供和命令（Projecting offers and commands）

  7.5.5 自由间接引语（Free indirect speech）

  7.5.6 内包语辞和思想（Embeded locutions and ideas）

  7.5.7 事实（Facts）

  7.5.8 投射小结（Summary of projections）

第7章补充 词组与短语复合体（Additional：Group and phrase complexes）

  补充1 并列关系：词组和短语（Parataxis：groups and phrases）

  补充2 从属关系：名词词组（Hypotaxis：nominal group）

  补充3 从属关系：副词词组和介词词组（Hypotaxis：adverbial group/prepositional group）

  补充4 从属关系：动词词组，扩充（1）：一般（Hypotaxis：verbal group，expansion（1）：general）

  补充5 从属关系：动词词组，扩充（2）：被动与致使（Hypotaxis：verbal group，expansion（2）：passives and causatives）

  补充6 从属关系：动词词组，投射（Hypotaxis：verbal group，projection）

第8章 小句之旁：语调与节奏（Beside the clause：intonation and rhythm）

  8.1 简介：音步与调群（Introductory：foot and tone group）

  8.2 节奏（Rhythm）

  8.3 声调群（Tone group）

  8.4 信息单位的本质（Nature of the information unit）

  8.5 已知信息与新信息的意义（Meaning of Given and New）

  8.6 已知信息＋新信息与主位＋述位（Given ＋ New and Theme ＋ rheme）

  8.7 声调（Tone）

8.8 语调与前语调（Tonic and pretonic）

8.9 基调（Key）

8.10 表达单位复合体关系的语调（Tone as expression of relationship in a unit complex）

第 9 章 小句周围：衔接与话语（Around the clause: cohesion and discourse）

9.1 衔接的概念（The concept of cohesion）

9.2 所指（Reference）

9.3 省略与替代（Ellipsis and substitution）

9.4 连接（Conjunction）

9.5 词汇衔接（Lexical cohesion）

9.6 语篇的产生（The creation of texture）

第 10 章 小句之外：表达的隐喻模式（Beyond the clause: metaphorical modes of expression）

10.1 修辞转义（Rhetorical transference）

10.2 语法隐喻（Grammatical metaphor）

10.3 概念隐喻（Ideational metaphors）

    10.3.1 及物性隐喻（Metaphors of transitivity）

    10.3.2 隐喻形式的表述（The representation of metaphorical forms）

    10.3.3 口语和书面语（Spoken and written language）

    10.3.4 概念隐喻与名物化（Ideational metaphors and nominalization）

10.4 人际隐喻（Interpersonal metaphors）

    10.4.1 情态隐喻（Metaphors of modality）

    10.4.2 情态的进一步说明（A further account of modality）

    10.4.3 语气隐喻（Metaphors of mood）

附录（Appendices）

附录 1 "银器"语篇：分析与解释（The 'silver' text: analysis and interpretation）

附录 2 短小语篇的语法注解（A note on the grammar of little texts）

附录 3 小句主位的变异（Variations on a causal theme）

第三节 各章内容提要

引言

引言部分首先对《功能语法导论》书名进行了解释：使用"功能（functional）"一词表明功能语法是对语篇、系统和语言结构成分的解释。(1) 功能语法本质是"自然"语法，它描写语言如何使用的状况，(2) 语言中意义（概念意义和人际意义）的基本成分是功能成分，(3) 对语言中每个成分的解释是通过它在整个语言系统中的功能完成的。使用"语法（grammar）"一词，是因为句法（syntax）属于形式语言学的术语（与语义学相对），只是语法的一部分；另外，句法将语言作为形式系统解释，而功能语法将语言作为意义系统解释。然后交代了功能语法的写作原则与写作计划、理论方法（功能语法通过系统网络生成或切分语篇）。功能语法语言描写的理论方法基于弗斯的系统结构理论、叶尔姆斯列夫的抽象原则和布拉格（Prague）学派的许多概念。在西方，语言学理论总在索绪尔（F. Saussure）结构主义语法与乔姆斯基（Chomsky）的生成语法两种方法之间分化。功能语法是关于语言系统的语法，也是关于语篇的语法。《功能语法导论》的目的就是建构能进行语篇分析的语法。不以语法为基础的话语分析不是话语分析。语篇是语义单位，但语篇的意义是通过词汇语法（Wordings）体现的；不通过语法，就无法解释语篇的意义。"自然"语法指语法与意义"自然"关联，很难分开。语义学与语法的关系是一种体现关系，词汇语法"体现"意义或对意义进行编码，它本身又通过语音或文字体现。接着作者对词与句子（句以下是结构关系，句以上是非结构关系）、系统与语篇（语言系统研究的目的是更好地理解语篇，对语言系统的分析是对语篇进行分析的基础）、口语（口语先于书面语）及语言的无意识（通过语言使用掌握语言规则）进行介绍，并列举了功能语法的二十多种用途以及功能语法可能存在的问题等。除此以外，作者对全书各个章节的主要内容与布局进行了大致介绍。他专门强调了本书是关于英语而非其他语言的功能语法，三大纯理功能在不同语言中表现会有所不同。

第一章 成分

本章主要介绍各类组成成分（Constituency），这里的成分结构的概念是语法成分。大成分由小成分（直接成分）组成，小成分可分成更小的成分，不能再分的成分是最终成分。同一层级的成分构成某种成分结构。英语书面语由段落组成，段落由句子组成，句子以下又有从句、词、字母等层级结构。可用树形图(Tree diagram)与括弧法(Bracketing)对成分结构进行分析,它们各有利弊。同时,口语成分与书面语成分也有差异。节奏(Rhythm)由一系列节拍按一定的间隔完成。音步(Foot)是节奏的基本单位,由音节(Syllable)组成,但不同音步中音节的数目是变化的。传统韵律分析(Metric analysis)以音步的数目及音步中音节的数目和分布为基础,但这种传统的韵律分析在某些方面有缺陷,特别是混淆了音节的"强/弱"(Strong/Weak)对立与音节的"长/短"(Long/Short)不同。语调及语调群(调群复合体)是音位学的成分,位于音步之上,由一个或多个音步组成。音节及其音位(Morpheme)在音步以下。语言是多种成分多种层级构成的系统,各种成分层级相互独立,但又相互匹配产生不同的语义。书面语的成分结构(Constituent structure)很可能是广义音位系统的重构。同口语一样,它的功能用于高层次语言模式(即语法模式)体现。音位系统(Phonology)和文字系统(Graphology)的成分层次体系既用作语法的一般类推,也用于说明在人们调查语法产生意义时的作用过程是十分重要的具体特征。组成成分是结构构成的形式,是实现意义的机制的一部分。成分结构是相互映射不同意义并用具体形式对它们进行编码的手段。

第二章 建立功能语法

英语中的单位自下而上可分为语素(Morpheme)、词(Word)、词组/短语(Group/Phrase)和小句(Clause)。词组术语和短语术语同时使用,但词和小句是基本单位。由于采用功能解释模式,本书将语言项目当作表达(Expression)而不是形式(Form);关注的重点是位于词之上的单位特别是小句,而不是词的内部成分结构。对于语法成分之间的关系可用最大括弧法(Maximal bracketing)和最小括弧法(Minimal bracketing)分析。最大括弧法实际上是直接成分分析法(Immediate constituent analysis),是对成分部分组成顺序的陈述,在树状图中节点多,尽可能使用大量的结构(括号)。最小括弧法是级阶成分分析法(Ranked constituent analysis),尽可能少用括号或没有括号。功能语法采用最小括弧法,每个节点与级阶上的单位一致。标记(Labelling)是对节点(语法成分)进行标记,即将某些名称放到事物上。语言单位有类别标记(Class label)和功能标记(Function label)两种方法,类别标记是词典术语,而功能标记是对语篇的分析解释。比如,使用修饰语(Modifier)和中心词(Head)名称是功能标记而使用形容词和名词概念则是类别标记。同一类别的词可以不止一种功能,同一种功能也可由不同类别的词完成。标记是根据语言系统和每层的结构对语言作出解释的结果。功能语法使用标记是为了说明功能而不是类别。功能标记提供了解释语法结构的手段,从而使特定实例与作为整体的语言系统联系起来。主语(Subject)、施事(动作者)(Actor)和主位(Theme)是小句中应区别的三种不同的概念。三者在意义上不同,但彼此又相互关联。主语相当于传统语法中的语法主语(Grammatical subject),动作者是逻辑主语(Logical subject),主位是原来的心理主语(Psychological subject)。主位体现信息的功能,是信息的出发点。主语发挥交换的功能,是交换的依据。动作者实施表述功能,是过程的积极参与者。小句的主位、主语和动作者中的每一种意义通过某种特定功能的配置来解释。不同的系统中,不同语法成分有各自不同的术语。功能语法中,概念功能、人际功能和语篇功能各自又包含若干子系统。

第三章 小句的信息功能

本章主要谈论语篇功能中的主位—述位结构。主题—述题概念不能代替主位—述位概念,因为主题—述题隐藏了主位—述位和已知信息—新信息两个概念。主位从功能角度被定义为来自于小句开头位置的成分,并与其他成分将小句组织成一种信息,其配置为:主位+述位,主位是信息的始发点。英语语法的小句开头位置不是定义的主位,只是主位功能体现的手段。主位不必是名词词组,也可有副词词组或介词短语充当。小句的主位在言语中常由语调标记出来,以独立的声调群说出。声调群常表达某种信息单位,如果一个小句由两个信息单位组成,则两个信息单位之间的界限与主语和谓语的连接极可能一致。在主位—述位结构中突出的成分是主位。常见主位由形成单一结构成分的两个或多个词组或短语组成,这样的词组或短语复合体功能上是主位的功能。名物化形式在信息结构中成为单一成分,其功能是充当主位,但在有些突出或标记性结构中,名物化的功能是充当述位。英语小句中的某些成分是否被选做主位取决于讲话者对语气的选择。

从语气角度,英语的句子大致分为直陈(Indicative)和祈使(Imperative)两大类。直陈语气又可分为陈述(Declarative)和疑问(Interrogative)。感叹语气归并在有特殊主位结构的陈述语气中。陈述句是典型的主位与主语相合,但这种主位是非标记性主位,充当主位最多的是人称代词 I。但陈述句中非主语的主位通常是标记性主位。疑问语气又可细分为是非(Yes/No)疑问和特殊(Wh-)疑问。疑问句典型的功能是提出问题,一般疑问句的主位是限定成分+主语,特殊疑问句的主位常常是疑问词本身。祈使句的功能是讲话者要求听话者或别人做某事,在祈使句语气结构中,动词的功能即定谓词的功能是充当非标记性主位。

关于其他特点的主位。如连接性状语,联系小句与前面的语篇,情态状语表达言语者对有关信息相关性的判断。连词联系小句复合体中的小句,关系词联系出现在另外小句中的小句,关系词组或短语在小句中共同充当小句的主位。主位有简单主位、多重性主位和小句主位及谓语性主位等。简单主位组成小句结构的单一成分,但也可是一个或一个以上的词组或短语的复合体。多重性主位的顺序通常为"语篇主位">"人际主位">"概念主位"。语篇主位是接续词(话语特征词)、结构主位(主位成分、连词和疑问关系词)与连接性词语(某些连接性状语)的任何组合。人际主位是称呼词(典型的是人名)、情态(任何情态状语)和语气标记的任何组合。小句复合体由中心小句和修饰性小句组成,而在两个成分组成的小句中,仍然有主位结构。当小句主位出现在小句复合体中时,主位的数目及主位的确定,严格的讲,取决于语调。小句中具有表述功能的成分由谓词标记出来。语调群指英语的言语像一种不间断的语调连续体向前推进,每种语调群组成一个信息单位,而信息单位可能比小句大,也可比小句小,位于信息单位末尾的新信息形成小句的述位部分,已知信息(包括主位)在前。充当谓语的主位结构常常与某些固定格式联系如:It was not..., It was..., who/which... 等。最后作者叙述了从句、零句和省略句中的主位。限定性从句用连词作为结构主位,非限定性从句可能用连词或介词做结构主位,后面跟有话题主位的主语。嵌套小句在名词词组结构内的功能是相当于限定关系的小句。零句没有语气和及物性结构,其功能是招呼、问候和感叹。省略句有复指省略和外指省略两种。

第四章 小句的交换功能

本章主要研究语言的人际功能。作者首先分析语言使用者中对话的实质问题,言语角色(Speech Role)最根本的类型是给予(Giving,请求接受)和求取(Demanding,请求给予)两种。交换物也有物品和服务(Goods & services)及信息(Information)两种,当交换物是物品和服务时,它没有语言的性质,听话者作出的反应只能是有限的接受或拒绝接受、给予或拒绝给予四种;当交流物是信息时,它具有语言的性质,小句以命题形式出现,形式多样,可以被肯定或否定、也可以被怀疑、反驳、坚持、有保留接受、改动、强化、感到遗憾等。小句在信息交换中的语义功能是命题(Proposition),小句在物品和服务交换的过程中的语义功能是建议(Proposal)。建议和陈述相互组合构成"提供(Offer)"、"命令

(Command)"、"声明(Statement)"和"问题(Question)"四项言语功能,要求相应的正面/负面或肯定/否定的八种反应。言语功能通过语气(Mood)系统区别,语气包括主语(the Subject)和定谓词(the Finite Operator),主语,是从功能重新定义的语法主语,由名词词组充当;定谓词属于动词词组的一部分,其功能是限定命题,帮助表达时态(说话时间是过去、现在或将来)和情态(说话者盖然性(Probabilities)或义务(Obligations)的判断)。在语气表达中,交换信息的语法范畴是直陈语气(Indicative),它包括陈述(Declarative)和疑问(Interrogative),疑问范畴内有包括表达归一性的是非(Yes/No)疑问和表示内容提问的特殊(Wh-)疑问。语气以外是剩余成分(Residue),剩余部分的功能成分有三种:谓语(Predicator)、补语(Complement)和附加语(状语,Adjunct)。谓语有四种功能:(1)规定言语事件的时间,(2)规定各种不同的体或相,(3)规定语态,(4)规定主语经历的过程(行为、事件、心理过程、关系)。补语在剩余部分不是主语但可能做主语,常由名词词组体现。状语(附加语)不可能做主语,常由副词词组或介词短语体现,介词短语有自己包含补语的内部结构。剩余部分的典型顺序是:谓语+补语+状语。状语有两种特殊的不遵循相同循序原则的类型:情态状语(Modal Adjuncts)和连接状语(Conjunctive Adjuncts)。情态状语根据语义的不同又分为语气状语(Mood Adjuncts)和评论状语(Comment Adjuncts),语气状语与归一性、情态、时间性和语气密切相关,评论状语与小句的语气结构关系不密切。情态状语具有人际功能,连接状语具有语篇功能。特殊疑问句在人际功能中比较突出,总是与主语、补语和状语相合,与主语相合时,成为语气成分的一部分,次序为主语+限定成分;与补语或状语相合时,成为剩余部分的一部分。感叹句(Exclamatives)中有特殊疑问句的成分what或how,what与补语相合,how与状语相合。祈使句(Imperatives)一般只包含剩余部分。归一性是肯定和否定之间的选择,英语中通过定谓词表达。陈述/命题(Proposition)中的归一性表现为断言(Asserting,肯定"是这样")和否定(Denying,否定"不是这样"),建议(Proposal)中的归一性表现为规定(Prescribing)和禁止(Proscribing),为了区别,韩礼德将前一种(表达命题)定名为情态(Modalization),后一种(表达建议)定名为意态(Modulation)。关于yes和no,如果表达某种言语功能,则是语气状语,如果不是,则是连接词。对主语的确认和归一性及其量值的选择由小句来体现,但剩余部分在开头出现后,便可略去(Ellipsis)或由do代替。最后,作者讨论了小句作主语以及自然语篇中语气结构可以省略

(Absence)的情况。

第五章 小句的表述功能

本章主要讨论语言的概念功能,内容相对较难。概念功能是语言对人们在现实世界中各种经验的反映,主要由及物性(Transitivity)和语态(Voice)来表达。及物性系统包含参与者(Participant)、过程(Process)和环境(Circumstances)(过程是其核心部分,一个过程可能关系到一个或一个以上的参与者和环境),一般由词汇语法中的名词词组、动词词组和副词词组/介词短语体现。过程分为物质过程(Material Process)、心理过程(Mental Process)、关系过程(Relational Process)、行为过程(Behavioural Process)、言语过程(Verbal Process)和存在过程(Existential Process)六种。每一过程都有两个参与者(他们的位置通过主动语态或被动语态来选择)及其具体的鉴别方法,有些过程通过非标记性的体现方法可确定自身的归属。作者从五个方面对物质过程与心理过程进行了区别:(1)心理过程总有一个指具体人的参与者,(2)心理过程中的主要成分的位置与物质过程中的(从某种意义上讲)是相反的,(3)两者在时态上不同,物质过程用一般时表示习惯或反复的过程,而心理过程则表示开始具有某种心理感觉,(4)心理过程通常是一种双向过程,(5)物质过程表现为"做某事"的过程,而心理过程表现为有某种"感觉"的过程。关系过程分为归属(Attributive)和识别(Identifying)两种。归属性关系过程带有四种指示标记:(1)次修饰语,(2)带标记的相,(3)时态,(4)小句结构;识别性关系过程有如下特点:(1)识别者常由限定性名词词组表示,(2)体现过程的动词是表示等同类关系的动词,(3)关系过程小句的检测方式短语有"which, who, which/who... as?"等,(4)小句常以主动语态出现,也可以是被动语态。在任何识别性小句中都有两个实体:标记(Token)和价值(Value)。行为过程指诸如呼吸、咳嗽、微笑、做梦和凝视的生理和心理行为,典型的行为过程小句只包括行为和过程。言语过程中的讲话者(Sayer)不一定是发话人,受话人(Receiver)也可作为参与者出现。存在过程中常用的动词是 be,there,它们在及物性系统中不表任何功能。关于另外两个参与者是受益者(Beneficiary)和范围(Range),其中最典型的受益者是人;范围可出现在物质过程、行为过程、心理过程和言语过程中。环境成分主要指程度、位置、方式(手段、性质和比较)、因果(原因、目的和利益)、偶然性、伴随、身份、角度等,大多数环境成分是介词短语;但识别环境成分有五大难点:(1)充当参与者的介词短语,(2)附属于动词的介词,(3)名词词组里面的介词短语,(4)

作为情态或连接修饰语的介词短语(因为它们在及物性系统之外),(5)环境的抽象或隐喻表达。与及物性分析法不同,作格模式分析法(Eragative Pattern)指小句中施事(Agent)或动作的外在原因的表现成分所具有的形式,它探究的是该原因是来自外部还是内部,但不管怎样,每个过程都离不开中介成分(Medium),作格分析法可以观察带各个参与者在小句中的实际功能。语态可分为中动(Middle)和非中动(Non-middle)两种,非中动语态又可分为主动(Active)和被动(Passive)两种。

第六章 小句之下:词组与短语

本章主要是对小句以下的单位:词组和短语(词汇复合体)进行描写。但对词组结构的解释必须将概念成分分为经验的和逻辑的两部分,在概念中心下描述的内容意味着经验的组织,但语言同时又是非常一般的逻辑关系的表达。词组是词的扩展,短语却是小句的压缩,但它们的功能作用相同。词组的并列关系组成分别用阿拉伯数字 1、2、3 等表示,词组的从属关系层次分别用希腊字母 α、β、γ、δ 等表示。在词组和短语中,概念功能、人际功能和语篇功能总是结合为一体。词组除名词词组、动词词组和副词词组外,还有介词词组和连词词组(Conjunctional group)。名词词组(Nominal group)通过冠词、数词、形容词、名词、小句和介词短语体现,它的经验结构由一个或多个指称语(Deictic)、数量语(Numerative)、修饰语(Epithet)、类别语(Classifier)、事物(Thing)和性质语(Qualifier)等功能成分来表达。指称语有特定指称语和非特定指称语之分;数量语有表数量的和表顺序的两类;修饰语有表示客观属性的和表示主观态度的两种;类别语十分宽泛,包括材料、比例、范围、目的、功能、地位、等级、来源和操作方式等。"事物"是名词词组的语义核心,可以是普通名词和专有名词,也可以是人称代词。名词词组中的事物与中心词并不巧合,比如修饰语也可转移到中心词上。名词词组的逻辑结构表示自然语言进行编码的普遍化的逻辑语义关系,可表述为"a 是 x 的子集",通常被看成是一种修饰关系。动词词组(Verb group)在语气结构(用作交换的小句)中发挥限定词+述谓成分或单独的述谓成分的功能,在及物性结构(用作表述的小句)中发挥过程的功能。限定动词词组的经验结构是定谓词与助动词加事件构成。动词词组的逻辑结构体现动词的时态系统(英语的时态是递归性系统)。动词词组中,定谓词与词汇动词及助动词不同,短语动词 Phrasal verb 指包含一个以上动词词汇动词。位于动词词组开头的定谓词与名词词组开头的指称语将事物事件与话语产生的情景语境联系起来。副词词组(Adverbial group)中,副词作为中心词,没有表示词汇意义的前置修饰语,后置修饰语只有表示比较的一类。介词词组(Prepositional group)与介词短语(Prepositional phrase)不同,介词词组中的中心语为介词,而介词短语中的介词语义相当于动词,具有"微型谓语词"的功能。最后,词类(Word classes)可概括为名词化词(Nominals,名词、形容词、数词和限定词)、动词化词(Verbials,动词和介词)和状语化词(Adverbials,副词和连词)三大类。

第七章 小句之上:小句复合体

本章主要描写小句结构关系的模型小句复合体并提供相应的语篇实例。句子是一种书写成分,而小句复合体(Clause complex)是句子以上的语法成分。对小句之间关系的解释有相互关系(Interdependency)和逻辑关系(Logical semantic)两种系统性的尺度,这两种尺度结合提供了描写小句复合体的功能框架。相互关系确定小句之间的关系是并列关系(Parataxis)还是从属关系(Hypotaxis)。并列关系从逻辑上讲是对称的和及物的,具有并列关系的小句复合体中的几个成分间的地位平等。从属关系则既不是对称的也不是及物的,具有从属关系的小句复合体中的几个成分间的地位不平等。逻辑关系确定小句之间的关系是扩展关系(Expansion)还是投射关系(Projection)。从句对主句的扩展有解释(Elaborating)、延伸(Extending)和增强(Enhancing)三种方式。对于并列关系的解释有说明(Exposition)、举例(Exemplification)和阐释(Clarification)等方法,无论是对并列关系还是对从属关系的解释,都应区别限定性从句与非限定性从句。从句对主句的延伸有添加、替换和交替等方式。一个小句增强另一个小句的意义可通过参照时间(Temporal)、空间(Spatial)、方式(Manner)、原因或条件(Causal-conditional)等方法实现。主句对小句的投射通过语辞(Locution)或事实(Facts)两种途径来实现。最简单的投射是直接引语,投射有报告(Reports)、思想(Ideas)和事实三种情况。除此以外,本章还涉及包孕小句和行为小句等内容。最后,作者对本章有关投射的内容进行了小结。

第七章补充 词组与短语复合体

本章仍然从并列和从属两种关系讨论词组和短语复合体。并列关系的词组和短语复合体通过同位关系和并列关系将词组和短语连接起来,但不限于只有两个组成。词与词之间也存在并列关系。并列关系的词组和短语复合体表示解释语义关系时,语调一致;延伸语义关系是通过使用'and, or, nor, but, but not'实现的;表示增强语义关系,从本质上讲是在作为整体的过程之间实现的。从属关系的名词词组表示解释时,通过内包小句和介词短语作为后修饰语(Postmodifier)来实现,表示延伸后面添加介词短语进行。人们可用表示从属关系的两个介词短语解释,也可用一个介词短语加两个并列的名词词组解释;表示延伸时副词词组、介词短语与名词词组都可用'as well as, instead of, rather than'等实现。表示从属关系的动词词组复合体比较复杂,主要词组表示小句的语气,可以是限定动词也可是非限定动词;次要词组总是非限定动词。解释过程时,主要词组是属性类的词组,两个词组间的语义关系是相位(Phase)关系,即'be(强调)+do'模式。相位分为现实相位(Reality-phase)和时间相位(Time-phase)两个方面,现实相位基于"似乎"(unreal)与"已实现"(real)的对比,时间相位基于"起始"(starting)与"终结"(stopping)的对比;不管小句是主动语态还是被动语态,两个词组功能相同。延伸过程时,两个词组的语义关系是意欲(Conation)关系,即'have(属有)+do'模式。意欲有潜势(Potential)和实际(Actual)两个方面,潜势意味着有或没有能力成功;实际意味着尝试或没有尝试,成功或没有成功;延伸复合体是两部分组成的过程,其主语充当行为者加动作者(或其他角色)双重参与者角色。增强过程时,两个词组的语义关系是意态关系,即'be(环境)+do'模式,主要动词是由次要动词表达的过程中的环境成分。包含动词词组复合体的小句表述的是单一的过程,只有一种及物性和语态结构,仍然是单句。如果动词词组复合体是并列复合体,该过程由两个事件组成,每个动词词组都有确定的语态;如果是从属复合体,则只有一个事件,而且实际上仅仅表达事件的词组(次要词组)体现语态特征。英语小句结构中有使役(Causative)成分,解释、延伸和增强三种扩展句都有使役形式;带有make, get/have 和 let 的使役句表示增强意义,但使役句在及物性和作格性分析中不同。投射(Projection)与扩展不同;希望某事被做意味着某事被投射,投射可能发生也可能不发生,但扩展隐含着做某事。

第八章 小句之旁:语调与节奏

本章从音步(Foot)、声调群(Tonicity)和节奏(Rhythm)开始重点探讨信息单位。自然语言都是有节奏的,节奏通常有两种:音节节奏/音节调节(Syllable-timing,语速取决于音节)和音步节奏/音步调节(Foot-timing/Stress-timing,语速取决于音步),一个音步由一个或多个音节组成,英语属于音步调节性语言。声调群位于音步之上,是更高成分的语调单位,由许多音步组成,声调群的界限用双斜线标记。声调群不仅是语音成分,而且具有体现信息单位的功能。从语法意义上讲,信息是已知或可预见内容与全新或不可预见内容之间的松紧度,其相互作用产生信息,信息单位(Information unit)是由新信息和已知信息两种功能构成的结构。新信息带有突显被标记,典型的已知信息在新信息之前,但不是唯一模式。每种信息单位基本上被当作音高升降曲线或语调(降、升、降升、升降)来实现。声调音步(Tonic foot)显示作为新信息内容的最高点,即它标记新信息成分终止的位置(新信息的非标记位置处于信息单位的末尾)。已知信息+新信息结构(Given+ New)与主位+述位结构(Theme + Rheme)不是一回事。主位是我(I,即讲话人)将本人的要点当作话语的起点,而已知信息是你(You,即听话人)已经知道或易于了解的内容。主位+述位结构是面向讲话人的,而已知信息+新信息结构是面向听话人的。信息单位通过语调来表示意义。英语语调基于降调与升调两者的对立。对特殊疑问句和非标记的陈述部分的体现用语调1(降调);对一般疑问句的体现用语调2(升调)。中性的平调是语调3。看起来确定而实际上不确定的用语调4(降升调),看起来不确定而实际上确定的用语调5(升降调)。基调(Key)是各种语调表示的意义。语调与语调可构成单位复合体。

第九章 小句周围:衔接与话语

本章讨论语篇的衔接 Cohesion 与连贯 Coherence 的因素;所指(Reference)、省略(Ellipsis)、替代(Substitution),连接(Conjunction)和逻辑组织关系(Logical organization)。所指是一种意义关系,它包括指称(Deitic)、指示(Demonstritive)和比较(Comparative)。指称有前指(Anaphoric)、后指(Cataphoric)和外指(Exophoric)。指示方面有近指/临近性(Proximity)、定冠词(The/Definite article)、方位词(Locative)。省略指词语的省略,它不是语义关系,而是词汇语法关系。替代是一种占位手段,它显示在某个位置某物被省略时其功能会是怎样的状况。英语的省略和替代有小句、动词词组和名词词组三种语境。小句的省略和替代与语气(是非问答和特殊问问答)有关,即对话中的问—答过程有关。动词词组中语气成分出现剩余成分省略,通常在主动语态中用 do 替代任何动词(但 be 和 have 除外)。名词词组中用 one/ones(功能上相当于中心词)替代任何可数名词。但省略与替代中典型的意义不是共指中的一个意义。如果涉及同一事物,用所指;如果涉及不同事物,用省略与替代。连接指在解释、延伸和增强范围内,许多潜势意义通过选择连接性状语或小句开头主位位置上的连词表达,它分外在性(Explicit)连接和内在性(Implicit)连接两种。解释用同位关系的解释和阐释关系的解释的两种连词,延伸用表示增加关系和变更关系的两种连词,增强用表示时空关系、方式关系、原因与条件关系以及物质（空间隐喻）关系四种类型的连词。词汇衔接有重复（Repetition）、同义性（Synonym）和搭配（Collocation）三类。重复最直接的是词汇重复，但不必形态上相同。同义性比较宽泛，不一定指称相同，它有上下义关系（Hyponymy）同义性和部分与整体关系（Meronymy）同义性。搭配是一种词语共现倾向性（Co-occurrence tendency），不同语体语域中的搭配可不同，有时互不相关的词语也能紧密搭配。小句有语法结构，语篇有语义结构，虽然结构概念相同，但编码层次不一样。语篇由小句或小句复合体体现，但并不是由小句复合体组成，它有自己的组成成分与配置，且因语体不同而不同。语义连贯的语篇结构上一定相互衔接，结构上衔接的语篇语义上一定连贯。

第十章 小句之外：表达的隐喻模式

本章从传统的修辞手法延伸到语法的隐喻方式。隐喻有词汇隐喻（Lexical metaphor）和语法隐喻（Grammatical metaphor）之分。传统修辞格中的隐喻指词汇隐喻（Metaphor），它与换喻（Metonymy）和提喻（Synecdoche）相对。三种辞格涉及的都是词语的非字面用法，但彼此不同。隐喻指与提及到的某物相似的东西，通常是从具体到抽象，从物质到心理过程。换喻指与提及到的某物相关的东西，身体部分是转喻的主要来源。提喻指用提及到的某物的一部分指称整个事物，它以部分整体关系为基础。隐喻派生于关系过程的内包式类型（"is"）；换喻派生于环境类型（"is at"）；提喻派生于属性/所有类型（"has"），整体拥有部分。相比而言，词汇隐喻是自下而上（一个词语有本义和隐喻两种解释），语法隐喻是自上而下（一个概念在词汇语法层有一致形式和隐喻形式两种）。语法隐喻的基本模式有概念隐喻（Ideational metaphor）和人际隐喻（Interpersonal metaphor）两类。概念隐喻主要表现在及物性隐喻：过程的相互隐喻，参与者和环境等功能角色以及相应体现形式的变化等。名物化（Nominalization）是语法隐喻主要而强大的手段，通过名物化，过程和特性被改写为名词，在小句中其功能不是过程或属性，而是用作名词词组里的事物。人际隐喻分情态隐喻（Metaphor of modality）和语气隐喻（Metaphor of mood）两部分，情态隐喻除由情态动词体现外，还可由名词、形容词、副词和介词短语及相应的不同结构体现。书面语和口语的实质有区别，书面语词汇密度大，口语的语法关系复杂。语气隐喻用于交换系统表达声明、问题、提供与命令四种言语功能，表达是否具体明白取决于以下因素：纵向聚合的词汇语法特征（比如"基调"由选择语调体现）、横向组合的词汇语法特征（比如"由条件从句扩展"）、副语言和行为特征（比如"音质、面部表情和手势")、情景语境特征以及文化语境特征。语法隐喻本是由隐喻辞格的修辞意义扩展而来,其作用是让人联想到语篇中的实例如何来源于作为整体的语言系统。语篇的意义正在于它是组成语言系统的可能性的现实化,因此,话语研究不能与语法研究分离。

第四节　原著章节选读

第三章　小句的信息功能（Clause as message）

（一）

Some grammarians have used the terms Topic and Comment instead of Theme and Rheme. But the Topic-Comment terminology carries rather different connotations. The label 'Topic' usually refers to only one particular kind of Theme; and it tends to be used a a cover term for two concepts that are functionally distinct, one being that of Theme and the other being that of Given. For these reasons the terms Theme-Rheme are considered more appropriate in the present framework.

As a general guide, the Theme can be identified as that element which comes in first position in the clause. We have already indicated that this is not how the category of Theme is *defined*. The definition is functional, as it is with all the elements in this interpretation of grammatical structure. The Theme is one element in a particular structural configuration which, taken as a whole, organizes the clause as a message; this is the configuration Theme + Rheme. A message consists of a Theme combined with a Rheme.

Within that configuration, the Theme is the starting-point for the message; it is the ground from which the clause is taking off. So part of the meaning of any clause lies in which element is chosen as its Theme. There is a difference in meaning between *a halfpenny is the smallest English coin*, where *a halfpenny* is Theme ('I'll tell you about a halfpenny'), and *the smallest English coin is a halfpenny*, where *the smallest English coin* is Theme ('I'll tell you about the smallest English coin'). The difference may be characterized as 'thematic'; the two clauses differ in their choice of theme. By glossing them in this way, as 'I'll tell you about...', w can feel that they are two different messages.

First position in the clause is not what defines the Theme; it is the means whereby the function of Theme is *realized*, in the grammar of English. There is no automatic reason why the Theme function should be realized in this way; as remarked above, there are languages which have a category of Theme functionally similar to that of English but which nevertheless express it in quite a different way. But if in any given language the message is organized as a Theme-Rheme structure, and if this structure is expressed by the sequence in which the elements occur in the clause, then it seems natural that the position for the Theme should be at the beginning, Rather than at the end or at some other specific point.

The Theme is not necessarily a NOMINAL GROUP, like those above. It may also be an ADVERBIAL GROUP or PREPOSITIONAL PHRASE.

The Theme of a clause is frequently marked off in speech by intonation, being spoken on a separate tone group; this is especially likely when the Theme is either (i) an adverbial group or prepositional phrase or (ii) a nominal group not functioning as Subject—in other words, where the Theme is anything other than that which is most expected. But even ordinary Subject Themes are often given a tone group to themselves in everyday speech. One tone group expresses one unit of information; and if a clause is organized into two information units, the boundary between the two is overwhelmingly likely to coincide with the junction of Theme and Rheme. This is in fact an important piece of evidence for understanding the Theme + Rheme structure.

(二)

Every independent clause selects for mood. Some, like *John*! and *good night*!, are MINOR clause; they have no thematic structure and so will be left out of account. The others are MAJOR clauses. An independent MAJOR clause is either indicative or imperative in mood; if indicative, it is either declarative or interrogative; if interrogative, it is either polar interrogative ('yes/no' type) or content interrogative ('WH-' type).

We will consider each of these moods in turn, from the point of view of their thematic structure.

(1) Theme in declarative clauses. In a declarative clauses, the typical pattern is one in which Theme is conflated with Subject; for example, *Little Bo-peep has lost her sheep*, where *Little Bo-peep* is both Subject and Theme.

We shall refer to the mapping of Theme on to Subject as the UMARKED THEME of a declarative clause. The Subject is the element that is chosen as Theme unless there is good reason for choosing something else. Note that this adds a further explanation for the use of a thematic equative in clauses such as *you're the one I blame*, *that's what I meant*: here the Theme is Subject, and therefore unmarked, whereas in the non-identifying form *you I blame*, *that I meant*, making *you* and *that* thematic also makes them marked Themes (because not Subject), and so adds a sense of contrast which may be out of place.

In everyday conversation the item most often functioning as unmarked Theme (Subject/Theme) in a declarative clause is the first person pronoun *I*. Much of our talk consists of messages concerned with ourselves, and especially with what we think and feel. Next after that come the other personal pronouns *you*, *we*, *he*, *she*, *it*, *they*; and the impersonal pronouns *it* and *there*. Then come other nominal groups—those with common noun or proper noun as Head—and nominalizations. Providing these are functioning as Subject, then having them as Theme is still the unmarked choice.

A Theme that is something other than the Subject, in a declarative clause, we shall refer to as a MARKED THEME. The most usual form of marked Theme is an adverbial group, e. g. *today*, *suddenly*, *somewhat*, *distractedly*, or prepositional phrase, e. g. *at night*, *in the corner*, *without much hope*, functioning as ADJUNCT in the clause. Least likely to be thematic is a COMPLEMENT, which is a nominal group that is not functioning as Subject—something that could have been a Subject but is not.

The 'most marked' type of Theme in a declarative clause is thus a Complement: for example *nature* in *nature I loved*, *this responsibility* in *this responsibility we accept wholly*. This is a nominal element which, being nominal, has the potentiality of being Subject; which has not been selected as Subject; and which nevertheless has been made thematic. Since it could have been Subject, and therefore **unmarked** Theme, there must be very good reason for making it a thematic Complement—it is being explicitly foregrounded as the Theme of the clause.

(2) Theme in interrogative clauses. The typical function of an interrogative clause is to ask a question; and from the speaker's point of view asking a question is an indication that he wants to be told something. The fact that, in real life, people ask questions for all kinds of reasons does not call into dispute the observation that the basic meaning of a question is a request for an answer. The natural theme of a

question, therefore, is 'what I want to know'.

There are two main types of question: one where what the speaker wants to know is the POLARITY 'yes or no?', e. g. *Can you keep a secret? Is John Smith within?*; the other where what the speaker wants to know is the identity of some element in the content, e. g. *Who will you send to fetch her away? Where has my little dog gone?* In both types, the word indicating what the speaker wants to know comes first.

In a yes/no question, which is a question about polarity, the element that functions as Theme is the element that embodies the expression of polarity, namely the FINITE VERBAL OPERATOR. It is the finite operator in English that expresses positive or negative: *is, isn't; do, don't; can, can't*; etc. So in a yes/no interrogative the finite operator is put first, before the Subject. The meaning is 'I want you to tell me whether or not'.

In a WH- question, which is a search for a missing piece of information, the element that functions as Theme is the element that requests this information, namely the WH- element. It is the WH- element that expresses the nature of the missing piece: *who, what, when, how*, etc. So in a WH- interrogative the WH- element is put first no matter what other function it has in the mood structure of the clause, whether Subject, Adjunct or Complement. The meaning is 'I want you to tell me the person, thing, time, manner, etc. '.

Interrogative clauses, therefore, embody the thematic principle in their structural make-up. It is characteristic of an interrogative clause in English that one particular element comes first; and the reason for this is that that element, owing to the very nature of a question, has the status of a Theme. The speaker does not choose each time to put this element first; its occurrence in first position is the regular pattern by which the interrogative is expressed. It has become part of the system of the language, and the explanation for this lies in the thematic significance that is attached to first position in the English clause. Interrogatives express questions; the natural theme of a question is 'I want to be told something'; the answer required is either a piece of information or an indication of polarity. So the realization of interrogative mood involves selecting an element that indicates the kind of answer required, and putting it at the beginning of the clause.

In a WH- interrogative, the Theme is constituted solely by the WH- element: that is, the group or phrase in which the WH- word occurs. If the WH- word is, or is part of, a nominal group functioning as Complement in a prepositional phrase, this nominal group may function as Theme on its own, e. g. *what* in *what shall I mend it with?*, *which house* in *which house do they live in?*

In a yes/no interrogative, the Theme includes the finite verb; but it extends over the Subject as well. Finite verb plus Subject form a two-part Theme.

(3) Theme in imperative clauses. The basic message of an imperative clause is either 'I want you to do something' or 'I want us (you and me) to do something'. The second type usually begin with *let's*, as in *let's go home now*; here *let's* is clearly the unmarked choice of Theme. But with the first type, although the 'you' can be made explicit as a Theme (e. g. *you keep quiet*!, meaning 'as for you, ...'), this is clearly a marked choice; the more typical form is simply *keep quiet*, with the verb in thematic position. The function of the verb, in the mood structure (clause as exchange), is that of PREDICATOR; here, therefore, it is the Predicator that is the unmarked Theme.

In negative imperatives, such as *don't argue with me*, *don't let's quarrel about it*, the principle is the same as with yes/no interrogatives: the unmarked Theme is *don't* plus the following element, either Subject or Predicator. Again there is a marked form with *you*, e. g. *don't you argue with me*, where the Theme is *don't* + *you*. There is also a marked contrastive form of the positive, such as *do take care*.

The imperative is the only type of clause in which the Predicator (the verb) is regularly found as Theme. This is not impossible in other moods, where the verb may be put in first position precisely to give it thematic status, e. g. *forget* in *forget it I never shall*; but here it is the most highly marked choice of all. （第 43—47 页）

第四章　小句的交换功能(Clause as exchange)

（一）

As long as what is being exchanged is goods-&-services, the choices open to the listener are relatively limited; accept or reject the offer, obey or refuse the command. He may hedge, of course; but that is merely a way of temporarily avoiding the choice. Now, in the life history of an individual child, the exchange of goods-&-services, with language as the means, comes much earlier than the exchange of information: infants typically begin to use linguistic symbols to make commands and offers at about the age of nine months, whereas it may be as much as nine months to a year after that before they really learn to make statements and questions, going through various intermediate steps along the way. It is quite likely that the same sequence of developments took place in the early evolution of language in the human race, although that is something we can never know for certain. It is not difficult to see why offering and requesting precede telling and asking when a child is first learning how to mean. Exchanging information is more complicated than exchanging goods-&-services, because in the former the listener is being asked not merely to listen and do something but also to act out a verbal role—to affirm or deny, or to supply a missing piece of information.

What is more significant, however, is that the whole concept of exchanging information is difficult for a young child to grasp. Goods-&-services are obvious enough: I want you to take what I am holding out, or to go on carrying me, or to pick up what I have just dropped; and although I may use language as a means of getting what I want, the requirement itself is not a linguistic commodity—it is something that arises independently of language. In formation, on the other hand, does not; it has no existence except in the form of language. In statements and questions, language itself is the commodity that is being exchanged; and it is by no means simple for a child to internalize the principle that language is used for the purpose of exchanging language. He has no experience of 'information' except its manifestation in words.

When language is used to exchange information, the clause takes on the form of a PROPOSITION. It becomes something that can be argued about—something that can be affirmed or denied, and also doubted, contradicted, insisted on, accepted with reservation, qualified, tempered, regretted and so on. But we cannot use the term 'proposition' to refer to all the functions of the clause as an interactive event, because this would exclude the exchange of goods-&-services, the entire range of offers and commands. Unlike statements and questions, these are not propositions; they cannot be affirmed or denied. Yet they are no less significant than statements and questions; and, as already noted, they take priority in the ontogenetic development of language.

Nevertheless there is an important reason why, when we are considering the clause as exchange, it is useful to look at propositions first. This is the fact that propositions have a clearly defined grammar. As a general rule languages do not develop special resources for offers and commands, because in these contexts language is functioning simply as a means towards achieving what are essentially non-linguistic ends. But they do develop grammatical resources for statements and questions, which not only constitute ends in themselves but also serve as a point of entry to a great variety of different rhetorical functions. So by interpreting the structure of statements and questions we can gain a general understanding of the clause in its exchange function.

We will continue to use the term 'proposition' in its usual sense to refer to a statement or question. But it will be useful to introduce a parallel term to refer to sense of the word 'proposition', as in *I've got a proposition to put to you*; so we will refer to them by the related term PROPOSAL. The semantic function of a clause in the exchange of information is a proposition; the semantic function of a clause in the exchange of goods-&-services is a proposal.

(二)

POLARITY is the choice between positive and negative, as in *is/isn't, do/don't*. Typically, in English, polarity is expressed in the Finite element; each Finite verbal operator has two forms, one positive, *is, was, has, can*, etc., the other negative, *isn't, wasn't, hasn't, can't* (or *is not, cannot...*), etc. It was pointed out earlier(Chapter 3) that this is the reason why the Finite element is thematic in a yes/no interrogative clause; such a clause is precisely a request for information regarding polarity.

The Finite element is inherently either positive or negative; its polarity does not figure as a separate constituent. It is true that the negative is realized as a distinct morpheme *n't* or *not*; but this is an element in the structure of the verbal group, not in the structure of the clause.

However, the possibilities are not limited to a choice between yes and no. There are intermediate degrees: various kinds of indeterminacy that fall in between, like 'sometimes' or 'maybe'. These intermediate degrees, between the positive and negative poles, are known collectively as MODALITY.

But there is more than one way of getting from 'yes' to 'no'. In order to account for this, we need to refer to the distinction between propositions ('information', i. e. statements and questions) and proposals ('goods-&-services', i. e. offers and commands).

(1) Propositions. In a proposition, the meaning of the positive and negative poles is asserting and denying: positive 'it is so', negative 'it isn't so'. There are two kinds of intermediate possibilities: (i) degrees

of probability: 'possibly / probably / certainly'; (ii) degrees of usuality: 'sometimes / usually / always'. The former are equivalent to 'either yes or no', i. e. maybe yes, maybe no, with different degrees of likelihood attached. The latter are equivalent to 'both yes and no', i. e. sometimes yes, sometimes no, with different degrees of oftenness attached. It is these scales of probability and usuality to which the term 'modality' strictly belongs. I shall refer to these, to keep them distinct, as MODALIZATION.

(2) Proposals. In a proposal, the meaning of the positive and negative poles is prescribing and proscribing: positive 'do it', negative 'don't do it'. Here also there are two kinds of intermediate possibility, in this case depending on the speech function, whether command or offer. (i) In a command, the intermediate points represent degrees of obligation: 'allowed to / supposed to / required to'; (ii) in an offer, they represent degrees of inclination: 'willing to/ anxious to / determined to'. We shall refer to the scales of obligation and inclination as MODULATION, to distinguish them from modality in the other sense, that which we are calling modalization.

Again, both obligation and inclination can be expressed in either of two ways, though not, in this case, by both together: (a) by a finite modal operator, e. g. *you should know that*, *I'll help them*; (b) by an expansion of the Predicator(see Chapter 7), (i) typically by a passive verb, e. g. *you're supposed to know that*, (ii) typically by an adjective, e. g. *I'm anxious to help them*.

Proposals which are clearly positive or negative, as we have seen, are goods-&-services exchanges between speaker and hearer, in which the speaker is either (i) offering to do something, e. g. *shall I go home?*, (ii) requesting the listener to do something, e. g. *go home!*, or (iii) suggesting that they both do something, e. g. *let's go home*! They rarely have third person Subjects, except as prayers or oaths. Modulated clauses, on the other hand, while they also occur frequently as offers, commands and suggestions (*I'll be going*, *you should be going*, *we ought to be going*), regularly implicate a third person; they are statements of obligation and inclination made by the speaker in respect of others, e. g. *John's supposed to know that*, *Mary will help*. In this case they function as propositions, since to the person addressed they convey information rather than goods-&-services. But they do not thereby lose their rhetorical force: if Mary is listening, she can now hardly refuse.

第五章 小句的表述功能(Clause as representation)

Our most powerful impression of experience is that it consists of 'goings-on'—happening, doing, sensing, meaning, and being and becoming. All these goings-on are sorted out in the grammar of the clause. Thus as well as being a mode of action, of giving and demanding goods-&-services and information, the clause is also a mode of reflection, of imposing order on the endless variation and flow of events. The grammatical system by which this is achieved is TRANSITIVITY. The transitivity system construes the world of experience into a manageable set of PROCESS TYPES.

What are the different types of process, as construed by the transitivity system in the grammar? The picture we derive from English is something like this. There is a basic difference, that we become aware of at a very early age (three to four months), between inner and outer experience: between what we experience as going on 'out there', in the world around us, and what we experience as going on inside ourselves, in the world of consciousness and imagination. The prototypical form of the 'outer' experience is that of actions and events: things happen, and people, or other actors, do things, or make them happen. The 'inner' experience is harder to sort out; but it is partly a kind of replay of the outer, recording it, reacting to it, reflecting on it, and partly a separate awareness of our states of being. The grammar sets up a discontinuity between these two: it distinguishes rather clearly between outer experience, the processes of the external world, and inner experience, the processes of consciousness. The grammatical categories are those of MATERIAL processes and MENTAL processes.

But there is a third component to be supplied, before this can become a coherent theory of experience. We learn to generalize: to relate one fragment of experience to another: this is the same as that, this is a kind of the other. Here the grammar recognizes processes of a third type, those of classifying and identifying; we call these RELATIONAL processes.

Material, mental and relational are the three main types of process in the English transitivity system. But we also find further categories located at the three boundaries; not so clearly set apart, but nevertheless recognizable in the grammar as intermediate between the different pairs—sharing some features of each, and thus acquiring a character of their own. On the borderline between material and mental are the BEHAVIOURAL processes: those that represent outer manifestations of inner workings, the acting out of processes of consciousness and physiological states. On the borderline of mental and relational is the category of VERBAL processes: symbolic relationships constructed in human consciousness and enacted in the form of language, like saying and meaning. And on the borderline between the relational and the material are the processes concerned with existence, the EXISTENTIAL, by which phenomena of all kinds are simply recognized to 'be'—to exist, or to happen. This closes the circle.

It does not matter, of course, where we move in: I started with the material, partly because they are the most accessible to our conscious reflection, but also because (for that very reason) throughout most of the history of linguistics they have been at the centre of attention. There is no priority of one kind of process over another. But they are ordered; and what is important is that, in our concrete visual metaphor, they form a circle and not a line. (More accurately still, they could be shown to form a sphere; but that becomes too complex a metaphor to handle.) That is to say, our model of experience, as interpreted through the grammatical system of transitivity, is one of regions within a continuous space; but the continuity is not between two poles, it is round in a loop. To use the analogy of colour: the grammar construes experience like a colour chart, with red, blue and yellow as primary colours and purple, green and orange along the borders; not like a physical spectrum, with red at one end and violet at the other. A diagrammatic summary is given in Figure 5-0.

第五节 选读主要参考文献

1. M. A. K. Halliday 1996. *An Introduction to Functional Grammar*, Edward Arnold 2000. Foreign Language Teaching and Research Press: Beijing.
2. M. A. K. Halliday 1973. *Explorations in the Functions of Language*, Elsevier: New York.
3. M. A. K. Halliday 2002. *Linguistic studies of text and discourse*, Continuum, London and New York.
4. M. A. K. Halliday & C. M. I. M. Matthiessen 1999. *Construing Experience through Meaning: A Language-based Approach to Cognition*, London: Continuum.

5. Geoff Thompson 2000. *Introducing Functional Grammar*, Edward Arnold: 1996 / Foreign Language Teaching and Research Press: Beijing.
6. Margaret Berry, Christopher Butler, Robin Fawcett and Guowen Huang (eds) 1996. Meaning and Form: Systemic Functional Interpretations: *Meaning and Choice in Language: Studies for Michael Halliday*, Norwood: Ablex.
7. J. R. Martin 1992. *English Text: System and Structure*, John Benjamins: Philadelphia and Amsterdam.
8. Graham Lock 1996. *Functional English Grammar: An Introduction For Second Language Teachers*, Cambridge University Press.
9. David Butt, Rhondda Fahey, Sue Spinks, Colin Yallop 1995. *Using Functional Grammar: an explorer's guide* Macquarie University.
10. James Benson and William Greaves 1988. *Systemic Functional Approaches to Discourse: Selected Papers from the 12th International Systemic Workshop*, New Jersey, Norwood: Ablex Publishing Corporation.
11. 冯志伟,1999,《现代语言学流派》(修订本),陕西人民出版社。
12. 胡壮麟、朱永生、张德禄,1989,《系统功能语法概论》,湖南教育出版社。
13. 胡壮麟、朱永生、张德禄、李战子,2005,《系统功能语言学概论》,北京大学出版社。
14. 胡壮麟,1989,《功能主义纵横谈》,外语教学与研究出版社。
15. 胡壮麟,1994,《语篇的衔接与连贯》,上海外语教育出版社。
16. 黄国文,1988,《语篇分析概要》,湖南教育出版社。
17. 黄国文,2000,韩礼德系统功能语言学40年发展述评,《外语教学与研究》,第1期。
18. 黄国文,2000,系统功能语言学在中国20年回顾,《外语与外语教学》第5期。
19. 黄国文、王宗炎,2002,《语篇与语言的功能》,外语教学与研究出版社。
20. 刘润清,2002,《西方语言学流派》第2版,外语教学与研究出版社。
21. 刘润清、封宗信,2003,《语言学理论与流派》,南京师范大学出版社。

22. 戚雨村,1997,《现代语言学的特点和发展趋势》,上海教育出版社。
23. 杨炳钧、覃朝宪,2001,系统功能语言学中的元功能思想,《中山大学学报》第 1 期。
24. 张德禄,1998,话语基调的范围及其体现,《外语教学与研究》,第 1 期。
25. 张德禄,2003,《系统功能语言学多维思考》,上海外语教育出版社。
26. 张德禄,2004,《语篇连贯与衔接理论的发展及应用》,上海外语教育出版社。
27. 张克定,1997,《功能语法导论(第二版)介绍》,《国外语言学》,第 2 期。
28. 赵世开,1990,《国外语言学概述——流派和代表人物》,北京语言学院出版社。
29. 周士宏,2003,功能主义语言学说略,《语言与翻译》,第 3 期。
30. 朱永生,1993,《语言·语篇·语境》,清华大学出版社。
31. 朱永生,1996,系统功能语言学与语用学互补,《外语教学与研究》第 1 期。
32. 朱永生、严世清,2001,《系统功能语言学多维思考》,上海外语教育出版社。
33. 朱永生、严世清、苗兴伟,2004,《功能语言学导论》,上海外语教育出版社。

第六节　选读思考题

1. 功能语法和系统语法有何区别与联系?
2. 物质过程与心理过程、行为过程有什么区别?
3. 及物性系统包含哪些主要的语义成分?
4. 如何区别人际功能、概念功能和语篇功能?
5. 言语功能与语气、情态和语调三大系统有何对应关系?
6. 主位结构理论对话语分析有何重要意义?
7. 什么是并列关系和从属关系?
8. 如何理解词组复合体与小句复合体中的扩展与投射?

第六章

克罗夫特《语言类型学和普遍语法特征》

外文书名：*Typology and Universals*
作者外文名：William Croft
出版社、城市：Cambridge：Cambridge University Press
出版时间、版次：2003，Second Edition
摘选及撰稿：张延成

第一节 作者及有关学术背景

威廉·克罗夫特(William Croft)，美国当代著名语言学家，在认知语言学、功能语言学、语言类型学等研究领域有很高的造诣。1974—1978年在美国芝加哥大学获语言学学士和硕士学位。大学毕业后四年间，在美国军队服役，做过程序分析员和计算机专家。1982—1986年在美国斯坦福大学语言学系攻读博士学位，1986年10月完成《句法范畴与关系：小句层次的信息组织》的博士论文，主要指导老师是著名语言学家、语序类型学研究开创者格林伯格(Joseph H. Greenberg)。1986—1993年以助理教授身份在密歇根大学教授语言学课程。1994年以来，他一直在曼彻斯特大学语言学系工作，先后任讲师、高级讲师和教授，主讲过《话语分析》、《语法语义学》、《语用学》、《类型学》、《认知语言学》、《功能语言学》、《儿童语言》等课程。他还是美国《语言学》及《认知语言学》等多家语言学专业杂志的编辑和顾问编辑。

世界上不同语言的结构千差万别,但这种变异不是任意的和无限的。现代语言类型学研究人类语言的结构变异(variation),试图确定这些变异所受的限制并作出解释。类型学重视研究语言的普遍性本质,不相信靠单一语言的深入挖掘就能发现语言的共性规律。类型学也重视语言个性的研究,同时又认为没有共性的知识就不能很好地认清个性。

在过去的十多年中,类型学不仅取得了丰硕的研究成果,也发展形成自己独立的机构身份,如创办了专业杂志 *Linguistic Typology*,组建了国际性的协会(the Association of Linguistic Typology[ALT])。在德国莱比锡,以 B. Comrie 为核心创建一个研究部门,凝聚了一批优秀的类型学研究者。

现代语言类型学研究专著在 20 世纪后期主要有 5 种,它们是 Altmann and Lehfeldt(1973)的德文版《普通语言类型学:原理和验证》,G. Mallinson 和 B. J. Blake(1981)的《语言类型学:跨语言句法研究》,B. Comrie(1981)《语言共性和语言类型》(第二版 1989),W. Croft(1990)的《语言类型学与普遍语法特征》以及 L. J. Whaley(1997)的《类型学导论:语言统一性与多样性》。鉴于这些著作的过早、过专或过泛,Jae Jung Song(2001)在吸收多年来类型学研究成果的基础上于 21 世纪第二个年头出版了语言类型学新著《语言类型学:形态和句法》。

W. Croft 的《语言类型学与普遍语法特征》作为"剑桥语言学教科书系列"的一种,自 1990 年由剑桥大学出版以来,深受好评。经过十多年的发展,语言类型学已今非昔比,W. Croft 在充分吸收该领域研究新成果的基础上,对第一版进行较大的修订,在 2003 推出新一版。全书分九章,主要内容如下。

第二节 本书章节目录

1. 导言(Introduction)
   1.1 什么是类型学?(What is typology?)
   1.2 类型学、普遍性和生成语法(Typology, universals and generative grammar)
   1.3 跨语言比较(Cross-linguistics comparison)
   1.4 跨语言的可比性问题(The problem of cross-linguistic comparability)
   1.5 跨语言研究中的语言取样(Language sampling for cross-

linguistic research)
  1.6 语料来源(Data sources)
2. 类型学分类(Typological classification)
  2.1 形态句法结构的跨语言有效描写(A cross-linguistically valid description of morphosyntactic structures)
  2.2 给什么分类？(What is being classified?)
  2.3 形态类型学(Morphological typology)
3. 蕴涵性共性和竞争动因(Implicational universals and competing motivations)
  3.1 可能存在的语言类型的限制(Restrictions on possible language types)
  3.2 非限制性共性和蕴涵性共性(Unrestricted and implicational universals)
  3.3 竞争动因(Competing motivations)
  3.4 词序和缀序普遍性的深层解释(Deeper explanations for word order and affix order universals)
  3.5 类型学、普遍性和生成语法的再认识(Typology, universals and generative grammar revisited)
  3.6 结论(Conclusion)
4. 语法范畴：类型学标记性、经济性和象似性(Grammatical categories: typological markedness, economy and iconicity)
  4.1 类型学标记性(Typological markedness)
  4.2 经济性和象似性(Economy and iconicity)
  4.3 频度和经济性、象似性的深层解释(Frequency and deeper explanations for economy and iconicity)
  4.4 词序和音系学中的类型不对称(Typological asymmetries in word order phonology)
  4.5 结论(Conclusion)
5. 语法等级和语义映射模式(Grammatical hierarchies and the semantic map model)
  5.1 语法等级和蕴涵共性(Grammatical hierarchies and implicational universals)
  5.2 有生性和有定性等级(The animacy and definiteness hierarchies)

5.3 等级和范畴的进一步解释：语义映射模式(A deeper explanation for hierarchies and categories: the semantic map model)

5.4 概念空间，结构编码和性能潜势(Conceptual spaces, structural coding and behavioral potential)

5.5 语法关系等级(The grammatical relations hierarchies)

5.6 结论(Conclusion)

6. 原型和类型模式的互动(Typologies and the interaction of typological patterns)

   6.1 范畴互动(Interactions of categories)

   6.2 值互动：类型学原型(Interactions of values: typological prototypes)

   6.3 语法关系(Grammatical relations)

   6.4 词类(Parts of speech)

   6.5 其他原型和标记颠倒(Other prototypes and markedness reversals)

   6.6 结论(Conclusion)

7. 类型学中的句法论元和句法结构(Syntactic argumentation and syntactic structure in typology)

   7.1 类型学和句法论元(Typology and syntactic argumentation)

   7.2 象似性、经济性和句法结构(Iconicity, economy and syntactic structures)

   7.3 类型学策略和交际动因(Typological conspiracies and communicative motivation)

   7.4 结论(Conclusion)

8. 历时类型学(Diachronic typology)

   8.1 共时类型学的活力化(The dynamicization of synchronic typology)

   8.2 从状态到过程(From states to processes)

   8.3 语法化(Grammaticalization)

   8.4 结论(Conclusion)

9. 作为语言研究方法的类型学(Typology as an approach to language)

   9.1 科学方法和语言学理论(Scientific approaches (research

traditions) and linguistic theories)
9.2 像类型学家那样思考(Thinking like a typologist)
9.3 描写、解释和概括性(Description, explanation and generalization)
9.4 类型学、索绪尔的二分法和演化模式(Typology, the Saussurean dichotomies and the evolutionary model)

第三节 各章内容提要

第一章 导言

介绍语言类型学的定义、研究旨趣以及跨语言比较研究中涉及的基本原理和方法。

类型学(typology)有三种不同层面的定义：一是"分类"意义的类型学。这个意义的类型学在语言学领域内外都用。二是"概括"意义的类型学，主要是指对跨语言比较中系统呈现出的语言学模式（即共性，特别是蕴涵性共性）的研究。这个定义的类型学可称为"类型学概括"。三是"解释"意义的类型学。这个定义是作为与美国结构主义和生成语法理论等相对比的一种语言研究方法和理论构架。这三个定义恰好对应于任何经验科学分析的三个阶段：经验现象的观察和分类，对观察形成概括，对概括作出解释。

本章特别分析了 Greenberg 的"普遍性"和 Chomsky "普遍性"的异同。两位学者对语言普遍性的追求几乎同时肇始于上个世纪 50 年代末，其方法上的不同可追溯到各自对不同学术传统的反驳：乔氏生成主义的方法针对行为主义心理学，而格氏类型学的方法针对人类学的"相对主义"。乔姆批评行为主义习得语言的"刺激-反应"模式，提出天赋的内在语言能力和限制对语言习得起到关键作用，因此其语言"普遍性"带有"先天性"特征。格林伯格的矛头直指人类学相对主义的观点——"世界的语言具有任意性，它们彼此不同是无限的、难预测的"。格林伯格及其同道通过跨语言采样分析发现语言变异形式是有范围和限制的，而这些限制表现了语言的普遍性特征。在方法论上，一般认为乔氏使用理性主义的演绎推理法，而格氏采用的是经验主义的归纳概括法。两者方法迥异，但仍有相当的一致性：它们都从分析语言结构开始；都考虑到语言学的核心问题："什么是可能的语言？"与前代学者比，他们都是"共性主义者"；两者都对语料进行抽象概括，只不过一个是跨语言模式，一个主要是单一语言模式;两者都从普遍的人类的能力,最终是生物学角度解释语言共性,只不过乔氏诉诸于直接性的基因,而格氏诉诸于进化理论中可能发现的间接性生物学基础。

"跨语言比较"是类型学方法的基本特征。这种比较以新的不同的观点对单一语言中语言现象作出解释。它克服这样的困难——对"一时一地"的单一语言现象的分析不一定能直接搬到另一语言中。如对英语、法语、俄语的任一语言冠词系统的描写概括很难适用于其他语言。而跨语言比较法可以使我们对冠词分布等普遍性特征进行更好地分析。认识到跨语言的变异可以促进对特定语言中所讨论的现象进行深入细密地分析乃至重新估价其价值。

"跨语言比较"必然涉及"可比性问题":即确定不同语言中同一语法现象的资格问题。例如要进行不同语言的"主语"比较,首先要承认各种语言都有"主语"这个范畴。但各语言结构变异很大,不可能用结构标准或仅凭结构标准来识别跨语言的语法范畴,类型学家通常是遵循形式与功能相结合的原则,从意义或功能出发预先设定一个"范畴"作为比较的基础,再检验各语言对这一"范畴"进行"编码"的形态句法结构或方式。

"跨语言研究中的语言取样"一节讨论两种不同类型的样本:一是"多样性样本"(variety sample),针对研究的现象刻意选取能最大化囊括所有语言多样性的语言子集;一是"可能性样本"(probability sample),已知某类语言比其他语言更能作为取样对象,就选取这样的语言。在实际操作中两种取样方式应结合起来,如选取"多样性样本"时也考虑"可能性样本"的目标:发现两种语法性质间的具有理论意义的联系。

最后"语料来源"一节谈类型学研究中利用的实际语料的性质问题。类型学家研究语料的来源主要有:对本族语者的话语诱发,文本语料和描写语法。文章分析了三者的利弊,认为没有哪种语料是完美的,只要明智地使用都可受益。

第二章 类型学分类

类型学分类是就某些语法参项,如"语法的数范畴"或"关系从句的构成"等,描写跨语言中发现的多样性语言类型的过程。这与19世纪局限于词的形态的"形态类型学"有很大的不同。对一特殊语法现象展开跨语言比较的类型学分析的程序一般是考察它的结构范围。这些结构就称"类型"(types)或"方式"(strategies)(即不同语言有不同的形态句法手段)。这个意义的类型学就是形态句法现象的跨语言结构分类。

本章首先阐述了描写语法结构的跨语言有效方式。以"领属结构"为例（可定义为领属性的语义关系，说话者要表达"所属"（possessum）时使用它，即"所属"是名词领属短语的中心语而"领属"（prossessor）是修饰语），更多的是要说明不同语言运用这个结构的形态句法方式的范围而不是对各式各样的该结构形式的穷举。世界语言的领属关系有这样几种方式：(1) 简单方式。领属和所属简单并列（juxtaposition）。(2) 关系方式。须运用额外的语素编码领属和所属的关系。这种关系语素称做格标记，可分为黏附关系语素"格缀"（case affixes）和自由关系语素"附置词"（adpositions）。(3) 指示方式。通常利用指示语素"一致性标记"来表达领属关系。另外还有用类符（classifiers）和连结项（linkers）的方式。需要注意，以上一些术语如 adpositions，classifiers，linkers 等似乎与传统上说的介词、量词、连词相关，其实不是一回事，它们具有较高的跨语言概括性，更能帮助我们认识语言的共性规律，只要参照书中实例理解都不难体会。

类型学分类的对象是什么呢？传统上认为是对语种类型（language types）进行分类。如马姆语（Mam）属指示性领属关系语言，保加利亚语属附置词（adpositions）性领属关系语言等等。这种观念源于19世纪形态类型学观念。但很多情况下语种类型的分类非常困难，因为多数语言运用不同的结构类型表达一种结构关系，如领属关系。因此，得重新考虑类型学中的"类型"，把它视为通过特定语言中特定结构表现出的结构类型，这种分类叫语言特征类型（linguistic types）分类。尽管不能概括地说一种语言一定属于一种特定结构类型，但却有可能确定该语言使用的诸多结构类型中的一种基本类型，这对于类型学的概括来说是非常有用的。

本章最后评价了形态类型学历史功绩及其对现代类型学研究的贡献。历史上第一次不考虑语言亲属关系对语言进行类型学分类的研究是从19世纪的形态类型学开始的，尽管这种分类经过许多改进，但其基本的描写方法仍被广泛使用。这种分类对研究历时类型学，尤其是语法化过程有重要作用。现代类型学是对传统形态类型学的继承和发展，它着眼于发现和解释跨语言的形态句法特征间的联系而不是语言的整体类型归属。

第三章　蕴涵性共性和竞争动因

共性可分为非限制性共性（unrestricted universals）和蕴涵性共性（implicational universals）。非限制性共性指在某种参项上可断定所有语言都属于一个特定的语法类型，同样参项的其他类型不能被证实（或极少）。如所有语言都有口腔元音就是一例。这类共性需要更深层次的解释。蕴涵性共性并不断定所有语言都属于一种类型,它们描述逻辑上可能的语言类型的限制,这种限制制约语言变异范围。一般认为蕴涵性共性更有趣更应受重视,因为它表明两个逻辑上独立的参项之间的依存关系。

竞争动因模式试图解释跨语言中存在的变异。在竞争的条件下功能的解释并不能直接起作用。在这个模式中没有一种语言是理想的,因为制约语言类型的不同原则是对立的。如对于某些修饰语来说,"修饰语＋名"的语序占优势,对于其他的可能是"名＋修饰语"占优势。语言类型有多重动因,它们是对立的、竞争的,没有一种语言类型可以同时满足所有竞争性动因,因此跨语言类型的变异不足为奇,当然解释这种变异也正要靠分析竞争动因的模式。

本章从介绍 Hawkins,Dryer 等人对 Greenberg 开创小句语序类型研究的进一步推进入手讨论了词序(以及缀序)共性的深层解释。解释有两个途径:一是通过句法结构的处理(processing)(心理加工),一是通过词序间的历时关系。前者,Hawkins 提出"权重"(heaviness)与"和谐"(harmony)两个动因。如在名词的多项修饰语中,指示词和数词是"最重成分",靠名词近;次重的形容词就远一些,最轻的关系从句最远,这是"权重"。在感叹句中 OV 和 VO 常变得"和谐"。后者涉及历时语序和谐的假说,即某些语序组之所以和谐是因为其间有历时演化关系。Hawkins 等人还用"(心理)加工"说解释缀序普遍性:词首具有显著特征,因此比词中、词尾更易被加工和保留。

"类型学、普遍性和生成语法的再认识"一节以实例说明对特定语言语法的类型学共性描写与生成语法的参数设定有相似之处。原则上生成语法中绝对共性和普遍参数解释的两个语法性质间关联的情况都可以表述为类型学共性并得以验证。两种研究可以互相补充,如生成语法的句法论元学说很适合于类型学家借来用于多语言的跨结构关联比较研究,而类型学对单个结构的跨语言模式研究也值得生成语言学家借鉴。

第四章 语法范畴:类型学标记性、经济性和象似性

类型学标记论背后的核心观念是语法性质的一种不对称、不平等性。这种标记不是因语言而异的语法范畴,是概念范畴的一种普遍性质,如我们说单数是类型学上无标记的,是指世界上所有语言都有这种概念编码倾向,而不是指英语或其他具体语言。类型学标记对类型学家来说是一个重要工具,因为它提供一条直接将跨语言结构形式联系起来的途径。

确定和认识类型学标记性现象,主要参照两个标准。一是结构编码

(structural coding)现象：即概念价值如何通过语法结构表达。语法范畴的有标记值，将至少被与同范畴的无标记值一样多的语素表达。这个概念也代表范畴值在特定语言的形式表达中的一个模式。有些值没有显性的语素表达，称为零编码(zero coded)，如单数在英语中是零编码的，在Minor Mlabri 语中所有的数范畴都是零编码的。反之，英语中的复数有外显的语素表达，就叫做显性编码(overtly coded)，在祖鲁语中单数和复数都是显性编码的。二是性能潜势(behavioral potential)，指所讨论成分的语言性能中任何一种证据证明概念范畴一个值比另一个更"多能"，因而更具类型学上的无标记性。这个概念被普遍运用是因为这样一个事实，任何一个语言成分都有语言的性能表现，事实上语言学的目标在广义上看也就是对语言性能的描述。

在"结构编码"中我们看到有明显的不对称现象，如单、复数在英语、祖鲁语和 Minor Mlabri 语中被编码的差异性，因此类型学中"结构编码"的概念本质上是描述跨语言零(隐性)编码和显性编码不对称分布的一种类型学概括。这种不对称如何解释呢？必须联系对语言概念表达中变异性的竞争动因分析。"结构编码"背后有两个动因：经济动因(economic motivation)和象似动因(iconic motivation)。前者是指表达要尽可能地简化，后者指语言结构要在一定程度上反映人的经验结构，两者的矛盾和折中造成语言"结构编码"结果的不对称性。

除经济性和象似性动因造成的类型学标记的不对称模式外，还有一种不对称模式：范畴值的语篇或实例频度(text(token)frequency)分布不对称。若一个范畴的类型学标记值的实例在给定语篇样本中以一定频度出现，那么无标记值的实例在同一语篇中至少出现一样多。和性能潜势一样，语篇频度有广泛的应用：任何一个语言成分的频度都可以算出。但频度又与性能不同，它不存在语言的结构中，是结构外的一个标准，是对概念值的计数。频度标准可以显示语言结构性质和语言使用性质的关联性，并强有力地表明这两者之间的关系并不像许多现在的理论认为的那样分离得很开。因为频度反映世界事实和人类谈论真实世界时选择的一种综合，也反映人类认知和交际选择方面的特点。

Greenberg 很早就认为结构编码和性能潜势中的不对称的背后动因是语篇频度，高频语法值有零表达和较少的表达(结构编码中外显形式)，因为它是通常形式。而非通常形式，即有标记值，往往具有区别性的外显标记。这些与经济动因直接相关。Bybee 进而用基于频度的词形存储心理模式解释经济性、结构编码、不规则性轨迹和类推变化基础之间的关系,乃至解释所有标记现象。高频无标记形式更易存储在记忆深处,因而与心理聚合体中其他成员比更能被独立表征。用"激活网络"的知识表征模式看,这些形式被表征为网络节点的激活模式。那么在历史演变中这类形式则更能抵制类推性重新组构(restructuring)因而往往变成无规则形式。为什么有些形式是高频和更无标记呢?因为这类形式具有文化上的常规性和突显性,更易被感知和预期。所有这些最终还是要通过交际功能起作用。

第五章 语法等级和语义映射模式

语法等级(grammatical hierarchy)是对标记模式的进一步系统阐述,它将类型学标记扩展到两值以上的范畴。标记性不再被当作语法范畴中一个值的绝对属性而是被视为一种关系属性。复数对单数来说是有标记的,但对于双数来说是无标记的;或者说复数比单数更有标记比双数更少标记。这种标记性证据意味着存在一个标记等级,而不是"有标"和"无标"两个绝对的值的集合。类型学中语法等级的各种表现都可以融入蕴涵性共性链式集合形式中。这样,一个等级——像优势、和谐、类型学标记——可以被认为是对蕴涵性共性集合的类型学概括,即一个比简单蕴涵性共性更深的概括。

本章举了关于复数的数标记模式在跨语言比较中显示出的一个蕴涵性系列,它遵循下面这个等级:

第一第二人称代词＜第三人称代词＜专有名词＜人类普通名词＜非人类有生性普通名词＜无生普通名词

这个等级中右项有标则左项也有,但左项有标右项不一定有。这些特征的联合被命名为"有生性等级",又因为语义的"有生性"只是这个等级的一部分,所以又叫扩展的有生等级。这个等级实际上涉及三个不同但相关的功能层面:

人　称:第一第二＜第三
指代性:代词＜专有名词＜普通名词
有生性:人＜有生命词＜无生命词

与有生性有关,对直接宾语的编码有个有定性等级,读者可以参考原著思考。

语义映射模式(semantic map model)是对等级和范畴的进一步解释。语义映射模式是近来类型学家使用的表征语言普遍性和特定语言的语法知识的分析方法。生成语法一开始就关注个体说话者的语法知识并由此研究语言的普遍性,而稍早的类型学研究并不特别关注特定语言的语法,特别是个体说话者的语法知识。上个世纪70年代以后情况才有所改变,语义映射模式就是这种努力的代表。

如语言中复数屈折的分布可以用下图方式表示:

表-1 各样语言中复数屈折的语义映射

Guarani:	First/second prn	-third prn-human	N-animate	N-inanimate N
Usan:	First/second prn	-third prn-human	N-animate	N-inanimate N
Tiwi:	First/second prn-third prn-human N	-animate	N-inanimate N
Kharia:	First/second prn-third prn-human N-animate N	-inanimate N
English:	First/second prn-third prn-human N-animate N-inanimate N

有生性等级的排列通过表中值之间的关系表征出来,方框表示那个语言中复数屈折等级的值的范围。这类图是表征语言语法的共性和个性有效方式,属于个性的、特定语言的语法也即那个语言的独特的分布,这表现为图上固定区域的特定语言结构的语义映射。跨语言的共性是图本身后面的结构:值和值间的关系。这些值通过实体(entity)的语义类型、指示性话语语用性质(代词名词性指称)和指示的言语行为地位(说话者和非参与者)在外形上被定义为跨语言比较所必需的。这种底层的图叫概念空间,以区别于特定语言的语义映射。Croft进而提出语义映射关联假说:

任何相关的特定语言和特定结构范畴都会映射到概念空间上相关联的区域。概念空间代表跨语言比较的基础,这是基于意义和功能的外部定义。语言共性根据外部功能和语法形式之间的映射来表述。这样,语言的普遍性可以表征为限定在概念空间的结构以及从外部功能到语法形式的映射上的一系列限制。特定语言的语法范畴是语法范畴在概念空间上实际的特定映射。说话者知识表征的一部分也只是结构非常普遍的概念空间的一套语义映射。

"概念空间"的概括,显示出类型学者试图触及原来似乎只有生成学派才能谈的个体语言知识的领域,以扩大类型学语法研究的解释面,这种努力的方向值得肯定。

第六章 典型和类型模式的互动

人类将经验组织成各种一般概念及相关语言符号的整体过程叫范畴

化(categorization),在这个过程中形成的范畴,其边界是模糊的,范畴内部成员的地位是不平等的,有典型(prototype)成员,也有程度不等的非典型成员。典型性与标记性是相通的:一个语法范畴的典型成员也就是这个范畴的无标记项,因为它具有默认的价值,更易被预期,分布更广。由于典型性是程度问题,因此它跟语法等级的连续性和标记的程度问题密切相关。

本章提出对语法(和音系)表达中语义(和音系)参项的大范围的相互作用的类型学共性限制。这些共性限制触及的语法结构是最基本的范畴,因为它们涉及大量相互作用层面。这些层面可以表现在概念空间中,它们互动和编码的限制可用前面章节描述的功能映射到语法形式那样的原则描述。

类型模式的互动(相互作用)也即文中更为抽象的值(values)的相互作用,这种分析是基于类型学的典型性概念,可以称为"典型互补"(complementary prototypes),与"标记颠倒"(markedness reversals)现象是一致的。例如复数名词相对于单数名词而言是有标记项,但这是就个体名词而言的,对集合名词而言复数反而成了无标记项。跨语言比较可以发现,个体名词在单数范畴中具有典型性,集合名词在复数范畴中具有典型性,它们各自形成一种"自然关联",形成两个"互补"典型。用书中总结的话说,不同范畴的值以及个别值的联合也是前面章节提到的结构编码和性能潜势的表现。

第七章 类型学中的句法论元和句法结构

论元分析在现代语言学理论中被普遍使用,但似乎都是作为不言自明的工作概念被描述性地使用而没有很好的本质性界定。它原是借自逻辑学谓词演算使用的术语,是表示某种具体思想的符号,在现代语法学中常被定义为谓词所带的"实体"(entity)。格语法、生成语法乃至功能语法都用它来构建自己的理论体系。形式派看重了它对形式概括的简化作用,功能派看重了它的语义性质。

本章考察类型学如何提出句法论元和句法结构表征关系的问题。类型学,和其他语法学方法一样,对论元进行分布分析,不一样的是类型学不追求句法基本单位和范畴的普遍总藏或清单(inventory)。相反,类型学认为语法范畴是因语言而异的,可以多种方式映射在概念空间上。语法范畴的普遍性限制特定语言范畴在概念空间上的可能映射。类型学还考察限定范畴分布的不同语篇和结构中的变异,这也是为了发现变异中的普遍性。

句法结构的类型学分析从句法结构跨语言比较的外部基础开始。所谓外部,主要是指语言的交际功能。所有语言在交流信息这一点上具有功能的一致性,因而都受两个一般原则支配:一是"经济"原则,也即用尽量少的形式表示尽量多的意思;一是"象似"原则,指语言结构对人类经验结构的"象似"或"对应"关系。句法结构普遍性存在于它们的经济性和象似性动因中。句法结构的象似性动因采用图式象似(diagrammatic iconicity)形式,与强调具体感知的肖像象似(imagic iconicity)不同,图示象似主要是一种关系临摹。在所有符号系统中更重要的是"图示",虽然它的组成部分与其所代表的事物不一定相似,但这些成分之间的关系却与其代表的思想(事物)之间的关系都相似。图示象似严重受制于加于其上的媒介。地图是二维的却要代表三维的存在。语言则更受限制,口语基本上是个一维线性媒介,要代表概念世界受很大的限制,但象似的关系还是存在的。以上两个动因的相互作用造成句法结构不同面貌。这种外部的动因竞争也是理解其他类型学分析模式的一个关键。如标记模式中无标记项简短(或用零编码形式)而有标记项复杂,就是经济动因在里面起作用。

第八章 历时类型学

历时类型学是类型学研究的进一步扩展,它探讨跨语言的普遍模式是否制约语言类型的演变以及语言演变过程中的类型分类和各种关系。

历时类型学中的语言类型被视为语言演变过程中的"阶段",共时语言状态也只是一个阶段。历时类型学由此提出一个"关联性假说":在类型分类已验证的语言状态中一个语言可以(最终、可能非直接地)从一种状态移到另一状态。Greenberg 称之为类型学的活力化(dynamicization),他还提出另外两个相关概念,一是稳度(stability),一种语言存在于一个语言状态中的可能性,即从现有状态中变出的可能性。Hawkins 称之为迁移度(mobility),如限定词、数词、形容词等修饰成分就比属格和关系从句标记这类修饰成分更易变。另一个是"频度",代表某种语言类型出现的可能性。如鼻元音就是一个高频类型:比较其他音系特征而言,语言更倾向于快速演变出鼻元音。

阅读本章要特别关注语法化的概念。语法化通常被描述为独立词汇项演化出语法功能的过程,最近认识到词汇项只在特定的结构体中发展出语法功能,即语法化主要是组合性的变化。语法化过程中音系、形态句法和功能(语义/语用)演变是相关联的:如果一个词汇项经历了某种形态句法演变,它意味着相关的功能和音系的演变。下面分述这三个过程:

(1) 语法化的音系变化过程涉及语素的组合合并（syntagmatic coalescence）和聚合磨损（paradigmatic attrition）。组合合并大致经历4个过程：合成（compounding）、附着（cliticization）、附加（affixation）、融合（fusion），前三者涉及词间界限缩减为词内语素间的界限，最后一个过程涉及词内语素界限的消失，即两个语素变为一个。音系语法化的聚合方面有磨蚀（erosion）和消失（loss）。音系磨蚀指语素长度缩短，这个过程最终导致语音的消失。(2) 形态句法方面的语法化也可分为组合和聚合型。组合型语法化过程有两个：一是词序固化（rigidification，也有叫fixation），原先自由的成分位置变得凝固；一是缩合（condensation），两个或以上的组合项变为一个词。聚合过程也有两个：一是聚合化（paradigmaticization）将先前的词汇项整合进语法成分的封闭类，或从大的封闭类进入小的封闭类；强制化（obligatorification）从选择性的或多变性的成分转变为一个强制性成分。Heine等认为语法化的聚合形态句法变化过程的后期是石化（fossilization），即语素的能产性使用消失。语素丢失原来的功能，挪用为另一完全不同的功能，这叫再语法化（regrammaticalization 或 exaptation）。(3) 功能语法化过程中，组合方面是归并（merger）或习语化（idiomaticization）：两个语言单位的意义和功能归入一个新的意义和功能。习语化程度可以从低到高，乃至导致功能丢失。聚合方面是去语义化（desemanticization 也叫语义退化（semantic bleaching））和扩展（expansion），如 Dinka 语中反身代词标记由"身体"一词语义退化而来。

作者还总结出"迂说（periphrasis）——融合（fusion）——磨蚀（erosion）"模式解释语法化的循环过程，此过程中每一阶段的结果都为下一阶段创造条件。"迂说"是利用新的迂回结构表达一个特定功能或意义，一旦如此，"融合"就开始，又因为它被当做一个固定的单位经常使用，最后导致惯用表达的"磨蚀"。

第九章 作为语言研究方法的类型学

本章对全书作了以下一些重要的理论总结：

(1) 科学方法和语言学理论

科学理论的发展涉及大量平行竞争性理论的相互作用，没有选择一个特定理论的现成处方。运用"理论"一词有两种不同的方式，一是指对特定现象的分析，一是指非常概括的不容易验证的理论体系。后一种更接近于语言学中运用的"方法"。特定理论是特定研究传统的一部分，同时也受其他研究传统的影响。语言学中"理论"实际很大程度上用于描写句法、音系和语义的表征模式（representation）。表征模式是一个研究传统中的一些"基本实体"，它需要研究者一方的表征承诺。现在类型学有自己的承诺，比生成主义的方法更为精练。如第5章介绍的语义映射模式和概念空间模式。

（2）像类型学家那样思考

类型学家思考语言问题的方式自然与其他理论的语言学家不同，其表现在：

类型学家一般认为语言的多样性（变异）是基本的，变异是需要对待的语言常态，特别是跨语言的变异。类型学家在语法化理论中还把历时变异以及语言内部变异整合到自己的研究范围之内。类型学家往往通过归纳法探讨语言的变异，以发现其限制（也即人类语言的共性）。

类型学研究也认识到并承认语言的任意性。语言中不是任何东西都能完全根据一套形式或功能的一般原则或抽象概括来解释的，如果是这样，那么所有语言都是一样的，一成不变的了。当然因语言而异的语言任意性并没有削弱类型学家努力追求的语言普遍性的解释力，因为语言结构的动因是竞争性的，普遍性原则仍寓其中。

与上一个认识相连，类型学家认为语言中的所有东西必须变化。正因为"任意"才能变化。语言在微观和宏观层次都是动态的，其共时状态只是源自对话互动中活语言动态过程的剪影。

像类型学语言学家那样思考语言就要重视变异、任意性、演变、普遍性的跨语言特点。

（3）描写、解释和概括性

本节阐明了"分析性结构主义—生成"的方法与"功能—类型"的方法在描写和解释问题上的分歧，认为可用更为一般的理论框架描述"解释"的概念，Greenberg等称之为"概括性"——以概括程度有别的等级性概念取代"描写"和"解释"的二分法。语言学的概括有三个层次：第一是观察层次，如何对话语项目进行范畴化本身就需要概括，它构成语言的基本事实；第二是内部概括层次；第三是外部概括层次，语言学家诉诸心理学、生理学等语言结构外的领域。另外还有横跨层次的历时概括。

（4）类型学、索绪尔的二分法和演化模式

每个语言学理论都要触及索绪尔对语言学理论的三个重要的二分：能指和所指、语言和言语、历时和共时。生成语法把形式—语义的二分上升到语法知识的组织原则。形式结构规则与语义结构规则分离，各是独立的成分和模块，其间以联结规则联系。类型学重视形式与功能的联系，因为语言共性就是把功能编码成形式的共性。

总体上看,类型学理论不像形式派那样严格区分形式与意义、语言知识和语言运用、语言系统和语言演变。类型学重视联系动态的言语交际中相关心理、生理因素解释语言结构面貌及其演变。

第四节 原著章节选读

4.1 Typological markedness

The essential notion behind typological markedness is the fact of asymmetrical or unequal grammatical properties of otherwise equal linguistic elements: inflections, words in word classes and even paradigms of syntactic constructions. Typological markedness is a network of apparent causal relationships among a subtype of crosslinguistic asymmetries, all of which have to do with how function is encoded into grammatical form. The general theme of asymmetry also suggests a link to asymmetrical patterns in word order and phonology, which differ from typological markedness in significant ways (see §4.4).

Typological markedness is a universal property of a *conceptual* category, not a language-particular property of a language-particular grammatical category as it is in Prague School markedness. When we say that a category such as singular is typologically unmarked, a hypothesis is being put forward about how the conceptual category of a singular referent is encoded in the world's languages, not the grammatical category labeled 'singular' in English or any other particular language.

Typological markedness is an important tool for the typologist because it provides a means to directly link formal (structural) linguistic properties across languages. In chapter 1 it was argued that it is difficult to compare formal categories of natural languages discovered by internal structural analysis because of incommensurability: structural variation from one language to another in, for example, the category adjective or the genitive construction is simply too great. Typological markedness demonstrates that certain properties of linguistic structure are basic and general enough to be directly compared across languages. Moreover, these formal properties display significant cross-linguistic patterns. In particular, typological markedness can account for phonological, morphological and syntactic irregularities. One need not succumb to the temptation to regularize irregular grammatical patterns in linguistic analysis, because the irregularities themselves are manifestations of typological universals.

We will introduce the concept of typological markedness with the category of number. The simplest distinction that can be made in the category of number is between singular and plural. In many languages, such as English and Tatar (Comrie 1981: 86), the singular form is expressed without any inflection (indicated by the zero symbol-ø), while the plural is expressed by an overt inflection:

 (1) a. imän-ø   b. botak-**lar**
    oak(**SG**)   branch-**PL**

Not all languages are the same as English and Tatar in the expression of singular and plural, however. Some languages express both singular and p(ural) with overt inflection such as the Zulu prefixes in 2 (Doke 1930: 36; the prefixes also code noun class; see § 4.1.1):

 (2) a. **umu**-ntu   b. **aba**-ntu
    SG-person   **PL**-person

Other languages, such as Minor Mlabri in 3 (Rischel 1995: 136), make no singular-plural distinction, or to put it another way, express both the concepts of singular and plural without any overt inflection:

 (3) ʔɛɛw 'child/children'

However, very few languages express the plural without an overt inflection and the singular with an overt inflection. (In the case of languages that do, the plural is designated a collective and the singular is a special singulative form, and this pattern is typically associated with nouns for objects occurring in groups.)

This typological pattern can be described in terms of a tetrachoric table and can be formulated as the implicational universal in 4:

	Overt plural inflection	No plural inflection
No singular inflection	√	√
Overt singular inflection	√	-

 (4) If a language uses an overt inflection for the singular, then it also uses an overt inflection for the plural.

This cross-linguistic pattern is an instance of typological markedness. Typological markedness is a relationship between values of conceptual categories-e. g. singular and plural reference-or, more precisely, how those conceptual categories are expressed in the world's languages. For number, the singular is typologically unmarked and the plural is marked.

Typologically unmarked status does not imply that the unmarked value is always left unexpressed and the marked value is always expressed by an overt morpheme. Calling the singular (typologically) unmarked is like calling the word order NA dominant. It does not mean that the singular is always expressed without an inflection in every language, any more than all languages have NA order. It simply means that the singular is expressed by no more morphemes than the plural is, in any particular language. Languages such as Zulu and Minor Mlabri conform to the universal in 4 just as much as English and Tatar do. To say that the singular is typologically unmarked and the plural is typologically marked is to say that these categories conform to an implicational universal of cross-linguistic variation.

We can offer a more general implicational statement capturing the marked-unmarked relationship in typological markedness: if the marked category value is expressed by the absence of a morpheme, then so is the unmarked value. This can also be expressed in the contrapositive form: if the unmarked category value is expressed by a nonzero morpheme, then so is the marked category value.

In chapter 3, it was stated that an implicational universal describes a relationship between two otherwise logically independent types. For example, the main word order type VSO exhibits a relationship to the otherwise logically independent adpositional word order type Prep so that one can construct the implicational universal VSO ⊃ Prep. In the number example, the two types are the singular and the plural, or more precisely the form of expression of the singular and the form of expression of the plural. These two types are independent in that there is no logical constraint on the number of morphemes used to express the singular that is imposed by the form of expression of the plural or vice versa. Hence, these two types can be treated as the implicans and the implicatum of an implicational universal, even though they are both values in the same grammatical category, i.e. number.

This immediately raises the question, however, of what combinations of two values can be related in such a way. It does not make sense to ask which is the typologically marked value, passive or glottalized. The two values that can be related by a typological markedness pattern must be **paradigmatic alternatives** in some sense.

Singular and plural are an example of a pair of paradigmatic alternatives for the higher category of number. Paradigmatic alternatives exist at higher levels of abstraction in the grammar: for example, noun, verb and adjective are comparable members of the higher category 'part of speech'. We will describe the paradigmatic alternatives as **values** of a category. Hence, it is values of a category that are typologically marked or unmarked.

If we examine more closely the distribution of attested and unattested language types, we find that typological markedness involves relative asymmetries between the formal expression of values. Consider, for example, the markedness relationship between the predication of a simple adjective and the predication of a comparative adjective, that is, between *John is tall* and *John is taller than Fred*. One would want to say that the English data supports the markedness of the comparative degree and the unmarkedness of the simple degree. However, the comparative degree involves the presence of not one but two nonzero morphemes over and above the simple degree (the suffix *-er* and the particle *than*). This contrasts with the Yoruba construction in which only one additional morpheme, *jù*, is involved (Rowlands 1969: 124):

(5) ó tóbi **jù** mí
    he big **exceed** me
    'He is bigger than me.'

One might propose that there are now three different language types: those in which the grammatical category is expressed by no morphemes, those in which it is expressed by one morpheme and those in which it is expressed by two morphemes. However, there is theoretically no end to the number of language types that could be described in this way: one would have to add a type for constructions expressed by three morphemes, four morphemes, etc. A better way of classifying language types for the purpose of markedness patterns is necessary. (Incidentally, this also demonstrates that the first step in typological analysis, defining the logically possible language types, is not a mechanical process.) The intuition behind typological markedness is that what is relevant is whether or not the plural, the comparative degree, etc., are expressed by *more* morphemes than the singular, the simple degree, etc. The relevant logically possible language types therefore number three:

(i) The number of morphemes for the marked value exceeds that for the unmarked value.

(ii) The number of morphemes for the marked and unmarked values are the same.

(iii) The number of morphemes for the unmarked value exceeds that for the marked value.

Type (iii) is the type excluded by a typological markedness relationship.

In this formulation of typological markedness, the basic resemblance to implicational universals still remains. That is, although more than one language type is possible, at least one type is not attested. As with implicational universals, this fact can be confirmed only by cross-linguistic comparison. Nothing about the expression of English singular and plural tells us that the expression of singular and plural by the same number of morphemes is possible but expression of the plural by fewer morphemes than the singular is not. In fact, however, the simpler formulation in terms of an implicational relationship between the presence vs. the absence of a relevant morpheme will suffice for most morphological categories, and it will only be in the case of complex syntactic constructions that use of the more complex but more accurate formulation will be necessary.

4.1.1 *Structural coding*

The preceding section illustrated some basic characteristics of typological markedness: the cross-linguistic basis of typological markedness in conceptual categories, and the constraint on attested language types. The cross-linguistic variation represents a relationship between the conceptual values singular and plural in the category of number, and the relative number of morphemes used to express those values. Markedness-like -harmony and dominance in word order universals-is a much broader and deeper pattern than the one implicational universal we have used suggests. First, the same constraint applies to many more categories than that of number. The marked-unmarked relationship holding for any grammatical category, say active vs. passive, is of the same type as that holding for singular vs. plural; that is to say, we are dealing with the same typological phenomenon in every grammatical category in which it is manifested. More important, markedness is a broader concept, because it links together several other cross-linguistic patterns in addition to the relative number of morphemes. To say that one value in a grammatical category is marked and the other is unmarked subsumes a set of cross-linguistic patterns which (should) all behave in the same way, that is every pattern is expected to select the same value as the unmarked value. These patterns are the **criteria** of markedness.

The pattern illustrated in 1-4 above is **structural coding**: how the conceptual value is expressed in grammatical structure. The definition of structural coding is quite straightforward and has already been provided in the discussion of the relationship between typological markedness and implicational universals:

> (6) *Structural coding*: the marked value of a grammatical category will be expressed by at least as many morphemes as is the unmarked value of that category.

This definition has a structure which will recur in the definitions of behavioral potential (§4.1.2) and text frequency (§4.3). First, typological markedness is defined as a relation between the two values, marked and unmarked. One cannot determine the markedness status of, for example, the singular in English without also examining the plural. Second, the actual linguistic phenomenon which is used to identify markedness is a relative measure of quantity. The actual process of determining the markedness patterns of values of a given category involves counting morphemes of the two values and comparing how many morphemes are involved.

Structural coding represents a pattern in the formal expression of category values in particular languages. Some values are **zero coded**, that is, no overt morpheme expresses the value. For example, singular in English is zero coded, and both singular and plural-in fact, all number values-are zero coded in Minor Mlabri. Other values are **overtly coded**, that is, some overt morpheme expresses the value. Plural in English is overtly coded, as are both singular and plural in Zulu. Zero and overt coding are properties of language-particular grammatical categories, unlike typological markedness, which is a phenomenon associated with a conceptual category.

The important and sometimes difficult question that must be answered in finding evidence for structural coding is whether or not the morphemes being counted really are there to encode the value whose markedness is at issue. For example, in comparing the simple and comparative degrees of adjectives, we counted the suffix-*er* and the particle *than* but not the copula verb, thus arriving at the total number of morphemes signaling the comparative construction as two. The decision regarding the comparative suffix should be uncontroversial, but the choices for the other two morphemes require some additional argument. The copula is not a signal of the comparative construction, but rather a signal of the predicative function of the adjective (see §6.4). The comparative construction can occur with a modifying adjective, and in that case the copula is of course absent but both of the other morphemes are present: *a man taller than John*, *a taller man than John*.

The argument for including the particle *than* depends on the status of the additional noun phrase governed by *than* which is added by the meaning of the comparative. The Yoruba example in 5, in which a verb expresses the comparative relation, shows that it is not necessary to have a particle or adposition when the additional noun phrase is introduced; hence, I take the particle as helping to signify the comparative construction rather than (or as well as) introducing the additional noun phrase.

It should be clear that fairly sophisticated argumentation is required to determine exactly what a morpheme signifies in many cases, and in a number of cases the answer is controversial, or perhaps simply indeterminate. (For example, does the auxiliary verb in the English passive help to signal the passive construction, or is it just a copula verb as with adjectives?)

In addition to the problem of determining what the functions of the morphemes in a construction actually are, there are also difficulties in counting how many morphemes are involved due to processes that have obscured or eliminated morpheme boundaries. These processes are cumulation, suppletion, ablaut and reduplication.

Cumulation occurs when a single morpheme denotes several different values from several different categories. For example, in the Spanish form *habló* 'he, she spoke', the suffix-*ó* indicates third person (vs., for example, first person *hablé* 'I spoke'), singular (vs. plural *hablaron* 'they spoke'), past (vs. present *habla* 'he speaks'), aorist (vs. imperfect *hablaba* 'he was speaking') and indicative (vs. [past] subjunctive *hablara* '(if) he had spoken'). If one were, for instance, attempting to determine the markedness of past as opposed to present, how many morphemes would be counted here?

The solution is to count one morpheme, because one is evaluating the markedness of just one category, that of tense, and the other values associated with the morpheme in question are not relevant to that category. In the Spanish example, all of the contrasting forms involve nonzero morphemes. Frequently, however, there is zero coding which involves more than one category. For example, in Ngalakan, there is zero coding of third person singular animate (masculine or feminine) subject (Merlan 1983: 82):

(7) nugu-jawon-nowi ø-rabo gunman? yukaji?
M-friend-his **3SGM**- went. PST. PNCT maybe forever
'Maybe his friend went away forever.'

Should this be taken as evidence for the unmarked status of third person, singular, animate, or all of the above? The answer is all of the above: when evaluating one category, the other categories are not relevant to the one in question. In fact, in the Ngalakan case the only opportunity for absence of overt expression is when all three of the categories cumulated in the morpheme have their unmarked values; this is a common phenomenon (see § 6.2).

Suppletion occurs when there is no formal relation between the two forms in a morphological paradigm. For example, the comparative degree of the English adjective *bad*, *worse*, cannot be related synchronically to the simple degree form. Hence, it cannot be treated as a combination of the simple degree form plus some additional morpheme. Both the comparative and simple forms involve one morpheme. There is a temptation to subsume this instance of suppletion under those English adjectives in which a second morpheme indicating comparison is added to the adjective (either a suffix-*er* or the particle *more*). However, this kind of one-for-one suppletion cannot be used to add to the evidence provided by regular forms, since the number of morphemes in both positive and comparative forms is the same: one (but see § 4.3 for a different role for suppletion in typological markedness).

In ablaut as in suppletion, one cannot identify an additional morpheme: *sing* and *sang* each consist of one morpheme. However, the two forms are formally related in that one is the same as the other except for some internal phonological alternation. The question that must be answered is whether or not one can say that a morpheme was *added* to one form to yield another form. In the case of ablaut, this cannot generally be asserted: synchronically, it is impossible to say that *sang* involves the addition of something to *sing*, or that *mice* involves the addition of something to *mouse*.

One cannot appeal to abstract 'underlying' analyses here. Typological markedness patterns are based on 'surface' morphosyntax, and it would be circular to selectively utilize abstract underlying forms in markedness arguments only when we need or want to. (In fact, adherents of the functional-typological approach eschew such analyses, since their goal is to account for universal patterns of surface structure in terms of a direct mapping between form and function, not abstract structural terms.) This is not to exclude the possibility of a nonlinear phonological representation that might actually allow us to state that a linearly represented ablaut relationship is actually the addition of a morpheme on a different tier. Until we have a principled means for a nonlinear phonetic representation, however, we will be conservative and treat ablaut in the same way as suppletion.

Reduplication involves the addition of phonological material to a morpheme, but by copying some or all of the original morpheme in a more or less predictable manner. Reduplication shares some features with independent morphemes, namely that it represents a continuous piece of phonological material that is outside the root. For that reason, a reduplicated form may be considered to involve two morphemes, the root and the reduplicand. On the other hand, the reduplicand is by no means an independent morpheme from the root, and it does not occur separated from the root by any other morpheme. Finally, it may be that the phenomenon of reduplication ought to be given a direct external explanation in iconic terms (see §4.2), not related to the phenomenon of markedness at all.

4.1.2 *Behavioral potential*

The second criterion for typological markedness is behavioral potential. **Behavioral potential** is any sort of evidence from the linguistic behavior of the elements in question that would demonstrate that one value of a conceptual category is grammatically more 'versatile' than the other, and hence is typologically unmarked compared to the other value. The universal applicability of behavioral potential follows from the fact that any linguistic element has a linguistic behavior; in fact, at a very general level the goal of linguistics is to characterize the behavior of linguistic elements.

Behavioral potential can be divided into two general types, roughly the morphological criteria and the syntactic ones. The morphological type, which I will call **inflectional** potential, pertains to the number of morphological distinctions that a particular grammatical category possesses. The syntactic criterion, which I will call **distributional potential**, pertains to the number of syntactic contexts in which a grammatical element can occur.

Inflectional potential can be illustrated for the categories singular and plural with the third person pronouns of English:

	Singular	*Plural*
Masculine	he	they
Feminine	she	they
Neuter	it	they

This chart represents the expression of particular combinations of features of number and gender, and lists all of the logical possibilities. There is a clear asymmetry in the chart in that the singular has three distinct forms for the three genders, whereas the plural has only one form covering all three genders. In other words, the value singular manifests a three-way morphological distinction of gender but the value plural does not. The singular has a greater number of distinctions than the plural, and hence is typologically unmarked; conversely, the plural has fewer morphological distinctions and is therefore marked.

There are a number of observations that can be made about behavioral potential. First, the facts about English pronouns given above are not evidence under the structural criterion, since the plural form is suppletive with respect to the singular forms. This demonstrates the greater power and applicability of behavioral potential. Second, this pattern is only one of the language types allowed by inflectional potential. Inflectional potential allows for languages in which the same gender distinctions are found in both singular and plural. The language type predicted not to occur is a language with gender distinctions in the plural but not in the singular. Third, this evidence agrees with the structural coding evidence for the typological markedness of the plural. The concord between structural coding and behavioral potential illustrates the pervasive nature of typological markedness in grammar.

Finally, the evidence here does not tell us anything about the typological markedness of gender, only of number. In order to discover the behavioral potential of the values of the gender category, one must compare the rows, not the columns. However, in every row there are two distinct forms, the singular and the plural form. Each gender has the same number of singular-plural distinctions (namely two), hence the inflectional potential of each gender value is equal. In addition, the singular gender forms are all suppletive, and so one cannot use the structural criteria to determine typological markedness of gender values either.

If one is looking for structural coding of two (or more) values in a grammatical category, one must compare the values to each other and count morphemes. If one is looking for the inflectional potential of values in a grammatical category, one must look at other categories orthogonal to the category in question and count morphological distinctions for each value.

Identifying inflectional potential involves the comparison of the number of morphological distinctions found for two related categories; for example, singular and plural. Given that many morphological categories are multivalued-for example, the many case or tense inflections found in natural languages-the definition of inflectional potential will require the relative quantitative language that we used in defining structural coding:

(8) *Inflectional potential*: if the marked value has a certain number of formal distinctions in an inflectional paradigm, then the unmarked value will have at least as many formal distinctions in the same paradigm.

Inflectional potential is described in terms of inflectional word forms. In many cases there is a distinction between a morphological and a syntactic expression of the category. For example, one may contrast the inflectional (morphological) passive of Latin, found in the present system of tenses, to the periphrastic (syntactic) passive, found in the perfect system, as in the first person singular indicative forms of the first conjugation verb *amāre* (Gildersleeve and Lodge 1895: 74—75):

Present system		*Perfect system*	
Present	amo-**r**	*Perfect*	amātus **sum**
Imperfect	amāba-**r**	*Pluperfect*	amātus **eram**
Future	amābo-**r**	*Future Perfect*	amātus **erō**

In this case, the same grammatical distinction is made (active vs. passive), but in the present system it is made morphologically and in the perfect system it is made syntactically. The distinction between morphological and syntactic expression of a relevant construction can be taken as evidence in favor of the greater inflectional potential of the form taking the inflection, because the form taking the periphrastic elements can be considered to be inflectionally defective (i.e. the perfect tenses do not inflect themselves for passive, instead they take an auxiliary; Greenberg 1966b: 30). Hence the Latin paradigms give evidence that the present is typologically unmarked compared to the perfect.

A similar argument may be used to consider a root that has suppletive inflectional forms to have greater inflectional potential than a root which takes regular inflections. For example, one can state that the English pronouns (other than *you*, which is an exceptional case) have greater inflectional potential than the nouns since their plurals are suppletive. (The pronouns also have case distinctions, except for *you* and *it*, while common nouns do not, another example of the greater inflectional potential of pronouns.) The suppletion criterion can be generalized to the assertion that greater allomorphy or morphological irregularity of any type, not just suppletion, is evidence for the greater inflectional potential of the category in question (Greenberg 1966b: 29; see § 4.3).

The second type of behavioral potential is distributional potential (see also Gundel, Houlihan and Sanders 1986). This involves determining the number of environments in which the linguistic elements in question occur. The element which occurs in a larger number of syntactic environments or constructions has the greater distributional potential. We can illustrate this with a well-known example concerning the category of voice in English. Most transitive verbs occur in both the active and the passive voice. However, there are a number of verbs which occur in the active voice but do not occur (at least not without some degree of unacceptability) in the passive voice; and there are certain constructions which occur with the active voice but not with the passive voice:

(9a) My brother **bought** this cabin.
(9b) This cabin **was bought** by my brother.
(10a) That cloud **resembles** a fish.
(10b) *A fish **is resembled** by that cloud.
(11a) Fred **killed himself**.
(11b) ***Himself was killed** by Fred.

If we consider co-occurrence with *buy*, co-occurrence with *resemble* and co-occurrence with a reflexive object as three contexts for the active and passive voice, then we find that the active voice occurs in all three contexts while the passive voice occurs in only one. On this evidence, the active voice has the greater distributional potential.

However, there do exist examples of passives in English without obvious active counterparts (e. g. *be rumored*). These examples suggest weakening the distributional criterion to merely 'no more contexts than' instead of 'a subset of'. This renders the criterion too weak in at least one important respect. Let us say that we allow this weaker version. The extreme case of that would be complementary distribution. The major difficulty is determining how to count distributional contexts so that we could say that the number of contexts in which one element is found is more than the number of contexts in which another element was found. Some independent means for individuating and counting morphosyntactic contexts is required. This may be possible, though it does not yet exist. On the other hand, if one set of contexts is a proper subset of the other, then it is clear that the former set of contexts is smaller in number than the latter, no matter how one counts contexts.

The strong version of distributional potential is as follows:

(12) *Distributional potential*: if the marked value occurs in a certain number of distinct grammatical environments (construction types), then the unmarked value will also occur in at least those environments that the marked value occurs in.

There are two basic reasons why the distribution of a typologically marked value would be more limited (or 'defective') in comparison with the corresponding unmarked value. The first reason is that there is some semantic incompatibility between the grammatical category in question and the construction in which it is not found. In English, for instance, process predicates occur in both the simple present and the present progressive, while stative predicates are found in the simple present only:

(13a) She **sings** madrigals.
(13b) She **is singing** a madrigal.
(14a) She **has** red hair.
(14b) *She **is having** red hair.

The limited distribution of stative predicates is due to the fact that the semantic distinction underlying the simple present/present progressive contrast is relevant only to process predicates. Indeed, the only way in which stative predicates can occur in the progressive in English is if they are reinterpreted as process predicates: *She is resembling her mother more and more* (= she is coming to resemble her mother more and more); *He is being a boor* (= he is acting like a boor).

This is an example of an asymmetry in distribution due to semantic factors. Nevertheless, this type of evidence still supports the typological markedness of stative predicates in predication (see § 6.4). Typological markedness represents constraints on the expression of conceptual categories, and so semantic restrictions are relevant. In fact, the constructional distinctions found with predications-such as simple present vs. present progressive-are so to speak 'designed' for the typologically unmarked value of the categories, in this case processual predicates. The cases of semantic incompatibility are therefore simply another manifestation of typological markedness.

The second reason why the distribution of a typologically marked value would be more limited is simply that it appears to be an arbitrary fact about the language. For example, in Autuw, predicated action words ('verbs') inflect for tense, factivity (determined by tense and mood) and aspect (Feldman 1986: 60):

(15) rey **di-k-**>ik<**-iy-e**
    3SG **FACT-** <**IMPF-**>sit **PST**
    'He was sitting/used to sit.'

Predicated property words ('adjectives', often called 'stative verbs') do not inflect for any of these categories (Feldman 1986: 136):

(16) wan-wan-ke yæn mede
    1SG-1SG-POSS child good
    'My own child is good.'

While aspect is arguably incompatible with property words (the latter are stative; see above), tense and factivity are not. It is simply a grammatical fact regarding the predication of stative property words in Autuw. As such, it provides strong evidence for the typological markedness of stative predications compared to process predications (see § 6.5).

4.1.3 *Neutral value: not a criterion for typological markedness*

Certain other grammatical criteria have been proposed as manifestations of markedness, at least in the Prague School sense. We may describe them as neutral value criteria: the unmarked value is the one found in neutral contexts, where the contrast between paradigmatic alternatives does not apply for one reason or another. However, we will demonstrate in this section that there is no cross-linguistic consistency as to which value is chosen. Hence, the neutral value criterion is not apparently associated with typological markedness.

Greenberg describes one candidate criterion as the facultative use: the form that normally refers to the unmarked value will refer to either value in certain contexts. The common example is the use of English *man* to indicate either the male of the species or the species as a whole, including females. The facultative use does not always follow the markedness pattern, however. For example, English *they* is used to refer to unidentified individuals regardless of number, so that *They told me to sit down* can be used when only one individual told me to sit down. This suggests that the plural is the neutral (unmarked) value, although lack of inflectional potential (lack of gender distinctions) suggests that it is the marked value.

In the category of gender, a variety of contexts can be considered facultative, but no single gender is consistently used across languages for these contexts. For example, in Maasai feminine gender is used for referents of unknown gender (Corbett 1991: 220):

(17) Aiŋai **na**-ewno?
it. is. who **who. F**-has. come
'who has come?'

Another facultative context is when the referent does not have a gender, either because the referent is not denoted by a noun but instead by another part of speech, or because the referent is denoted by a nonlinguistic expression. In Menomini, if the referent is denoted by a clause, then the inanimate singular gender is used (Corbett 1991: 206):

(18) **eneh** sa se:hkas-e-yan
that. INAN. SG PTCL hate-1SG. OBJ-1/2SG
'the fact that you hate me'

In Chichewa, on the other hand, the human singular Class 1 gender is used when the referent is not a word but a sound (Corbett 1991: 209):

(19) a-na-**mu**-mva 'mayo'
CL1. SBJ-PST-**CL1. OBJ**-hear crying. sound
'He heard a crying sound. '

Another neutral value context is gender resolution (Corbett 1991), where the form for the unmarked value is used in the plural to refer to collections consisting of objects of both the unmarked and marked type (usually two distinct genders). An example of gender resolution is the use of the Spanish masculine plural pronoun *ellos* to indicate groups consisting of both men and women. This is another example of a form being employed for an intermediate category (e. g. masculine + feminine) for which there is no separate form.

However, gender resolution is just as inconsistent cross-linguistically as other neutral value contexts. For example, in Swahili, if two nouns of different genders are conjoined, the gender value taken is simply that of the nearest noun (Corbett 1991: 265):

(20) **ki**-ti na **m**-guu wa meza **u**-mevunjuka
CL7-chair and CL3-leg of table CL3- be. broken
'The chair and the leg of the table are broken.'

In Rumanian, a more complicated pattern is found for gender resolution of anaphoric pronouns. If one conjunct denotes a male animate then the masculine is used; if all conjuncts are masculine, the masculine is used; otherwise the feminine is used. An example of feminine gender is given in this example (Corbett 1991: 288):

(21) uşa şi peretele... **ele**...
door. **F** and wall. **M.** the... **they. FPL**...
'the door and the wall... they...'

In sum, neutral value contexts do not have any consistent cross-linguistic pattern that can be linked to structural coding or behavioral potential. This conclusion is not entirely surprising. The neutral value criteria differ from structural coding and behavioral potential in nature. The latter two involve a relative quantitative measure of the grammatical properties of the marked and unmarked value: the unmarked value of the category has relatively fewer morphemes and relatively greater inflectional and distributional potential than the marked value. The neutral value criteria, on the other hand, cannot be so relativized. Either the neutral value is the unmarked one or not. These differences in theoretical structure suggest that these neutralization phenomena are not associated with typological markedness phenomena.

第五节 选读主要参考文献

1. Hawkins, John, A. 1983. *Word Order Universals*. New York: Academic Press.
2. Comrie, Bernard. 1987. *The World's Languages*. London: Croom Helm.

3. Comrie, Bernard. 1989. *Language Universals and Linguistic Typology*. Chicago: University of Chicago Press. Second Edition. 1981年第1版有沈家煊的译本(华夏出版社1989)。
4. Croft, William. 2003. *Typology and Universals*(*Second Edition*). Cambridge: Cambridge University Press. Second Edition. 1990年第1版已由北京:外语教学与研究出版社引进,沈家煊导读。
5. Mallinson, G. and B. J. Blake. 1981. *Language Typology: Cross-linguistic Studies in Syntax*. North-Holland: Amsterdam.
6. Shibatani, Masayoshi & Theodora Bynon 1995. *Approaches to Language Typology*. Oxford: Clarendon Press.
7. Song, J. J. 2001. *Linguistic Typology?: Morphology and Syntax*. Harlow, England: Pearson Education Limited.
8. Whaley, L. J. 1997. *Introduction to Typology: the Unity and Diversity of Language*. Sage Publications: Thousand Oaks.
9. 刘丹青,2003,《语序类型学与介词理论》,北京:商务印书馆。
10. 沈家煊,1999,《不对称与标记论》,南昌:江西教育出版社。

第六节 选读思考题

1. 类型学和生成语言学对语言共性的理解有什么不同?
2. 当代语言类型学与19世纪语言类型学相比有什么主要区别?
3. 以"领属结构"为例说明跨语言描写的有效性问题。
4. 举例说明语言类型学研究中"蕴涵性共性"的价值和意义。
5. 举例说明语言类型学中竞争性动因的解释价值。
6. 什么是语言类型学的标记性?
7. 经济性和象似性是什么关系?
8. 简述类型学标记性研究中"语法等级"分析方法的价值。
9. 典型性与标记性有什么关系?
10. 谈谈你对类型学寻求语言共性的外部解释的看法。
11. 试述"经济原则"和"象似原则"在句法结构中的表现。
12. 试述语法化过程中涉及的音系、形态句法和功能的演变过程。

附录一

认知语言学概述

撰稿　柯航

一、认知语言学及其发展简述

1.1　认知语言学简介

20世纪70年代,由乔姆斯基开创的生成语法学仍然占据着语言学的主流地位。但与此同时,有一批语言研究者不愿跟从主流的步伐,单从结构的内部特性去解释语言现象,而是十分注意语言结构与外部世界的联系,尤其对语言和认知的关系很感兴趣。这批研究者共同的研究成果逐渐汇集形成了一个新兴的语言学方向——认知语言学。认知语言学,就是一个以我们的世界经验以及我们感知世界并将其概念化的方法为基础,来解释语言现象的语言学分支。[①]

认知语言学特别关注心智与语言之间的关系。其产生的最初推动力,就是心理学家Rosch关于人类范畴特性的前沿研究。乔姆斯基的生成语言学也关注人的心智,"甚至偶尔也非正式地称自己的学说为'认知语言学'"(Chomsky,1968,转引自张敏,1998:4)。但是,生成语言学中所说的"心智"与认知语言学所关注的"认知"其实完全不是一回事。

乔姆斯基把语法知识看做人的心理状态,认为人的心理是以大脑物

[①] 《An Introduction to Cognitive Linguistics》中的原文是"Cognitive linguistics, as presented in this book, is an approach to language that is based on our experience of the world and the way we perceive and conceptualize it."

质为基础的,语言学属于心理学。但是同时他认为,心理学属于生物学,生成语法学是对人类大脑机能的一种研究,是在抽象的高度对大脑物质进行的一种研究。(徐烈炯,1988)

他曾以物质与心理为题在哥伦比亚大学做过一次报告(Chomsky,1978,转引自徐烈炯 1988:18),说:

> 在笛卡儿看来,心理并不是生物世界的一部分,而且他似乎把心理看成统一不可分的整体。我们把人的心理看做是一个特定的生物系统,其中包括各个组成部分,各种成分,应该像研究物质世界任何其他部分一样来对它进行探索。有人也许会因此提出说我们其实并不在研究笛卡儿的问题。
>
> ……当我用"心理","心理表现","心理运算"这类术语的时候,总是在从抽象的角度反映某一些物理机制的特点,这些机制人们迄今还一无所知。

由此可见,生成语言学所关注的,是生物学基础上的心理,甚至可以说,他们关注的是大脑这一生物组织的活动机制。

认知语言学者虽然从未给"认知"下一个明确的定义,但是从他们的研究取向可以看出,认知语言学的"认知",指的是包括感知觉、知识表征、概念形成、范畴化、思维在内的大脑对客观世界及其关系进行处理从而能动地认识世界的过程,是通过心智活动将对客观世界的经验进行组织,将其概念化和结构化的过程。(赵艳芳,2002)这里的"认知",是一个心理过程,而非生理机能。

1.2 认知语言学的发展

认知语言学发端于 20 世纪 70 年代,80 年代中期扩展到语言学的各个领域。一般认为,这个学派真正成熟起来的标志有两个:一是 1987 年,Lakoff 的《女人、火和危险事物》以及 Langacker 的《认知语法基础(第一卷)》两部著作的面世;二是 1989 年春,由 Rene Dirven 组织在德国的杜伊斯堡(Duisburg)召开的认知语言学专题讨论会。在这次会议上,成立了国际认知语言学会(ICLA),并决定以后每两年召开一次"国际认知语言学会会议"。会后的 1990 年,开始出版《认知语言学》杂志,并由 Mouton de Gruyter 出版认知语言学研究系列丛书。

在 70 年代和 80 年代早期,认知语言学的研究者还相对较少,并且主要集中在美国西海岸。到了 80 年代,认知语言学研究开始在北欧大陆扎根,尤其是比利时、荷兰和德国的认知语言学研究发展迅速。

到了90年代,认知语言学开始为语言研究者所广泛认识,并且召开了很多会议。Lakoff,Langacker 和 Talmy 的理论成为其中的主流,同时一些相关的理论,如构式语法,也被许多认知语言学家所关注。很多国家都纷纷开始了认知语言学的研究和活动。

在2000年以后,隶属于 ICLA 的区域性的认知语言学协会开始出现。西班牙、芬兰、波兰、俄罗斯和德国均成立了自己的组织。北美洲还有了斯拉夫认知语言学会。目前法国、日本、比利时和英国、北美都有了新的协会。一个评论性的杂志——《认知语言学年度综论》也开始出版。①

我国的认知语言学从80年代开始也逐步发展起来。戴浩一、沈家煊、石毓智、袁毓林、张敏等许多学者结合汉语事实对认识语言学作了许多具体而有意义的研究工作。

二、认知语言学基本观点及代表作

认知语言学的代表人物主要有 C. Fillmore, G. Lakoff, R. Langacker, G. Fauconnier, L. Tamly 等等。这个学派突出的特点是,每位研究者各有自己的语言描写方法和语言学理论,关注某一系列特别的现象,并不像生成学派那样有一个乔姆斯基式的领军人物。但是,这些学者们对语言所持的基本假设大同小异。正是这些共有的假设,将这些学者组织成一个流派。

2.1 认知语言学的哲学基础

认知语言学的哲学基础是"体验哲学"(Embodied Philosophy),这是对传统的经验主义和理性主义的一次反动。传统的经验主义和理性主义都认为现实世界中的范畴、关系是一种客观存在,独立于人的意识;概念虽然是人的思维的产物,但是概念范畴只是对客观存在的真实反映,概念结构与外部的客观范畴是同构的。

体验哲学的基本观点是现实世界中的范畴、关系是通过人的主观作用被认识的,人们的思维、心智,概念结构和意义系统的形成是人与外部世界互动的结果,而不是对外部世界的简单反映。例如,婴儿通过呼吸、进食、排泄而体验到"里"和"外"的概念对立,通过不断地抓起玩具而又放下的身体动作而体验到"控制"和"被控制"的概念对立。人的整个概念系

---

① 参见 ICLA(国际认识语言学会)网站关于认识语言学的介绍。

统都植根于知觉、身体运动和人在物质和社会环境中的体验。与此同时，体验哲学还认为，概念和概念系统的形成受到人的身体构造的制约，例如人类对颜色的认识就与视网膜的生理构造密切相关(沈家煊,2005)。

2.2 认知语言学的基本原则

认知语言学可以分为两大基本内容：认知语义学和认知语法学。认知语义学的研究主要关注经验、概念系统和语义结构编码之间的关系。换句话说，认知语义学研究的是知识的表达(概念结构)和语义结构(概念化)。认知语义学家认为语言是观察认知现象的窗口，因此对语言的意义非常关注。相对来说，认知语法学更关注语言系统，而不是心智特征。但是，他们将认知语义学的研究成果作为自己研究的起点，认为语义是语法研究的中心。

认知语义学和认知语法学虽然有所区分，但是联系却非常紧密，大部分认知语言学家都认为将词汇语义和语法结构结合起来考察是非常必要的(Evans,2006)。

2.2.1 认知语义学的基本原则

认知语义学有四个基本原则(参见 Evans,2006)：

（1）概念结构是体验性的

和前面提到的体验哲学相关，认知语义学认为我们对于"真实世界"的理解和认识在很大程度上是与我们自身的身体体验相关的。我们谈论的都是能观察和感觉到的世界，而这些被观察和感觉的事物都与我们的身体体验有关。从这个角度来说，人类的思维必然是来源于身体体验。前面提到的人对颜色的感知与视网膜构造之间的关系就说明了这一点。

（2）语义结构是概念结构

这个原则是说，语言所表达的其实是说话者的心理建构起来的概念，而并不是对外部世界的直接客观的表现。换句话说，语义结构(意义通常用词语和其他语言单位来表达)等同于概念结构。

当然，这里所说的语义结构是概念结构，并不意味着两者是一模一样的。相反，认知语义学认为，通过语词这样的语言单位所表达的意义，只能表达部分的概念。毕竟我们所具有的思想、观念和感情，要远远多于语言编码的形式。Langacker(1987)曾经举例说，我们的概念上有这么一个地方，指鼻子和嘴之间那个长胡子的地方。我们需要这个概念来理解长在此处的毛发称为胡子。但是，英语中却没有一个单词来指称这个地方。

（3）语义描写需要百科知识

认知语义学认为语言单位所表达的意义，并不仅仅是词典里所说的意义。对于语义的描写和理解往往要借助百科知识。例如在海滩上说这样两句话：

    a. 这个孩子很安全
    b. 这个海滩很安全（省略句/完全句）

第一句话中的"安全"指的是孩子不会受到伤害。而第二句话中的"安全"就不是说海滩不会受到伤害，而是指在这个海滩上使孩子受到伤害的可能性微乎其微。

可见，词语的意义需要在一定的语境下，借助百科知识来理解。

(4) 意义构造就是概念形成过程

这一原则是说意义是在概念层面形成的，语词等语言单位只是概念化过程的提示符和背景知识的补充。

和认知语义学相关的理论，包括意象图式、范畴和理想认知模型、概念隐喻、转喻、整合、思维空间理论等等。在 Evans(2006)中有详细的介绍。沈家煊(2005)也结合汉语实例作过充分的说明。这里不再赘述。

2.2.2 认知语法学的基本原则

认知语法研究者对语法的关注点所有不同，有的认知语言学家主要关心的是能够解释语法现象的认知机制和原则，例如 R. Langacker 和 L. Talmy。有些研究者则主要关注与语法有关的语言单位和构式的形成及其作用。此外，还有一些认知语言学家关心语法变化，研究语法化现象。

尽管研究取向有所不同，但是认知语法研究都以语义研究为中心和基础，并同时遵循以下两条基本原则(参见 Evans, 2006)：

(1) 象征的观念

认知语法认为语法的基本单位是一个形式—意义的配对的象征单位(Langacker 的认知语法中将其称为"象征组配"，构式语法中则称之为"构式")。在 Langacker(1987)看来，语音单位(形式)和语义单位(意义)构成象征单位的两极(poles)。在这一点上，认知语言学与索绪尔的观点是一致的，即认为语言是一个象征符号系统。其中的语义极(semantic pole)就是"所指"，语音极(phonological pole)就是"能指"。这一观点直接推导出来的结论是，语义是语言研究的中心，无法脱离意义来研究形式。这与生成语言学将语义与形式各自独立开来进行研究的做法是截然不同的。

在此基础上，Langacker(1987)还进一步认为，各级语言单位，从"猫"这样的词汇单位，到被动式、双宾句这样的语法构式，都是象征单位，它们只是在抽象程度和复杂程度上有所不同。这不仅意味着无法脱离意义来研究形式，而且是认为词汇和语法之间只是一个连续统，研究语法，就要研究构成语言的各级单位。当然，有些学者，例如 Talmy(2000)对这一观点则并不认同。

（2）基于用法的观念

在生成语法学家看来，语言能力和语言运用是截然不同的，只有语言能力才是语言研究的对象。但是认知语法学家们认为，说话人头脑中的语言知识是在语言使用中通过抽象的象征单位构成的，语言的知识就是语言如何被运用的知识，因此，语言知识和语言运用之间并不存在鸿沟，语言的运用理所当然的就是认知语法学的研究对象。这一观点通常被简单地概括为"语法即用法"。

语法是否用法，至今仍然是生成学派与认知学派交锋的热点问题。2003 年，在美国语言学会上，生成学派的 Newmeyer 教授发表主席演讲，提出语法非用法的观点，在两年后的同一场合，认知学派的 Bybee 则对 Newmeyer 的观点进行了反驳，提出语法即用法。Language 杂志 2005 年第一期上，又专门刊出了几篇关于此问题的论争文章，Newmeyer(2005)专门著文进行了回应。关于这次论争，张翼(2006)有一个比较全面的介绍可以参考。

2.3 几个重要的代表人物及其代表作

在认知语言学流派中，有许多出色的研究者在各自的领域做出了开创性的成绩。但是 G. Lakoff 和 R. Langacker 是其中具有特殊意义的两位，因为两位的著作在 1987 年的出版，成为认知语言学成熟的标志性事件。在这一节里，我们重点介绍两位主要认知语言学代表人物的代表作，同时，对其他一些语言学家及相关理论也略作介绍。

2.3.1　G. Lakoff

George. Lakoff 教授，1966 年在美国印第安纳大学获得语言学博士学位。先后执教于哈佛大学、密歇根大学和斯坦福大学。1972 年进入加州大学伯克利分校任教。

G. Lakoff 的代表作主要有《Metaphors We Live By(我们赖以生存的隐喻)》(与 Mark Johnson 合著)，《Women, Fire, and Dangerous Things(女人、火与危险事物)》以及《Philosophy In The Flesh(体验哲学)》(与 Mark Johnson 合著)。

《Metaphors We Live By》出版于 1980 年，是公认的认知语言学经典之作。这本书一改传统的仅将隐喻当作一种修辞技巧的看法，认为隐喻不仅仅是修辞学上的修饰技巧,是使我们的语言变得更加生动有趣的手段,而且更是整个人类认知与思维的本质,因此隐喻具有普遍性。例如,将婚姻说成"契约"、"团队活动"、"宗教誓言"等等,并不是简单的在修辞上换一个说法,而是反映了不同的人对"婚姻"的不同理解。这本书的两位作者分析了大约五十条生活中最基本的隐喻,并且举了许多例子,用以证明他们的基本观点。

作者将隐喻纳入人的行为活动、思维方式、概念范畴、语言符号等领域作全面细致的研究,提出了概念隐喻(Conceptual metaphor)的命题并将概念隐喻分为:结构隐喻、方位隐喻和实体隐喻(Lakoff & Johnson,1980,齐振海,2003)。

结构隐喻(Structural metaphors)是指以一种概念的结构来构造另一种概念,使两种概念相叠加,将谈论一种概念的各方面的词语用于谈论另一概念。例如 Reddy(1979)提出的"导管隐喻(conduit metaphor)"。Reddy 指出,人类对于语言行为的表达主要是通过三个隐喻构造起来的:

观念(意)是物体;语言是容器;语言交际过程是传递。

人们将观念(物体)装到语句(容器)中,(通过导管)将它们发送给听话人,听话人又将观念(物体)从语句(容器)中取出来。因此我们可以看到这样的表达(例子转引自张敏 1998:92):

Try to *pack* more *thoughts* into fewer words.
(试图用更少的词语**负载**更多的**想法**)
The sentence was *filled* with emotion.
(这句话**充满了感情**)

方位隐喻(Orientational metaphors)是指参照方位而形成的一系列隐喻概念。空间方位来源于人们与大自然的相互作用,是人们赖以生存的最基本的概念:上—下,前—后,深—浅,中心—边缘等,人们将这些具体的概念映射到情绪、身体状况、数量、社会地位等抽象的概念上,形成了方位词语表达抽象概念的词语。例如,你往一个容器里装的东西越多,堆得就越高。所以变多就向上,变少就是往下(more is up, less is down)。具体看下面的例子:

My income *rose* last year.
(我的收入去年有所**上升**)

实体隐喻(Ontological metaphors)是指人类最早的生存方式是物质

的,人类对物质的经验为我们将抽象的概念表达为"实体"提供了物质基础。在实体隐喻概念中,人们将抽象的和模糊的思想、感情、心理活动、事件、状态等无形的概念作为具体的有形的实体。例如将通货膨胀看成一个实体(inflation is an entity),我们就可以对它进行量化。具体见下例:

If there's *more* inflation, we'll never survive.
(如果有**更多**的通货膨胀,我们就没法活了)

将隐喻作为人类思维和语言中具有普遍意义的现象,是与认知语言学所持的哲学观点密不可分的。前面曾经提到,认知语言学的哲学基础是体验哲学,认为人是通过自身的体验来观察和表达世界的。因此,语言和真实世界之间就不是一个简单的对应关系,他们之间必须经过认知的沟通,融入人的理解。隐喻就是以自身的体验和感受来表达世界的一种必然的方式。

《Women, Fire, and Dangerous Things》出版于1987年,它的面世被看做认知语言学走向成熟的标志之一。该书的中译本由台湾学者梁玉玲翻译完成,1994年作为《当代思潮系列丛书》之一在台湾出版。这本书有一个副标题——what categories reveal about the mind(范畴揭示了思维的什么奥秘),这个副标题即告诉我们,该书主要分析的是与范畴有关的概念。

所谓"范畴",通俗地说就是对事物所归的类。范畴化简单地讲也就是将事物归类。范畴化是人类认知世界的主要方式。传统的观点认为范畴是由范畴成员的共同特征决定的,因此,对外,范畴与范畴之间界限分明;对内,范畴中每一个成员的地位是平等的。这一观点后来逐渐被原型理论(Prototype theory,另有译作典型理论)所取代。所谓原型理论,强调范畴不是由该范畴内所有成员共有的特征来划界的。范畴与范畴之间的界限往往并不清晰。范畴内部成员之间的地位也不平等,有的是典型成员,有的是非典型成员。例如在"体育运动"这个范畴中,一般会认为比较消耗体力的如"跑步、游泳、踢球"是典型成员,而同样归属现代体育的"棋牌"类活动,则属于非典型成员。而在这本书中,Lakoff则进一步提出,人类的概念范畴不但是由范畴成员的特性决定的,而且还与进行范畴划分的人的"体验"有关。

该书的第一、二部分"范畴与认知模式"及"哲学蕴涵",概括论述了有关范畴划分的许多实验现象:家族相似性、中心地位、梯度性、转喻推理、作为原型现象的生成性、概念的具体性、基本层次范畴划分和首位性,以及语言中认知范畴的使用。通过这些研究,证明了原型效应的真实性,并且就这些效应可能产生的来源提出了一些见解。然后,文章又在证明客观主义哲学谬误的基础上,进一步说明了概念范畴与真实世界的范畴之间不是简单的一一对应关系,概念结构受到现实以及作为现实的固有组成部分的人的活动方式的强力制约。

该书的第三部分,是三个和语言学有关的实例研究。三个实例分别涉及概念、词语和语法结构三个不同的领域。第一个实例研究一个概念——愤怒。第二个实例思考 over 这个单词的各项意义之间的关联。第三个实例则讨论英语中的 there 结构。[①]

《Philosophy In The Flesh》出版于 1999 年,该书也有一个副标题——The Embodied Mind and Its Challenge to Western Thought(基于体验的心智及对西方思想的挑战)。正如这个副标题所说的一样,该书向西方传统思想发起了全面挑战,提出了"体验哲学"(Embodied Philosophy,Philosophy in the Flesh)的理论,对客观主义进行了严厉批评,并且与英美分析哲学和乔姆斯基基于混合哲学(二元论+形式主义)的心智观针锋相对。(王寅,2003)

"体验哲学"对哲学、认知科学和认知语言学产生了深远的影响,被视为认知语言学的哲学基础。该理论包括三个基本原则:心智的体验性、认知的无意识性、思维的隐喻性。

心智的体验性认为:我们的范畴、概念、推理和心智并不是外部世界的客观的、真实的反映,而是由我们的身体经验所形成,特别是由我们的感觉运动系统所形成。人类大部分推理的最基本形式依赖于空间关系概念,身体、大脑和环境的互动,提供了日常推理的认知基础。因此该书作者在书中指出:"概念是通过身体、大脑和对世界的体验而形成的,并且只有通过它们才能被理解。概念是通过体验,特别是通过感知和肌肉运动能力而得到的。"空间概念和身体部位是我们形成抽象概念的基础。

认知的无意识性认为:人们对心智中的所思所想没有直接的知觉,即使理解一个简单的话语也需要涉及许多认知运作程序和神经加工过程。视觉、听觉、嗅觉、感觉等神经加工过程无法被意识到,大部分推理也不能被意识到。人类的范畴根据原型进行概念化,每一个原型就是一个神经结构,它能使我们进行与此范畴相关的推理和想象。

[①] 关于这本书的一些基本概念及理论背景,石毓智(1995)曾经有过较为详细的评介,可以作为参考。

思维的隐喻性认为：隐喻基于身体经验，我们日常经验中的相关性会引导我们获得基本隐喻，它是身体、经验、大脑和心智的产物，只能通过体验获得意义。隐喻使得大部分抽象思维成为可能，它是不可避免的。隐喻的基本作用是从始源域将推理类型映射到目标域，大部分推理是隐喻性的。隐喻是人类思维的特征，普遍存在于人类的文化和语言之中。没有隐喻就没有哲学（Lakoff & Johnson，1999，转引自齐振海，2003）。

2.3.2　R. Langacker

Ronald W. Langacker 1966 年在美国伊利诺斯大学取得语言学博士学位，此后一直在加州大学圣地亚哥分校任教。他从 20 世纪 70 年代开始从事认知语法研究，逐渐成为最有影响力的认知语言学家之一。

Langacker 的语言学理论，最初称为"空间语法"（Space Grammar），后称为"认知语法"。他最经典的著作是《认知语法基础》（*foundations of cognition grammar*）。这是一套两卷本的著作，分别于 1987 年和 1991 年由斯坦福大学出版社出版，2004 年北京大学出版社出版了该书的影印本。由评价认为《认知语法基础》是认知语言学领域关于语法讨论最为详尽的一部著作。这套书的出版，被学界认为是认知语言学走向成熟的标志之一。

《认知语法基础》第一卷由三部分组成。第一部分：研究取向（Orientation）介绍了和认知语言学相关的一些基本假设（guiding assumption）和基本概念（fundamental comcepts）。认知语法认为语义是语言研究的中心。句法是以语义为基础建构的。认知语言学的任务就是要描写语义结构。因此，该书的第二部分就讨论的是语义结构（semantic structure）。这一部分的开头，讨论了认知能力（cognitive abilities）的一些基本特性，在后面的几章中，又分别讨论了认知域（cognitive domains）、意象（image）、不受时间影响的关系和过程等问题。第三部分：语法组织（Grammatical Organization）共有五章，分别讨论了配价关系（valence relations）、象征单位（symbolic units）、范畴化和语境、词类、结构描写、表达式中的构件与复合结构之间的关系等问题。

《认知语法基础》第二卷"描写应用"，是在第一卷理论介绍基础上的实战演习。这一卷也分三个部分，共十二章，分别通过考察英语名词、动词、小句和小句组合等问题，来说明认知语法可以为许多语言现象提供更加简洁和合理的描写。

关于此书，《国外语言学》1994 年第一期上发表了一篇沈家煊先生的介绍性文章，内容非常全面而精要，故此处不赘。

2.3.3 L. Talmy

Leonard Talmy 毕业于美国加州大学伯克利分校，曾经在德国、罗马和莫斯科担任教职。并且长期担任美国纽约州立大学水牛城分校（University at Buffalo, State University of New York）认知科学中心主任。

他从 70 年代开始就十分关注认知语言学研究，并且写了很多有分量的论文。2000 年他出版了专著《Toward a Cognitive Semantics（走近认知语言学）》，这可以算得上他多年研究成果的总结。这部书分为两卷，第一卷名为"概念组织系统"（concept structuring systems），第二卷名为"概念组织的类型和过程"（Typology and Process in Concept Structuring），全书共十六章。

在第一卷的第一章中，Talmy 就明确提出语言应该区分语法子系统和词汇子系统。这与 Langacker（1987）的词汇—语法连续统的观点是不同的。Talmy 认为语法是一个封闭的类，而词汇则是一个开放的类。一个句子在听话人头脑中产生一种认知表征，而这个句子的语法和词汇系统可以说明认知表征的不同部分：句子的语法成分决定表征的结构，而词汇成分决定其内容。（胡琰等，2006）在语言中，语法子系统有语义限制，而词汇子系统则没有语义限制。例如，在很多语言中，名词都有屈折形式来表达"数"的概念（例如英语中加"s"），但是却没有一种语言用语法的形式来表达"颜色"的概念，这就是一种语义对语法系统的限制。语法系统受限制的另一个表现是，即使是语法系统所能表达的语义域，这其中能通过语法形式来反映的概念是有限的。仍以"数"范畴为例，语法中的"数"，有表达单数、复数或者多数的区别，但是却不可能用来表示千万或者 27 这些意义仍然需要通过词汇手段来表达的数。

Talmy 认为词汇形式所能表达的概念是无法统计的，因为人类的经验、知识是无限的。但是语法系统作为一个封闭的类是可以描写的。他本人的研究兴趣就主要集中在描写和解释语法子系统的特征和组织方式。

Talmy 提出，不同的语法成分在特定的概念范畴中被模式化，这些特定的范畴就是"图式范畴"。图式范畴合起来构成综合的概念结构系统，他称之为"图式系统"（schematic systems）。图式系统至少包括四类：构型系统（configurational system）、注意力系统（attentional system）、视角系统（perspectival system）和力量—动态系统（force-dynamics system）。（胡琰，2006）正是通过这些图式系统及图式范畴，Talmy 试图说明人类的认知是如何通过语法来表达的。

2.3.4 构式语法的代表

在20世纪90年代,Lakoff、Langacker 和 Talmy 的观点汇成了认知语言学的主流理论,同时,许多认知语言学者在坚持认知主义的基本原则的同时,也开始采纳具象派折衷主义(representational eclecticism)的观点。构式语法就是其中颇有影响的一支。

构式语法(construction grammar)的概念最初是由 C. Fillmore,P. Kay 和他们的同事们提出来的。如今这个概念已经有了深入的发展,但是其中心思想和当初相比并没有多大变化。这个中心思想就是认为语法可以不是词汇加规则构成的系统,而是可以作为一个构式出现,具有无法完全从组成成分推导出来的整体意义。简单的说,就是"整体大于部分之和"。这一现象其实在很多俗语或成语中有非常明显的表现,例如"瓜田李下"的意思,就很难从字面上推导出来。Fillmore 和 Kay 最初就是从习语(idioms)研究入手来探讨这个问题的。

如今,在认知语言学框架内,从构式的角度研究语法的主要有三条路子:

(1) A. Goldberg 的构式语法

A. Goldberg 是继 Fillmore 和 Kay 之后,影响最大的构式语法研究者,其代表作是 1995 年出版的《Construction》。

构式的观念,最初是在分析"非常规"的习语现象时形成和发展起来的,因为"习语"具有高度的规约化特征,往往很难用一般的规则加以分析和推导,研究者就从这些现象起步,观察"整体大于部分"之和的特点在语言中是否习语所独有。在这部书中,Goldberg 就试图用构式的观念来解释一些常规的结构。她重点分析了动词论元结构,分析了及物句或双及物句这样一些普通句式的构式特点。

(2) 激进的构式语法(Radical Construction Grammar)

激进的构式语法模式是由 Croft(1996)建立起来的。之所以称之为"激进",是因为他认为构式是唯一的最基础,最原始的理论结构。所有其他的语言范畴,包括词类、语序、主宾语这样的语法关系,以及我们所谓的句法都是其副产品,一种偶发现象。

(3) 体验的构式语法(Embodied Construction Grammar)

体验的构式语法是最近由 Bergen Benjamin & Nancy Chang(2005)提出来的,这个语法模型非常关注语言的过程性特征,尤其是语言的理解,非常关注构式在理解过程中是如何产生作用的。因此,体验的构式语法主要研究的是某一特定语言的构式与语言理解过程中的体验性知识之间的关系。

三、我国的认知语言学研究

和生成语言学相比,认知语言学在我国受到了更多的关注。认知语言学一经产生就很快传到我国,对我国的语言学研究产生了很大的影响。很多学者不仅积极介绍国外认知语言学的新成果,而且还结合汉语实际创造性的运用认知语言学的思想,分析和解释语言现象,取得了较为丰硕的成果。有统计表明,在过去十几年里,中国的学术杂志上发表的有关认知语言学的研究论文是生成语言学的10倍以上,也远远超过语言学的其他分支,由此可见认知语言学在中国的蓬勃发展之势。

在众多的研究者中,最引人注目的主要有沈家煊、石毓智、张敏、张伯江、袁毓林等先生的成果。这里择要介绍几部比较重要的著作和几篇具有代表性的文章。

《肯定和否定的对称与不对称》,最初是石毓智先生的硕士论文,1991年经由台湾的学生书局出版,2001年又由北京语言文化大学出版社出了增订本。作者在写作此书时并未真正接触到国外的认知语言学理论,但是全书的基本思想却与认知语言学的思想不谋而合。该书多侧面地考察了汉语肯定和否定的对称和不对称,以肯定和否定用法为纲,考察了虚拟句和现实句的句法对立、具有重叠表遍指功能的词语范畴,时间的一维性与介词的产生之关系,形容词的有标记和无标记等等句法和语义问题。

《认知语言学与汉语名词短语》是张敏先生的论著,1998年由中国社会科学出版社出版。正如书名所说,全书大致分为两个部分。第一部分是对认知语言学基本理念的介绍,书中除了对认知语言学的理论主张和一些核心概念进行了精要的介绍外,尤其花大量篇幅具体介绍了各种句法象似性及其在语言中的表现。该书的第二部分是具体问题的研究,详细描写了汉语名词短语中的一些重要现象,如组合式与黏合式定中结构的语义差异、定中之间"的"字的隐现规律、领属结构的句法语义限制、多项定语的语序规则,并且论证了距离动因是促动汉语名词短语构造的基本机制。

《不对称和标记论》是沈家煊先生1999年在江西教育出版社出版的一部著作。这本书运用"标记理论"对汉语语法中各种对称和不对称现象作出了统一的描写和解释。值得指出的是,该书所提出的"关联标记模式",及其对汉语现象的分析,是对标记理论的一种很有价值的修正。这部书,实际上综合借鉴了语言类型学、语用学、篇章语言学和认知语言学的研究成果,而并非单纯的认知语言学框架下的著作,但是其基本思想与认知语言学是一致的。而且由于该书涉及众多的汉语现象,是运用认知语言学方法来解释汉语的一次非常有益而有效的尝试。

《语言的认知研究和计算分析》是袁毓林先生的一本论文集,1998年由北京大学出版社出版。书中收录的14篇文章,都是关于语言的认知研究和语言的计算分析的,既有对认知语言学的理论思考,又有具体研究。其中《词类范畴的家族相似性》一篇,运用了认知语言学中的原型理论,对汉语中长久以来悬而未决的词类划分问题提出了崭新的见解,影响非常深远。

构式语法研究近年来逐渐受到我国学者的关注。张伯江先生的《现代汉语双及物结构式》,就是运用"构式语法"①思想解决汉语问题的一篇典范之作。这篇文章用"构式"的观念论证了双及物句式的典型语法语义特征,以及句式引申机制,成功解释了结构主义方法所不能完满解决的有关双宾句式的一些问题。

《认知语言学与汉语研究》(沈家煊,2005)也是一篇值得关注的文章。在这篇文章中,沈家煊先生结合自己及其他学者多年来汉语研究的实例,全面梳理了认知语言学的发展背景、基本假设和核心概念。在这篇文章中,不仅能够了解认知语言学的一些基本的概念,而且还对汉语中的认知语言学研究有了一个体验式的认识。这对于深入了解认知语言学,启发汉语认知语言学研究具有特殊的意义。

除了上面提到的研究者和研究成果外,还有许多认知语言学的研究著作和文章,限于篇幅未能提及,但是这些成果都极大地丰富和深化了我们对于汉语现象的认识。

四、认知语言学经典文献

本文所提及的认知语言学文献,只是近三十年来认知语言学著作中很小的一部分,为了能更全面深入的了解认知语言学的研究状况,我们参考Janda(2000)列出的认知语言学的经典文献并稍作补充,供大家查阅。对于汉语的认知语言学研究,除了上章提到了文章之外,大家还可以关注《中国语文》、《当代语言学》等语言学核心杂志上的相关文章。

---

① 文中称为"句式语法",其实所指相同。

1. Bergen, Benjamin and Nancy Chang 2005. Embodied construction Grammar in simulation-based language understanding. In J.-O. Östman and M. Fried (eds.), *Construction Grammars: Cognitive Grounding and Theoretical Extensions*. Amsterdam: John Benjamins, 147—190.
2. Casad, Eugene, ed. 1996. *Cognitive Linguistics in the Redwoods*. Berlin/New York: Mouton de Gruyter.
3. Coleman, Linda and Paul Kay. 1981. Prototype semantics: The English verb *lie*, *Language* 57, 26—44.
4. Croft, William. 1993. The Role of Domains in the Interpretation of Metaphors and Metonymies, *Cognitive Linguistics* 4, 335—70.
5. Croft, William. 1996. Linguistic selection: An utterance-based evolutionary theory of language. *Nordic Journal of Linguistics*, 19, 99—139.
6. Croft, William. 1999. Some Contributions of Typology to Cognitive Linguistics, and Vice Versa, in Theo Janssen and Gisela Redeker, eds. *Foundations and Scope of Cognitive Linguistics*. Berlin: Mouton de Gruyter.
7. de Stadler, Leon and Christoph Eyrich, eds. 1999. *Issues in Cognitive Linguistics*. Berlin/New York: Mouton de Gruyter.
8. Dirven, René and Marjolijn Verspoor. 1998. *Cognitive Exploration of Language and Linguistics* (= Cognitive Linguistics in Practice, Vol. 1). Amsterdam/Philadelphia: John Benjamins.
9. Fauconnier, Gilles. 1985. *Mental Spaces*. Cambridge/London: MIT Press.
10. Geeraerts, Dirk. 1987. Cognitive Grammar and the History of Lexical Semantics, in Brygida Rudzka-Ostyn, ed. *Topics in Cognitive Linguistics*. Amsterdam & hiladelphia: John Benjamins.
11. Goldberg, Adele 1995. *Constructions: A Construction Grammar Approach to Argument Structure*. Chicago: Chicago University Press.
12. Goldberg, Adele, ed. 1996. *Conceptual Structure, Discourse and Language*. Stanford: CSLI Publications.
13. Goossens, Louis. 1990. Metaphtonymy: The Interaction of

Metaphor and Metonymy in Expressions for Linguistic Action, *Cognitive Linguistics* 1, 323—40.

14. Johnson, Mark. 1987. *The Body in the Mind*. Chicago/London: U. of Chicago Press.

15. Kövecses, Zoltán and Günter Radden. 1998. Metonymy: Developing a Cognitive Linguistic View, *Cognitive Linguistics* 9, 37—77.

16. Lakoff, George, and Mark Johnson 1980. *Metaphors We Live By*. Chicago: Chicago University Press.

17. Lakoff, George. 1987. *Women, Fire, and Dangerous Things*. Chicago/London: U of Chicago Press.

18. Lakoff, George & Mark Johnson 1999. *Philosophy in the Flesh-The Embodied Mind and Its Challenge to Western Thought*. New York: Basic Books.

19. Langacker, Ronald W. 1987. *Foundations of Cognitive Grammar. Vol. I. Theoretical Prerequisites*. Stanford: Stanford U. Press.

20. Langacker, Ronald W. 1990. Subjectification, *Cognitive linguistics* 1, 5—38.

21. Langacker, Ronald W. 1991. *Concept, image, and symbol: The cognitive basis of grammar*. Berlin: Mouton de Gruyter.

22. Langacker, Ronald W. 1991. *Foundations of Cognitive Grammar. Vol. II. Descriptive Application*. Stanford: Stanford U. Press.

23. Lindner, Susan. 1981. *A lexico-semantic analysis of verb-particle constructions with UP and OUT*. Doctoral dissertation, UC San Diego.

24. Mervis, Carolyn and Rosch, Eleanor. 1981. Categorization of Natural Objects, *Annual Review of Psychology* 32, 89—115.

25. Reddy, Michael. 1979. The conduit metaphor, *Metaphor and thought*, ed. by A. Ortony. Cambridge, 284—324.

26. Rosch, Eleanor. 1973a. Natural Categories, *Cognitive psychology* 4, 328—50.

27. Rosch, Eleanor. 1973b. On the internal structure of perceptual and semantic categories, *Cognitive development and the acquisition of language*, ed. by T. E. Moore. New York, 111—44.

28. Rosch, Eleanor. 1978. Principles of categorization, *Cognition and categorization*, ed. by E. Rosch and B. B. Lloyd. Hillsdale, 27—48.
29. Rudzka-Ostyn, Brygida, ed. 1988. *Topics in Cognitive Linguistics*. Amsterdam/Philadelphia:John Benjamins.
30. Sweetser, Eve E. 1990. *From etymology to pragmatics: Metaphorical and cultural aspects of semantic structure*. Cambridge: Cambridge U. Press.
31. Talmy, Leonard. 1988. Force dynamics in language and cognition, *Cognitive science* 12, 49—100.
32. Talmy, Leonard. 1996. Fictive Motion in Language and "Ception", *Language and Space* ed. By Paul Bloom *et al*. Cambridge/London: MIT Press.
33. Talmy, L. 2000. *Toward a Cognitive Semantics*. Vol. 1 & 2. Cambridge, Massachusetts: MIT Press.
34. Tuggy, David. 1993. Ambiguity, polysemy, and vagueness, *Cognitive linguistics* 4, 273—90.
35. Ungerer, Friedrich and Hans-Jörg Schmid. 1996. *An Introduction to Cognitive Linguistics*. London/New York: Longman.
36. Wierzbicka, Anna. 1980. *Lingua Mentalis: The Semantics of Natural Language*. Sydney/New York: Academic Press.

五、本文主要参考文献

1. Evans, Vyvyan, Ben Bergen & Jörg Zinken 2006. The Cognitive Linguistics Enterprise: An Overview, *The Cognitive Linguistics Reader*. Equinox Publishing Company.
2. Janda, Laura 2000. Cognitive Linguistics, http://www.indiana.edu/~sla vconf/SLINGZK/pos papers/janda.pdf
3. Lakoff, George, and Mark Johnson 1980. *Metaphors We Live By*. Chicago: Chicago University Press.
4. Langacker, Ronald W. 1991. *Foundations of Cognitive Grammar*. Vol. II. *Descriptive Application*. Stanford: Stanford U. Press. (《认知语法基础》北京大学出版社 2004 年版。)
5. Newmeyer, F. J 2005. A Reply to the Critiques of "Grammar is

grammar and usage is usage", *Language* 81,229—236.
6. ICLA(国际认知语言学会)网站 About Cognitive Linguisitcs http://www.cognitivelinguistics.org/about.shtml.
7. Ungereer, F. & Schmid H.-J. 1996. *An Introduction to Cognitive linguistics*. London & New York: Longman(《认知语言学入门》外语教学与研究出版社,2001年版。)
8. 胡 琰、苏晓军,2006,L. Talmy 的认知语义观评述,《解放军外国语学院学报》第 4 期。
9. 齐振海,2003,《"心"隐喻的认知分析——基于英、汉语料库的个案研究》,北京师范大学博士论文。
10. 沈家煊,1994,R. W. Langacker 的"认知语法",《国外语言学》第 1 期。
11. 沈家煊,2005,认知语言学与汉语研究,《语言学前沿与汉语研究》(刘丹青主编),上海教育出版社。
12. 石毓智,1995,《女人、火、危险事物——范畴揭示了思维的什么奥秘》评介,《国外语言学》第 2 期。
13. 王 寅,2003,体验哲学:一种新的哲学理论,《哲学动态》第 3 期。
14. 徐烈炯,1988,《生成语法理论》,上海外语教育出版社。
15. 张 翼,2006,语法=用法?——2003 年和 2005 年美国语言学会主席演讲,《当代语言学》第 2 期。
16. 张伯江,1999,现代汉语的双及物结构式,《中国语文》第 3 期。
17. 张 敏,1998,《认知语言学与汉语名词短语》,中国社会科学出版社。
18. 赵艳芳,2002,《认知语言学概论》,上海外语教育出版社。

附录二

乔姆斯基《语言描写的三个模型》

《语言描写的三个模型》是 Chomsky 的早期著作,于 1956 年发表在《信息论杂志》上,Chomsky 在语言学的历史上首次采用 Markov 模型来描写自然语言,对于有限状态模型、短语结构模型和转换模型等三个模型,从语言学和数学的角度进行了理论上的分析,建立了形式语言理论,具有划时代意义。Chomsky 在这篇文章中明确地提出:"语言理论试图解释说话人在其有限的语言经验的基础上生成和理解新的句子并拒绝其他不合语法的新序列的能力。"这一直是生成语法追求的目标,也是最简方案的语言学理论所追求的目标。后来 Chomsky 在 1957 年发表的《句法结构》实际上是这篇文章的通俗解释,1995 年发表的《语言学理论的最简方案》实际上是这篇文章思想的进一步发展,要深入理解 Chomsky 的形式语言理论和最简方案理论的实质,应该首先从《语言描写的三个模型》入手。这篇文章的英文发表于《信息论杂志》,属于理科杂志,国内很少有语言学家读过这篇文章,因此,我们翻译成中文之后作为本章的附录,可以醒人之耳目,也可以弥补读者查找资料的困难。

语言描写的三个模型

N Chomsky 著 张和友译 冯志伟校

摘要

我们研究了好几种语言结构的观念,看看它们能否提供简单而显露的语法来产生英语中的所有句子,并且仅仅产生这些句子。我们发现,产生由一种状态转移到另一种状态符号的有限状态马尔可夫过程,没有哪一种过程能够充当英语语法。并且,从统计的角度看,产生接近于英语(句子)的 n 元组的这些过程的特殊次类,随着 n 的增大,并不是越来越接近于跟一部英语语法的输出相匹配。我们将"短语结构"的概念形式化,并且证明"短语结构"给我们提供了一种描写语言的方法,这种方法本质上是很有力的,不过仍然可以描写成有限状态过程的一种相当基本的类型。然而,只有当将范围限制在简单句的较小子集中时,这一方法才是成功的。我们研究了一套语法转换的形式属性,这些转换将带有短语结构的句子变成带有导出短语结构的句子,这表明转换语法是具有跟短语结构语法相同基本类型的过程;并且如果短语结构描写限制在所有其他句子通过反复运用转换得以建构的核心(kernel)的简单句上,英语的语法将大大简化。这也表明,这种关于语言结构的观点提供了某种使用和理解语言的悟性。

1. 导言

在语言的描写研究中有两个中心问题。语言学家关注的一个基本问题是找到自然语言的简易而显露的语法。同时,通过研究这种成功语法的属性和澄清作为这种语法基础的基本观念,语言学家希望找到语言结构的一般理论。我们将检查这些相关研究的某些特性。

一种语言的语法可以看做这种语言结构的理论。任何科学理论都是建立在一定的有限观察的基础上;通过建立依照一定的假说结构表达的普遍法则,科学理论试图解释这些观察,试图显示这些观察是如何相关的,进而试图预测无限多的新现象。数学理论还有一个特征,即预测是从理论本身精确的得出的。类似地,一种语法是建立在对于有限句子的观察之上(语言学家的语料库),并通过建立普遍法则(语法规则)将观察到的有限句子的集合投射到(project)包含无限的合乎语法的句子集合中。普遍法则是按照所分析的语言中诸如特殊的音位、词、短语等等之类的假说结构来构造的。一种形式化合适的语法应该无歧义的决定合乎语法句子的集合。

普通语言学理论可以看做一种元理论(meta-theory),它关心的是这样的问题:就每一种具体语言而言,在有限句子的语料库的基础上,如何去选择那样一种语法。特别是,这种理论要考虑并试图阐述合法的句子集合与所观察的句子集合之间的关系。换句话说,语言理论试图解释说话人在其有限的语言经验的基础上生成和理解新的句子并拒绝其他不合语法的新序列的能力。

假定对于许多语言而言,存在一定的合法句子的纯粹事实与一定的不法序列的纯粹事实,分别如英语中(1)、(2)这样的句子：

(1) John ate a sandwich.
(2) Sandwich a ate John.

在这种条件下,我们验证一种议定的语言理论适切性(adequacy)的办法是看看对于每一种语言来说,一定的纯粹事实能否用依照这一理论构建的语法加以合理的解决。比方说,如果英语的大规模语料库中碰巧没有包含(1)或者(2),那么,我们就问：为这一语料库设计的语法能否将语料库设计成包括(1)而排除(2)的样子。即使这些纯粹的事实为已知的孤立考虑的语言的语法的适切性仅仅提供微弱的验证,它们却为任何一般语言理论以及由语言理论产生的语法集合提供了有力的验证,既然我们主张就每种语言而言,纯粹事实应该以一种固定的和预定的方式加以适当的解决。我们可以采取一定的步骤来构建"合法句子"的操作特征,这将给我们提供为有效确定语言学任务所需求的纯粹事实。例如,我们观察到,说英语的人用语料库中句子的正常语调来朗读(1),而对(2)中的每个词却用降调来读,像诵读任何没有关系的词构成的序列。其他同类的区别性准则也能够加以描写。

在希望为观察到的句子与合法句子之间的一般关系提供满意的解释之前,我们必须更多的了解每一个集合的形式特征。本文关注的是合法句子集合的形式结构。我们将范围限制在英语,并且假定具有英语句子和非句子的直觉知识。那么,我们可以问：对于以一种有意义和令人满意的方式描写英语句子集合的英语语法,我们需要什么样的语言理论作为基础呢？

对一种语言进行语言分析的第一步就是为这种语言的句子提供有限的表征系统。我们假定这一步已经完成,并且我们只用语音或者字母记录来处理语言。这样,我们所说的一种语言,是指句子的集合(有限的或者无限的)。每个有限长度的句子都是由有限的字母符号构成的。如果 A 是一个字母表,我们说通过联结 A 的符号所形成的任何形式是 A 中的一个符号串(string)。我们所说的一种语言 L 的语法,是指某种装置,这种装置产生属于 L 中的句子的一切符号串,并且仅产生这些符号串。

无论我们最终决定如何去构建语言理论,都将必然要求任何语言的语法一定是有限的。于是,任何语言理论都仅使语法的有限集合变得可用;因此,在一般意义上讲,按照由任何具体理论提供的语言结构的观念,无法估计的多数语言严格来说是不能描写的。假定给定一种语言结构的理论,那么,问下面这样的问题总是适宜的:

(3) 绝对处在所给定的描写类型之外的有意义的语言存在吗?

特别是,我们应该问问英语是否是这样的语言。如果是的话,那么原来给定的语言结构的概念必定是不适当的。假如对于(3)的回答是否定的,那么我们将接着问下面这样的问题:

(4) 我们能够为一切有意义的语言合理的构建简明的语法吗?

(5) 这种语法在下列意义上是显露的吗?即:这种语法所呈现的句法结构能够支持语义分析,能够为语言的使用和理解提供洞察力,等等。

我们先按照描写的可能性与复杂性(问题(3)、(4))来检验一下关于语言结构的各种观念。然后,在第六部分,我们按照问题(5)简要的考虑一下同样的理论;我们将看到,为了语言学的目的,我们会独自得出关于相对适切性的相同结论。

2. 有限状态马尔可夫过程

2.1 用有限装置生成无限句子的最基本的语法是一种建立在跟特别简单的信息源相似的语言观念基础上的语法,这种特别简单的信息源就是有限状态马尔可夫过程(finite-state Markov process)①。具体说,我们将有限状态语法 G 定义为一个包含有限状态的系统:$S_0,\ldots,S_q$,转换符号的集合 $A=\{a_{ijk} | 0 \leqslant i,j \leqslant q; 1 \leqslant k \leqslant N_{ij}\}$,据说是相联的语法的某些配对状态的集合 $C=\{(S_i, S_j)\}$。随着系统从状态 S_i 转移到 S_j,产生符号 a_{ijk},$a_{ijk} \in A$。假定:

(6) $S_{\alpha 1},\ldots,S_{\alpha m}$

是 $\alpha_1 = \alpha_m = 0$ 时语法 G 的状态的一个序列,且 $(S_{\alpha i}, S_{\alpha i+1}) \in C$ ($i < m$)。随着系统从状态 $S_{\alpha i}$ 转移到 $S_{\alpha i+1}$,产生符号(7):

(7) $a_{\alpha i \alpha i+1 K}$

$K \leqslant N_{\alpha i \alpha i+1}$。我们用弧形⌒表示毗连(concatenation)②,我们认为,序

---

① 参文献[7]。有限状态语法可以按照状态图用图表的方式加以表达,如文献[7]的第 15 页脚注。

② 参文献[6],附录 2 是一个线性代数的公理化。

列(6)产生一切形如(8)的句子：

(8) $a_{\alpha_1\alpha_2 K_1} \frown a_{\alpha_2\alpha_3 K_2} \frown \ldots \frown a_{\alpha_{m-1}\alpha_m K_m-1}$

对于 K_i 的所有适宜选择(即对于 $K_i \leqslant N_{\alpha_i\alpha_i+1}$)，包含并且仅包含上述句子的语言 L_G 称为由语法 G 产生的语言。

于是，为了产生 L_G 的一个句子，我们将系统 G 置于初始状态 S_0 中，伴随着从一个状态转移到下一个状态，产生一个 A 的相关转移符号的过程，我们经历一系列的相关状态，最后仍以 S_0 结束。如果语言 L 是通过某种有限状态语法 G 产生的句子的集合，那么我们称 L 是有限状态语言。

2.2 我们不妨将转换符号的集合 A 看做英语音位的集合。我们能够试图构建一种有限状态语法 G，这种语法将生成每一个属于英语的合法句子的音位符号串，并且只生成这些符号串。我们马上看到，如果将 A 看成英语的语素①或者词的集合，并构建语法 G，结果语法 G 恰好产生这些单位的合法串，那么，为英语构建有限状态语法的任务可以大大简化。这样，通过有限的规则集合，就完成了这部语法。这些规则给出每一个单词或者语素依据其出现环境的音位拼读形式。我们将在 4.1 和 5.3 中简要考虑这些规则的情形。

在直接探究为英语的语素或者词的序列构建有限状态语法这一问题之前，我们来调查一下有限状态语言的绝对限制。假定 A 是语言 L 的字母表，$a_1 \ldots a_n$ 是这个字母表的符号，并且 $S = a_1 \frown \ldots \frown a_n$ 是 L 的一个句子。我们认为，对 L 而言 S 具有一个 (i, j) 依存的充要条件是：

(9) (i) $1 \leqslant i \leqslant j \leqslant n$

(ii) 存在符号 b_i、$b_j \in A$，具有如下属性：S_1 不是 L 的句子，S_2 是 L 的句子，其中 S_1 是通过用 b_i 替换 S 的第 i 个符号(即 a_i)从 S 形成，S_2 是用 b_j 替换 S_1 的第 j 个符号(即 a_j)从 S_1 形成。

换句话说，如果用 b_i 对 S 的第 i 个符号 a_i 的替换$(b_i \neq a_i)$要求相应的 b_j 对 S 的第 j 个符号 a_j 的替换作为结果符号串属于 $L(b_j \neq a_j)$，那么，对 L 而言 S 具有一个 (i, j) 依存。

我们认为 $D = \{(\alpha_1, \beta_1), \ldots (\alpha_m, \beta_m)\}$ 对 L 中的句子 S 而言是一

---

① 我们的语素指的是语言中最小的语法功能成分，如"boy"、"run"、"running"中的"ing"、"books"中的"s"等。

个依赖集的充要条件是：

(10) (i) 当 $1 \leqslant i \leqslant m$ 时，对于 L 来说，S 有一个 (α_i, β_i) 依存

(ii) 对于每个 i，j 而言，$\alpha_i \leqslant \beta_j$

(iii) 对于每个 i，j 而言，$i \neq j$，$\alpha_i \neq \alpha_j$，$\beta_i \neq \beta_j$

这样，对 L 中的 S 而言，在一个依赖集中，每两个依赖集在两个项（item）上各不相同，S 中的每个决定成分先于被决定成分，其中，我们将 $a_{\alpha i}$ 描述成决定 $a_{\beta i}$ 的 选择。

很显然，如果在 L 中，S 具有一个 m 项依赖集，那么，在生成语言 L 的有限状态语法中，至少有 2^m 种状态是必需的。

这种观察使我们能够确定有限状态语言的必要条件。

(11) 假定 L 是一种有限状态语言。那么，存在 m，L 中没有一个句子具有多于 m 的依赖集合。

脑子里记住这个条件，我们能很容易构建许多非有限状态语言。比方说，(12) 中描述的语言 L_1、L_2、L_3 不能用任何有限状态语法加以描述。

(12) (i) L_1 包含 $a \frown b, a \frown a \frown b \frown b, a \frown a \frown a \frown b \frown b \frown b, \ldots \ldots$ ，一般地，L_1 包含所有这样的句子：这些句子含有 n 个 a，其后恰好跟着 n 个 b，并且 L_1 只含有这些句子；

(ii) L_2 包含 $a \frown a, b \frown b, a \frown b \frown b \frown a, b \frown a \frown b \frown a \frown b$ $\frown a \frown a, \ldots \ldots$ ，一般地，L_2 包含所有的"镜像"句子，这些句子含有符号串 X，其后跟 X 的倒置排列符号串，并且 L_2 仅仅含有这些句子；

(iii) L_3 包含 $a \frown a, b \frown b, a \frown b \frown a \frown b, b \frown a \frown b \frown a, a \frown a \frown b$ $\frown a \frown b, \ldots \ldots$ ，一般地，L_3 包含所有这样的句子：符号串 X 之后跟着相同的符号串 X，并且 L_3 仅仅包含这些句子。

比方说，在 L_2 中，对于任何 m，我们都能够找到一个句子具有依赖集 $D = \{(1, 2m), (2, 2m-1), \ldots \ldots, (m, m+1)\}$[①]。2.3 现在转到英语上来。我们发现，存在无穷的句子集合，它们具有包含超过任何固定项目（term）的依赖集。比方说，设定 S_1、S_2、……是陈述句，那么，下面这些都是英语的句子：

[①] 在 L_2 的情况下，(9ii) 的 b_j 可以看做一个同样的成分 U，具有如下属性：对于所有 X 而言，$U \frown X = X \frown U = X$。那么，$D_m$ 对 L_1 中长度为 2^m 的句子来说也是一个依赖集。

(13) (i) if S_1, then S_2

(ii) either S_3, or S_4

(iii) The man who said that S_5, is arriving today.

这些句子具有"if"—"then","either"—"or","man"—"is"这样的依赖集。不过我们可以像(13i)、(13ii)、或(13iii)自身那样选择出现于相互依赖词之间的 S_1、S_3、S_5。继续以这种方式构建句子,我们就得到英语的次类,这些次类恰好具有(12)中的语言 L_1 和 L_2 的镜像属性。因此,英语不满足条件(11)。英语不是有限状态语言,因之我们被迫放弃所讨论的语言理论,因为它不满足条件(3)。

我们可以通过主观规定英语的句子长度存在有限上界来避免这种结果。然而这种做法无益于有用的目的。重要的问题是,存在着这种基本的语言模型从本质上讲不能加以处理的句子构造过程。如果对这些过程的操作不进行有限限制,那么,我们可以从文字上证明这种模型的不适宜性。如果对这些过程加以限制,那么,严格说来,构造有限状态语法将不是不可能的(因为一个清单就是一个小的有限状态语法),但是这种语法如此复杂以致没什么作用或意义。下面,我们将研究一个能处理镜像语言的语法模型。这种模型在无限状态下的额外力量由下列事实得到反映:如果作上限限制,那么这种模型更为有用和具有外显性。一般说来,做出语言是无限的这样的假设,目的在于简化描写①。语法如果没有递归步骤(即上面讨论过的模型中的封闭环)就会变得极其复杂——实际上,我们将证实,这种语法对自然语言来讲比符号串或语素类序列的清单好不了多少。如果语法的确有递归装置,它将会产生无限多的句子。

2.4 尽管我们看到没有哪一种自左至右产生句子的有限状态马尔可夫过程能够充任英语语法,我们仍可以研究构建具有如下装置(device)的序列的可能性,这种装置以某种并非不重要的方式跟令人满意的英语语法的输出越来越紧密匹配。比方说,假定对于固定的 n 来说,我们按照下列方式构建有限状态语法:这种语法的一种状态跟每个长度为 n 的英语词的序列相联,并且当系统处于状态 Si 时,产生词 x 的概率跟 x 的条件概率(conditional probability)相等(给定界定 Si 的 n 个词的序列)。这个语法的输出通常被称作英语的第 n+1 个近似值(approximation)。很

---

① 注意,一种语法必须反映和解释说话人产生和理解新句子的能力,这些新句子可以比以前听过的任何句子都长得多。

明显,随着 n 的增大,这种语法的输出将变得越来越像英语,因为序列越长,直接从英语样品中产生出来的概率就越高,概率是由英语样品决定的。这个事实有时会使我们认为,语言结构理论建立在这种模型之上。

不论对于这个意义上的统计学上的近似值的兴趣是什么,明显的情况是,这种统计上的近似值都没有阐明语法的问题。在一个符号串(string)(或是其组成成分)的频度(frequency)和它的合法性(grammaticalness)之间不存在一般关系。为了能更清楚地明白这一点,我们来看(14)这样的符号串:

(14) colorless green ideas sleep furiously

(14)是一个合法的句子,尽管假定(14)中的词在以前未曾配对出现是合理的。注意,一个英语的说话人会用英语句子的通常语调模式来理解(14),可是他也同样会用在每个单词上用降调的办法来理解不熟悉的符号串(15):

(15) furiously sleep ideas green colorless

这样,(14)跟(15)之间的差别正如(1)跟(2)之间的差别;我们暂时的对于合法性的操作准则支持我们的直觉,即:(14)是一个合法的句子而(15)不是。我们可以部分程度上将语法的问题表述为解释与重构英语说话人承认(1)与(14)是合法的而拒绝(2)与(15)是合法的这一能力。但是没有近似值模型的规则能够区分(14)和(15)(或者区分数目不定的类似配对儿)。随着 n 的增大,英语的第 n 个近似值将排除(由于越来越未必发生)一度增长的合法句子的数目,而另一方面它仍然包含数目庞大的彻底不合法的符号串①。我们不得不得出如下结论:在这方面显然不存在解决语法问题的有效方法。

我们注意到,尽管对于每个 n 来说,一个 n 阶近似值的过程可以表达成一个有限状态马尔可夫过程,但是反之则不然。例如,将带有(S_0, S_1),(S_1, S_1),(S_1, S_0),(S_0, S_2),(S_2, S_2),(S_2, S_0)三种状态的(three-state)过程看成其唯一的联结状态,将带有 a, b, a, c, b, c 三种状态的过程看成各自的转换符号。这一过程可以用下列状态图表示:

---

① 这样我们总是看到 n+1 个词的序列,其中前面的 n 个词和后面的 n 个词都可以出现,但不可以在同一句子中出现(比方说,将(13iii)中的"is"换成"are",并且选择具有任一合要求长度的 S5)。

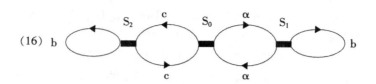

(16)

这一过程能够产生如下句子:a⌒a,a⌒b⌒a,a⌒b⌒b⌒a,a⌒b⌒b⌒b⌒a,……,c⌒c,c⌒b⌒c,c⌒b⌒b⌒c,c⌒b⌒b⌒b⌒c,……,但是不能产生 a⌒b⌒b⌒c,c⌒b⌒b⌒a 等这样的句子。所生成的语言的句子具有任何有限长度的附属物。

在§2.4中,我们提出理由说在近似规则与合法性之间不存在有效的相互联系。从接近英语的规则的角度看,如果我们给定具有已知长度的符号串,我们将看到,整个清单从上而下所散布的既有合法的句子,又有不合法的句子。因此,统计学上近似的观念看起来跟语法无关。在§2.3中我们指出,一个范围更广的过程,即所有产生转换符号的有限状态马尔可夫过程都不包括英语语法。也就是说,如果我们构建一种只产生英语句子的有限状态语法,我们知道这种语法不能产生无限数目的这些句子;特别是,它不能产生无限数目的真句子、假句子以及能够明了提出的合乎情理的问题与类似问题。下面,我们将考察更广范围的过程,这些过程可能为我们提供英语语法。

3. 短语结构语法

3.1 通常情况下,句法描写是按照所谓的"直接成分分析"(immediate constituent analysis)给定的。在这类描写中,句子的词组合成短语,这些短语被分成更小的成分短语,如此等等,直至达到最后的成分(一般来说就是语素3)。这些短语然后分成名词短语(NP)、动词短语(VP),等等。例如,(17)可以随同附表分析如下:

(17)

the man	took	the book
NP	Verb	NP
	VP	
Sentence		

明显地,跟词对词(word-by-word)模型相比,按照这种方式描写句子准许相当大的简洁性,因为由像 NP 这样的复杂类型的短语构成的复合结构在语法中可以仅仅表达一次,并且这种结构可以在句子结构的各个

地方作为一个建构片儿(building block)使用。我们现在要问的是:什么样的语法形式跟语言结构的这种概念相对应?

3.2 我们将一种短语结构语法定义为一个有限词汇(字母表)Vp,Vp 中初始符号串的有限集合 Σ 和一个形式规则的有限集合 F:X→Y,其中 X 与 Y 是 Vp 上的符号串。每一条这样的规则都可以解释为如下指令:将 X 重写为 Y。鉴于即将直接显露的原因,我们要求在每一个[Σ,F]语法中

(18) $\Sigma:\Sigma 1,\ldots,\Sigma n$
　　　$F:X_1 \to Y_1$
　　　　　$\vdots$
　　　　$X_m \to Y_m$

通过用某种符号串来替换单一的符号 X_i 可以从 X_i 形成 Y_i。被替换的符号和用来替换的符号串都不可能是注释 4 中的成分 U 本身。

给定[Σ,F]语法(18),我们认为:

(19) (i) 符号串 β 从符号串 α 导出,如果 $\alpha = Z \frown X_i \frown W$,$\beta = Z \frown Y_i \frown W$, $i \leqslant m$①

(ii) 符号串 S_t 的一个推导式是一个由符号串构成的序列 $D=(S_1,\ldots,S_t)$,其中 $S_1 \in \Sigma$,并且对于每∧$i < t$来说,S_{i+1} 都可以从 S_i 导出;

(iii) 如果按照(18)存在一个 S 的推导式,那么符号串 S 可以从(18)推导出来。

(iv) 如果不存在从 S_t 导出的符号串,那么,S_t 的推导终止;

(v) 如果符号串 S_t 是一个终止的推导式的最后一列,那么它就是一个终极符号串。

于是一个推导式大约跟一个证明类似,将 Σ 看做公理系统,将 F 看做推理规则。如果 L 是符号串的集合,可以从某种[Σ,F]语法推导而来,那么,我们说 L 是可推导语言;同样,如果 L 是终极符号串的集合,可以从某种[Σ,F]系统推导出来,那么,我们说 L 是终极语言(terminal

---

① Z 或 W 在这种情况下可能是成分 U 本身(比较注释 4)。注意,既然我对(18)加以限制以便排除将 U 内含地计算在规则 Γ 的右侧或左侧;并且既然我们要求只有左侧的一个单一符号可以在任何规则中被替换,那么可以得出结论说:Y_i 必须至少跟 X_i 等长。这样,我们对于在(19iii)、(19V)意义上可推导性与终端性(terminality)有一个简单的决定程序。

language)。

在每一种有意义的情况下,都存在一个终极词汇 $V_T(V_T \subset V_P)$,V_T 恰好描述终极符号串;这是在下列意义上说的:每个终极符号串是 V_T 中的符号串,并且 V_T 中没有哪个符号按照 F 的规则中的任何一个进行重写(rewritten)。在这种情况下,我们可以将终极符号串解释成构成所分析的语言(以 V_T 为其词汇),将这些符号串的推导解释成它们的短语结构。

3.3 作为形式系统(18)的一个例子,请看下面一小部分英语语法:

(20) Σ:＃⌒Sentence⌒＃
  F:Sentence→NP⌒VP
   VP→Verb⌒NP
   NP→the⌒man, the⌒book
   Verb→took

在源自(20)的推导式中,我们特别有:

(21) D_1:＃⌒Sentence⌒＃
   ＃⌒NP⌒VP⌒＃
   ＃⌒NP⌒Verb⌒NP⌒＃
   ＃⌒the⌒man⌒Verb⌒NP⌒＃
   ＃⌒the⌒man⌒Verb⌒the⌒book⌒＃
   ＃⌒the⌒man⌒took⌒the⌒book⌒＃

  D_2:
   ＃⌒Sentence⌒＃
   ＃⌒NP⌒VP⌒＃
   ＃⌒the⌒man⌒VP⌒＃
   ＃⌒the⌒man⌒Verb⌒NP⌒＃
   ＃⌒the⌒man⌒took⌒NP⌒＃
   ＃⌒the⌒man⌒took⌒the⌒book⌒＃

这些推导式显然是等同的;它们的不同仅仅在于规则的使用的顺序。我们可以通过显明的方式构建跟推导式相应的图表对这种等同加以图示。D1 和 D2 都可以归结为如下图表:

(22)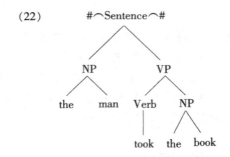

图(22)跟表(17)一样给出了终端句子"the man took the book"的短语结构。一般地,给定一个符号串 S 的推导式 D,我们认为,如果在跟 D 对应的图表中,S 的子串 s 可以回溯为一个单一的节点(node),那么,s 就是一个 X,并且将这个节点标为 X。例如,给定跟(22)对应的 D_1 或 D_2,我们认为,"the⌢man"是一个 NP,"took⌢the⌢book"是一个 VP,"the⌢book"是一个 NP,"the⌢man⌢took⌢the⌢book"是一个句子。但是,"man⌢took"绝对不是这个符号串的一个短语,因为它不能回溯为任何一个节点。

当我们试图为英语构建最简单的可能语法 $[\Sigma, F]$ 时,我们看到,某些句子自动接受非等同的推导式。跟(20)相伴随,英语语法必将包含如下规则:

(23) Verb→are⌢flying
　　　Verb→are
　　　NP→they
　　　NP→planes
　　　NP→flying⌢planes

以便解释"they are flying—a plane"(NP-Verb-NP)、"(flying) planes-are—noisy"(NP—Verb—Adjective)这样的句子。不过,这个规则集合给我们提供句子"they are flying planes"的两个非等同推导式,归结为如下图表:

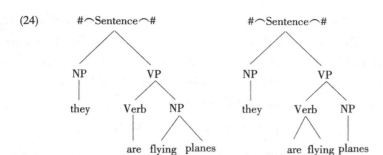

(24)

因此，这个句子有两个被指派的短语结构：既可以分析为"they—are—flying planes"，也可以分析为"they—are flying—planes"。实际上，这个句子也正是以这种方式表现出歧义的。

3.4 英语语法的这些部分在很多方面被过分简单化了。一方面，(20)的每个规则和(23)的左端只有一个单一符号，尽管我们在§3.2并没有对[Σ, F]语法施以同样的限制。形如(25)的一个规则表明：X 只有在语境 Z—W 下才可以被改写成 Y。

(25) Z⌒X⌒W→Z⌒Y⌒W

很容易看出，如果我们允许这样的规则，英语语法将大大简化。在§3.2中我们要求在形如(25)这样的规则中，X 必须是一个单一的符号。这就保证了一个短语结构图可以从任何推导式中构建出来。假如我们定下规则并要求这些规则依次运用（在运用过序列的最后一个规则之后又开始运用第一个规则），并且如果我们区分必有规则（obligatory rule，当我们在规则序列中遇到时必须运用）与可选规则（optional rule，可用可不用），那么，英语语法也可以大大简化。这些修正并不能改变语法的生成能力，但它们能够带来相当程度的简化。

因重要性起见做出某种承诺，要求语法实际上在有限的时间里生成大量的句子，看来似乎是合理的。更为确切地说，不可能徒然浏览规则序列（不运用规则），除非构筑的推导式的最后一行是终极符号串。我们可以通过对规则序列中的强制性规则加上某种条件来满足这种要求。我们将一部专有语法（proper grammar）定义为一个系统[Σ, Q]，其中Σ是初始符号串集合，Q 是一个如(18)中 $X_i → Y_i$ 那样的规则序列，附加条件是：对于每个 i，必须至少有一个 j，使得 $X_i = Y_j$ 并且 $X_j → Y_j$ 是一个强制性规则。这样，(18)中规则的每个左边的项必须至少出现在一个强制性规则中。这就是最弱的简单条件，保证每当我们浏览规则时，必须有一个非终

端的推导式至少先行一步。该条件规定:如果 X_i 可以改写成 $Y_{i1},\ldots,Y_{ik}$ 之一,那么这些改写式中至少有一个必须出现。然而,专有语法从本质上讲不同于[Σ,F]语法。令 D(G)为可以从短语结构语法 G 产生出来的推导式的集合,不论 G 合适与否。令 D_F={D(G)|G 为[Σ,F]语法},D_Q={D(G)|G 为专有语法},那么,

(26) D_F 与 D_Q 不是可比的,即 $D_F \not\subset DQ$ 且 $DQ \not\subset DF$。

这就是说,有些短语结构系统可以用[Σ,F]语法描写但不可以用专有语法描写,有些短语结构可以用专有语法描写却不能用[Σ,F]语法描写。

3.5 我们已经定义了三种语言:有限状态语言(见§2.1),可推导语言和终极语言(见§3.2)。这几种语言按照下列方式相关联:

(27) (i) 每一种有限状态语言都是终极语言,但不能反言之;
    (ii) 每一种可推导语言都是终极语言,但不能反言之;
    (iii) 存在可推导的非有限状态语言和有限状态的不可推导的语言。

假定 L_G 是符合§2.1 中的有限状态语法 G 的有限状态语言。我们按照下列方式来构筑[Σ,F]语法:Σ={S_o};F 包含一个形如(28i)的规则,对于每个 i, j, k 而言,(S_i, S_j)∈G, j≠o,且 k<N_{ij};F 包含一个形如(28ii)规则,对于每个 i, k 而言,(S_i, S_o)∈G,且 k<N_{io}。

(28) (i) $S_i \rightarrow a_{ijk} \frown S_j$
    (ii) $S_i \rightarrow a_{iok}$

明显地,源自这种[Σ,F]语法的终极语言正是 L_G,证实了(27i)的第一部分。

在§2.2 中,我们看到(12)中的 L_1、L_2、和 L_3 不是有限状态语言,可是 L_1 和 L_2 是终极语言。例如对于 L_1,我们有[Σ,F]语法:

(29) Σ:Z
    F:Z$\rightarrow$a$\frown$b
        Z$\rightarrow$a$\frown$Z$\frown$b

这就证实了(27i)。

假定 L_4 是可推导语言,具有词汇 V_p={a1,...,an}。假定我们在 L_4 的语法加上规则 $a_i \rightarrow b_i$ 的有限集合,其中 b_i's 不在 V_p 中且完全不同。

那么,这种新的语法给出一种终极语言,该终极语言只是 L_4 的一个符号变体。这样,每个可推导语言也是终极语言。

作为终极的不可推导语言的一个例子,请考虑仅含有符号串的语言 L_5:

(30) $a\frown b$, $c\frown a\frown b\frown d$, $c\frown c\frown a\frown b\frown d\frown d$, $c\frown c\frown c\frown a\frown b\frown d\frown d\frown d$,...

一个无限可推导语言必须含有一个符号串的无限集合,这些符号串必须按照如下方式排列成序列 S_1, S_2, ... 即:对于某种规则 $X \to Y$ 而言,对每个 $i > 1$ 来说,S_i 都可以通过运用这个规则从 S_{i-1} 得出。而且在这个规则中,Y 必须通过用一个符号串替换 X 的单一符号(下划线为原文所加,下同)从 X 形成(比较(18))。这对 L_5 来说明显是不可能的。可是,这种语言按照下列给定的语法是终极语言:

(31) $\sum$: Z
    F: $Z \to a\frown b$
       $Z \to c\frown Z\frown d$

有限状态不可推导语言的一个例子是 L_6,L_6 包含所有由 a 的 2_n 或 3_n 次出现构成的符号串,并且仅包含这些符号串(n=1,2,...)。(12)中的语言 L_1 是一个可推导的非有限状态语言,带有初始符号串 $a\frown b$ 和规则 $a\frown b \to a\frown a\frown b\frown b$。

法则(27)的主要意义在于按照短语结构进行的描写本质上比按照自左至右产生句子的有限状态语法所进行的描写有力(不仅仅是简单)。在 §2.3 中我们看到,英语完全超出了这些语法的界限,因为它跟(12)中的 L_1 与 L_2 共享镜像属性。可是,我们刚才看到,L_1 是终极语言而且 L_2 也是终极语言。因此,我们会考虑拒绝有限状态模型,但我们不会基于类似的考虑拒绝更为有力的短语结构模型。

我们注意到后者(短语结构语法)在下列意义上比有限状态模型更为抽象,即:未包含在语言词汇中的符号进入了这种语言的描写中。根据 §3.2,V_P 合理地包含 V_T。这样,就(29)而言,我们按照不在 L_1 中的成分 Z 来描写 L_1;就(20)—(24)而言,我们在描写英语结构中引入诸如句子、名词短语、动词短语等不是英语单词的符号。

3.6 我们可以按照下列方式将形如(18)的[$\sum$, F]语法解释成一个相当初始的有限状态过程。考虑具有有限状态 S_0,...,S_q 的系统,当处

在状态 S_0 时,系统能够产生 Σ 的任何符号串,由此进入新的状态。系统在任何点上的状态决定于成分 $X_1\ldots X_m$ 的子集,$X_1\ldots X_m$ 作为子串包含于最后产生的符号串中;系统通过将规则之一运用于这个符号串上产生新的符号串而进入新的状态。系统返回状态 S_0 产生终端一个符号串。于是在§3.2的意义上,这个系统产生了推导式。这一过程在任何一点上都决定于它目前的状态和最后产生的符号串;在这一过程能够继续进行产生在有限方面中的某一方面不同于其最后输出的新符号串之前,对这一符号串的检查次数施加有限上界限制是必要的。

构筑超出[Σ,F]语法描写范围的语言并不困难。实际上,(12iii)中的语言 L_3 明显不是终极语言。我不知道英语实际上是否是终极语言,也不知道是否实际存在其他语言完全超出短语结构描写的范围。因此,我看不出取消基于对(3)的考虑提出的这种语言结构理论的方法。然而,当我们回到描写的复杂性问题时(比较(4)),我们发现有充足的理由得出结论:这种语言结构的理论从根本上讲是不充分的。我们现在研究一些这样的问题,即当我们试图将(20)扩展到整个英语语法时产生的问题。

4. 短语结构语法之不足

4.1 在(20)中,我们只考虑了扩展(develop)动词成分即"took"的一种方式。但是,即使就固定的动词词干而言,仍有大量其他形式可以出现在上下文"the man—the book"中,例如"takes"、"has taken"、"has been taking"、"is taking"、"has been taken"、"will be taking",等等。直接描写这个成分集合是相当复杂的,因为这些成分之间的过分依赖(如"has taken"而非"has taking","is being taken"而非"is being taking"等)。实际上,我们可以给出很简单的分析,将"动词"分析成一个由相互独立成分构成的序列,只选择某些不连续符号串作为成分。例如,在短语"has been taking"中,我们可以离析出不连续成分"has…en"、"be…"和"take";于是,我们可以说这些成分自由结合。系统地照此分析,我们用(32)替代(20)中的最后一个规则:

(32) (i) Verb→Auxiliary⌢V

(ii) V →take, eat, …

(iii) Auxiliary→C(M)(have⌢en)(be⌢ing)(be⌢en)

(iv) M →will, can, shall, may, must

(v) C→past, present

(32iii)中的符号可以做如下解释:在扩展推导式中的"助动词"

(auxiliary)时,我们必须选择未加括号的成分 C,并且我们可以选择零或按照一定顺序选择多个加括号的成分。这样,在下面第五行连续进行(21)中 D_1 的推导过程中,我们可以如下进行:

(33) ＃⌢the⌢man⌢verb⌢the⌢book⌢＃ [见(21)D_1]
　　　＃⌢the⌢man⌢Auxiliary⌢v⌢the⌢book⌢＃ [(32i)]
　　　＃⌢the⌢man⌢Auxiliary⌢take⌢the⌢book⌢＃ [(32ii)]
　　　＃⌢the⌢man⌢C⌢have⌢en⌢be⌢ing⌢take⌢the⌢book⌢＃
　　　[(32iii),选择成分 C,have⌢en 和 be⌢ing]
　　　＃⌢the⌢man⌢past⌢have⌢en⌢be⌢ing⌢take⌢the⌢book⌢＃ [(32v)]

假定我们将 Af 类定义为包含语缀"en"、"ing"和成分 C;将 V 类定义为包含所有 V、M、"have"和"be"。于是,我们可以按照如下规则将(33)的最后一行转换成一个排序合适的语素序列(sequence of morpheme):

(34) Af⌢v→v⌢Af⌢＃

将这条规则运用于(33)最后一行的三个 Af⌢v 序列的每个之上,我们推导出:

(35) ＃⌢the⌢man⌢have⌢past⌢＃⌢be⌢en⌢＃⌢take⌢ing⌢＃⌢the⌢book⌢＃.

在§2.2 的第一段中,我们提到,一部语法包含一个规则集合(所谓形态音位规则),这些规则将语素符号串转换成音位符号串。英语的形态音位学有如下规则(我们使用常规的而非音位的正字法):

(36) have⌢past→had
　　　be⌢en→been
　　　take⌢ing→taking
　　　will⌢past→would
　　　can⌢past→could
　　　M⌢present→M
　　　walk⌢past→walked
　　　take⌢past→took

将这种形态音位规则运用到(35),可以推导出下列句子:

(37) the man had been taking the book.

类似地,规则(32)、(34)将给出陈述句中动词的所有其他形式并且只给出这些形式,有一个主要的例外下面要谈到(有几个次要的例外这里忽略不谈)。

然而,这个非常简单的分析在好几个方面超出了[Σ,F]语法的范围。规则(34)尽管非常简单,却不能并合到[Σ,F]语法里,因为其中没有不连续成分的位置。而且,为了将规则(34)运用到(33)的最后一行,我们必须知道"take"是一个V因而是一个v。换句话说,为了运用这条规则,有必要不仅仅检查这条规则适用的符号串;有必要知道这个符号串的某些成分结构,或者同样地,检查这个符号串之前的某些行。既然(34)要求知道符号串的"推导史",它就违背了§3.6中所讨论的基本属性要求。

4.2 这种将动词短语简单分析成独立选择单位构成的序列超出了[Σ,F]语法的范围,这一事实表明,[Σ,F]语法非常有限,不能给出语言结构的真实面貌。对动词短语的深入研究进一步支持这一结论。对(32)在介绍的成分的独立性有一个主要限制。如果我们选择一个不及物动词(如"come"、"occur"等)作为(32)中的V,我们不可能选择be⌒en作为助动词。不可能有"John has been come"、"John is occurred"以及类似的短语。而且,成分be⌒en不可能独立于短语"verb"这样的上下文被选择。在"the man—the food"这样的上下文中如果选择成分"verb",那么我们在运用(32)时就受到不能选择be⌒en的限制,尽管我们能自由地选择(32)的任何其他成分。就是说,可以有"the man is eating the food"、"the man would have been eating the food"等这样的短语,但不能有"the man is eaten the food"、"the man would have been eaten the food"等这样的短语。另一方面,如果短语"verb"的上下文比方说是"the food—by the man",那么就要求选择be⌒en。可以有"the food is eaten by the man"而不能有"the food is eating by the man"等。总之,我们看到:成分be⌒en进入详细的限制网络使其跟(32)中分析"verb"时所介绍的所有其他成分区别开来。be⌒en的这种复杂独特行为表明:将be⌒en从(32)中排除出去并以某种其他方式将被动式引入[Σ,F]语法是可取的。

事实上,有一种很简单的方法将带有be⌒en(即被动式)的句子合并到[Σ,F]语法里。我们注意到,对于每一个"the man ate the food"这样的主动句,都有一个相应的被动句"the food was eaten by the man",反之亦然。设定我们将成分be⌒en从(32iii)中删除,然后将下列规则加到

[Σ，F]语法上：

（38）如果 S 是一个形如 NP$_1$—Auxiliary—V—NP$_2$ 的句子，那么该形式对应的符号串 NP$_2$—Auxiliary⌒be⌒en—V—by⌒NP$_1$ 也是一个句子。

例如，如果"the man—past—eat—the food"（NP$_1$—Auxiliary—V—NP$_2$）是一个句子，那么"the food—past be en—eat—by the man"（NP$_2$—Auxiliary⌒be⌒en—V—by⌒NP$_1$）也是一个句子。规则(34)与(36)将第一个符号串转换为"the man ate the food"，将第二个符号串转换为"the food was eaten by the man"。

这种关于被动式的分析的好处是不会出错。既然成分 be⌒en 被从(32)中删除，那么使(32)适合上文所讨论的复杂限制就不再必要。下面这些事实现在看来，在每一种情况下都是我们刚才所给分析的自动结果：be⌒en 只能和及物动词一起出现；在"the man—the food"这样的上下文中被排除；在"the food—by the man"这样的上下文中要求出现。

可是，形如(38)的规则刚好超出了短语结构语法的限制。像(34)，将它所适用的符号串的成分重新排序，并且它要求相当数量的关于这个符号串的成分结构的信息。当我们对英语句法作进一步详细研究时，我们发现，在很多其他情形下，如果[Σ，F]系统得到跟(38)一样的普遍形式规则的补充，则这种语法可以简化。我们不妨称每个这样的规则为一个语法转换式（grammatical transformation）。作为描写语言结构的第三种模型，我们现在来简单考虑转换语法的形式属性，转换语法可以跟短语结构的[Σ，F]语法邻接起来①。

5. 转换语法

5.1 每个转换式 T 从本质上讲都是一条规则，将每个带有给定成分结构的句子转化成一个新的带有推导成分结构的句子。对于每个转化 T 来讲，转换式与其导出结构必须以一种固定不变的方式跟被转换的符号串结构相联。我们可以用结构的术语将 T 的属性描述为它所运用的符号串的域（domain）和它在任何那种符号串上所实现的变化。

在下面的讨论中我们像§3.2那样假定：有一个[Σ，F]语法带有词汇 V$_P$ 和一个终端词汇 V$_T$⊂V$_P$。

---

① 关于语言描写转换式的代数学的详细发展及转换语法的报道，请看参考文献[3]。有关将这类描写进一步运用到语言材料上，请看[1]、[2]，以及角度有某种不同的[4]。

在§3.3中我们指出，[Σ，F]语法允许终极符号串的推导；并且我们指出，一般说来，一个给定的符号串往往有好几个等同的推导式；两个推导式如果能规约成相同的形如(22)那样的树形图，则我们所它们是等同的，等等①。设定 $D_1 \ldots D_n$ 一个终极符号串 S 等同推导式的最大集合。于是我们可以将 S 的短语标记(phrase marker)定义为作为推导式 $D_1 \ldots D_n$ 之列出现的符号串的集合。一个符号串具有不止一个短语标记，当且仅当：该符号串具有非等同推导式（比较(24)）。

设定 K 是 S 的一个短语标记，我们说：

(39) (S,K)可以分析为$(X_1, \ldots, X_n)$当且仅当：存在符号串 $s_1, \ldots, s_n$ 使得：

(i) $S = s_1 \frown \ldots \frown s_n$

(ii) 对于每个 $i \leqslant n$，K 包含符号串 $s_1 \frown \ldots \frown s_{i-1} \frown X_i \frown s_{i+1} \frown \ldots \frown s_n$

(40) 在这种情形下，关于 K，s_i 是 S 中的一个 X_i。②

(40)中定义的关系刚好是§3.3中定义的"是一个"(is a)关系；也就是说，s_i 在(40)意义上是一个 X_i 当且仅当：s_i 是 S 的一个子串，S 可以追溯到形如(22)树形图的一个单一节点，这个节点标记为 X_i。

上面定义的"可分析性"(analyzability)概念容许我们准确的具体指明运用任何转换的范围。跟每一个转换相联，我们给出一个限制类 R，定义如下：

(41) R 是一个限制类(restricting class)当且仅当：对于某些 r, m，R 是下列序列的集合：

$$X_1^1, \ldots, X_1^r$$
$$\vdots$$
$$X_m^1, \ldots, X_m^r$$

其中，对于每个 i, j 而言，X_j^i 是词汇 V_P 的符号串。这样，我们说，如

---

① 尽管相当繁冗，但却不难给出所讨论的等同关系的严格定义。
② "是一个"("is a")的概念实际上应该进一步关系化为 S 中 s_i 的一次给定出现。我们可以将 S 中 s_i 的一次出现定义为一个有序对(s_i, X)，其中 X 是 S 的初始子串，s_i 是 X 的最后子串，参看[5]，P297。

果跟转换 T 相联的限制类 R 包含（S，K）可以分析成的序列 $(X_1^j, \ldots, X_{jr})$，则带有短语标记 K 的符号串 S 属于转换 T 的范围。这样，转换的范围是符号串 S 的有序对（S，K）和 S 的短语标记 K 的集合。就一个带有歧义成分结构的符号串 S 而言，转换可以运用于带有一个短语标记的 S，但不运用于带有第二个短语标记的 S。

特别地，(38)描写的被动转换使其跟仅含有一个序列的限制类 R_P 相联：

(42) $R_P = \{(NP, Auxiliary, V, NP)\}$

这个转换可以适用于任何这样的符号串：一个名词短语后面跟着一个助动词，助动词后面跟着一个动词，动词后面跟着一个名词短语。例如，这个转换可以运用于符号串(43)，(43)按照短杠可以分析成子串 $S_1, \ldots, S_4$：

(43) the man—past—eat—the food

5.2 按照这种方式，我们可以用结构术语描写运用了任何转换的符号串（带有短语标记）的集合。现在，我们必须具体说明转换在其范围内对任何符号串实现的结构变化。一个初始转换 t 可以用下列属性加以界定：

(44) 对于每个整数对儿 n，r（n≤r），存在唯一的整数序列（a_0，$a_1, \ldots, a_k$）和 V_P 上唯一的符号串序列（$Z_1, \ldots, Z_{k+1}$）使得：
  (i) $a_0 = 0$；k≥0；对于 1≤j≤k 来说，1≤a_j≤r；$Y_0 = U$①
  (ii) 对于每个 $Y_1, \ldots, Y_r$ t($Y_1, \ldots, Y_n; Y_n, \ldots, Y_r$) = Y_{a0} ⌒Z_1⌒$Y_{a1}$$Z_2$⌒$Y_{a2}$⌒$\ldots$⌒$Y_{ak}$⌒$Z_{k+1}$
  于是，t 可以理解成将上下文(45)中 Y_n 的出现转化成一定的符号串 Y_{a0}⌒Z_1⌒$\ldots$⌒Y_{ak}⌒Z_{k+1}

(45) Y_1⌒$\ldots$⌒Y_{n-1}⌒—⌒Y_{n+1}⌒$\ldots$⌒Y_r

若给定 Y_1⌒$\ldots Y_r$ 分解成的项目序列（$Y_1, \ldots, Y_r$），则 Y_{a0}⌒Z_1⌒$\ldots$⌒Y_{ak}⌒Z_{k+1}是唯一的。t 将符号串 Y_1-$\ldots$-Y_r 转化成以固定的方式跟它相联的新的符号串 W_1-$\ldots$-W_r。更确切的说，我们将导出转换 t* 跟 t 联系起来：

---

① 其中 U 是一个同样成分，参注释 4。

(46) t∗ 是 t 的导出转换,当且仅当:对于所有的 Y_1-...-Y_r,t∗ (Y_1-...-Y_r)=$W_1 \frown ... \frown W_r$,其中,对于每个 n≤r 来说,$W_n$ = t($Y_1,...,Y_n$; $Y_n,...,Y_r$)

现在,我们将初始转换 t 跟每个转换 T 联系起来。比方说,将初始转换 t_P 跟被动转换(38)联系起来,定义如下:

(47) $t_P(Y_1; Y_1,...,Y_4)=Y_4$
$t_P(Y_1, Y_2; Y_2, Y_3, Y_4)=Y_2 \frown be \frown en$
$t_P(Y_1, Y_2, Y_3; Y_3, Y_4)=Y_3$
$t_P(Y_1,...,Y_4; Y_4)=by \frown Y_1$
$t_P(Y_1,...,Y_n; Y_n,...,Y_r)=Y \frown n$ (n≤r≠4)

导出转换 t∗ 于是具有如下效力:

(48) (i) t∗($Y_1,...,Y_4$)=Y_1-$Y_2 \frown be \frown en$-Y_3-$by \frown Y_1$
(ii) t∗(the⌢man past eat the⌢food)= the⌢food-past⌢be ⌢en-eat-by⌢the⌢man

规则(34)、(36)将(48ii)的右端变成"the food was eaten by the man",正像它们将(43)变成相应的主动句"the man ate the food"一样。

如(38)所描写的那样,(42)、(47)所示的序偶(R_P,t_P)完全刻画了被动转换的特征。R_P 告诉我们该转换施用于哪些符号串(给定这些符号串的短语标记)和如何细分这些符号串以便运用这种转换,t_P 告诉我们在被细分的符号串上实现的结构变化。

一个语法转换由一个限制类 R 和一个初始转换 t 得以完全的具体说明,R 和 t 都可以像被动式的情况那样进行有限特征描绘。像上文概略的那样严格定义这种说明的方式并不困难。为了使转换语法的发展完整,有必要说明一个转换是如何自动将一个导出短语标记指派给每个转换式,有必要针对有关符号串集合的转换进行概括归纳。(这些内容和相关的论题在文献[3]中加以处理。)这样看来,一个转换就是将一个带有短语标记 K 的符号串 S(或者一个由那样的序偶构成的集合)转化成一个带有导出短语标记 K'的符号串 S'。

5.3 基于上述考虑。我们将语法描绘成一个三元结构。跟短语结构分析对应,我们有一个形如 X→Y 的规则序列,如(20)、(23)、(32)。从这一点出发,我们有一个形如(34)和(38)这样的转换规则序列。最后,我们有(36)那样的形态音位规则的序列,(36)又是具有 X→Y 这样的形式。

为了从这样的语法中生成一个句子,我们构建一个扩充的推导式,以短语结构语法的一个初始符号串比方说(20)中的♯？Sentence♯开始。然后,我们浏览短语结构规则,生成终极符号串。然后运用一定的转换,以正确的顺序给出一个语素符号串,这个语素符号串也许跟原来的终极符号串大不相同。运用形态音位规则将这个符号串转化成一个音位符号串。我们可以多次浏览短语结构语法,然后对结果的终极符号串的集合运用综合转换。

在§3.4中,我们注意到,将短语规则排成序列和区分强制性规则和选择性规则是有好处的。同样,设立语法的转换部分也是有好处的。在§4中,我们讨论了转换(34)和被动转换(38)。(34)将序列"词缀—动词"(affix—verb)转化成"动词—词缀"(verb—affix)。注意,(34)在每个扩充推导式中都必须运用;否则,将产生不合法的句子。这样,规则(34)是一条强制性转换。然而,被动转换可用可不用,两种方式都可得到一个句子。因此,被动转换是一条选择性转换。选择性转换与强制性转换之间的这种区别使我们在语言的两类句子之间做出区分。一方面,只运用强制性转换从短语结构语法的终极符号串推导出基础句子的核心(kernel);然后,在作为核心句子基础的符号串上运用选择性转换生成导出句的集合。

当实际对英语结构做详细研究时,我们发现,如果将核心句限制在一个非常小的简单、主动、陈述句如"the man ate the food"等的集合范围内(实际可能是有限集合),语法可以大大简化。这样,我们可以通过转换推导出问句、被动句、带联结词的句子、带复合名词短语的句子(如"proving that theorem was difficult"带有名词短语"proving that theorem")[①]。既然转换的结果是一个带推导成分结构的句子,则转换可以是复合的,我们可以从被动句推导出问句(如"was the food eaten by the man"),等等。现实生活中的实际句子通常并不是核心句,而是这些核心句的复杂转换式。可是,我们发现,转换大体上是"保留意义的"(meaning—preserving),以便我们能够将核心句看做某个给定句子的基础,这个给定的句子在某种意义上是初始的"内容成分",现实的转换据此被"理解"。

---

① 注意,这个句子要求一个综合转换作用于带有各自短语标记的一对符号串上。这样,我们有一个转换将形式分别为 NP-VP_1、it-VP_2 的 S_1、S_2 转化成符号串 ing VP_1-VP_2。这个转换将 S_1="they-prove that theorem", S_2 = "it-was difficult"转化成"ing prove that theorem-was difficult,"通过(34)进而变成"proving that theorem was difficult"。详见文献[1]、[3]。

我们将在§6简单谈论这一问题,更为广泛的讨论见文献[1]、[2]。

在§3.6中我们指出,短语结构语法是有限状态过程的一种相当初级的类型,有限状态过程决定于其当前每一点的状态及其有限的最后输出。在§4中我们看到:这种限制是非常严格的;通过加上考虑一定数量成分结构(也就是一定的推导史)的转换规则,语法可以被简化。然而,每种转换仍可进行有限特征描绘(参§§5.1—2),跟转换相联的有限限制类(41)显示出为了运用这种转换需要多少有关符号串的信息。因此,语法仍可被看成跟短语结构相对应的初级有限状态过程。即使不仅仅必须知道最后的输出(推导的最后一行),但对于每个语法来说,为了使推导过程继续下去,必须查阅多少过去的输出,仍然有一个界限。

6. 语言理论的解释力

到现在为止,我们只根据简明性(simplicity)这种本质上的形式标准来考虑语言结构理论的相对充分性。在§1中我们暗示,存在其他对于这种理论充分性的相关考虑。我们可以问(参(5)):这些理论所揭示的句法结构是否提供了对于语言使用(use)与语言理解(understanding)的研究。这里,我们不可能探讨这一问题。不过,即使是简单的谈论也将表明:这一标准为我们已经考虑过的三种模型提供了相同的相对充分性顺序。

如果一个语言的语法要提供对于语言理解方式的研究,则必须特别强调的是:若一个句子是歧义的(按照不止一种方式理解),那么这种语法要给这个句子提供两者选一的分析。换句话说,如果某个句子S是歧义的,我们可以这样来检验已知语言理论的充分性,即看根据这种理论为所研究语言构建的最简语法是否自动提供生成句子S的不同方式。根据这种检验将马尔可夫过程、短语结构和转换模型加以比较是有启发性的。

在§3.3中我们指出,为英语设计的最简的[Σ,F]语法刚好为实际上有歧义的句子"they are flying planes"提供了不同的推导式。可是,这一论断似乎并不适于有限状态语法。就是说,在任何可能被建议为英语一部分的有限状态语法中,没有明显的动因为这个歧义句指派不同的(推导)路径。这种同形异构(constructional homonymity)的例子(还有其他的例子)构成短语结构模型优于有限状态语法的独立证据。

对英语的进一步研究遇到一些琐碎的例子用短语结构模型不容易解释,请看短语(49):

(49) the shooting of the hunters

我们可以将这个带"hunter"的短语理解成主语，类同于(50)，或者将其理解成宾语，类同于(51)：

(50) the growling of lions

(51) the raising of flowers

不过，(50)、(51)并非类似地也是歧义的。当然，根据短语结构，这些短语的每一个都可以表示为：the-V⌒ing-of⌒NP.

对英语的仔细分析表明：假如将短语(49)—(51)从核心句中剔除出去并通过转换重新引入这些短语，即通过转换 T_1 将"lions growl"这样的句子转换成(50)，通过转换 T_2 将"they raise flowers"这样的句子转换成(51)，那么我们可以简化语法。当被正确构建的时候，T_1 和 T_2 跟注释12所描写的名物化转换相似。但是，"hunters shoot"与"they shoot the hunters"都是核心句；对前者运用 T_1，对后者运用 T_2 都产生结果(49)。因此，(49)有两个不同的转换起源。在转换层级上，(49)是一个同形异构的例子。(49)中语法关系的歧义性是下面这个事实的结果：在作为基础的核心句中"shoot"与"hunters"之间的关系不同。在(50)、(51)的情形下，就没有这种歧义性，因为无论是"they growl lions"还是"flowers raise"，都不是合乎语法的核心句。

还有其他很多同样具有一般性的例子(参[1]、[2])，在我看来，这些例子不仅为语言结构的转换观念的更大充分性，而且为§5.4所表达的观点即转换分析可以使我们部分地将解释如何理解一个句子的问题简化为解释如何理解核心句的问题，提供了非常有力的证据。

总结：我们可以将一个语言描写成具有一个小的、可能有限的基础句的核心。基础句的核心带有§3意义上的短语结构，与之相伴的还有一个转换的集合。这些转换可用于核心句或早先的转换式，从初始成分(elementary component)产生新的更为复杂的句子。我们已经看到某些迹象，说明这一方法可以使我们将实际语言的巨大复杂性简化为可以操作的程度；此外，这一方法可以对语言的实际应用与理解提供相当大的洞察力。

参考文献

1. Chomsky, N. *The Logic Structure of Linguistic Theory* (mimeographed)
2. Chomsky, N. *Syntactic Structure*. to be published by Netherlands: Mouton & Co., S-Gravenhage.

3. Chomsky, N. 1955. *Transformational Analysis*, ph. D. Dissertation, University of Pennsylvania, June.
4. Harris, Z. S. 1952. Discourse Analysis. *Language* 28, 1.
5. Quine, W. V. 1951. *Mathematical logic*, revised edition, Cambridge: Harvard University Press.
6. Rosenbloom, P. 1950. *Elements of Mathematical logic*, New York: Dover.
7. Shannon & Weaver 1949. *The Mathematical Theory of Communication*, Urbana: University of Illinois Press.

  原文载 IRE 1956, *Transaction on Information Theory*, IT-2, pp. 113—124, Proceedings of the Symposium on Information Theory, Sept.